孙凤毅 著

RESEARCH REPORT ON GOVERNMENT
PERFORMANCE EVALUATION OF

文化消费政策
绩效评估研究报告
——以北京市为例

CULTURAL
CONSUMPTION POLICY

Taking Beijing as an Example

社会科学文献出版社
SOCIAL SCIENCES ACADEMIC PRESS (CHINA)

本课题研究为首都师范大学文化研究院重大研究项目(课题编号：ICS－2016－A－07)研究成果

前　言

一　课题基本情况

文化消费需求在现代文化市场体系建设中居于龙头地位。没有文化消费需求，就没有文化市场。因此，文化消费市场的培育成为我国文化市场体系建设的关键环节。所谓文化消费是指通过一定的货币支出对精神文化类产品及劳务的占有、享受和使用等。文化消费以一定的物质文明为基础，与经济发展水平、物质生活和物质消费密切相连，并与人们的价值观、审美观及兴趣爱好有关。在发展文化消费的过程中，政府的引导推动作用不容忽视。文化消费市场的主体培育、主流引导和市场建设都离不开政府的引导。

譬如，自 2013 年首届举办以来，北京惠民文化消费季已连续举办六届，在培养文化市场、培育市民文化消费方面取得了丰硕的成果。数据显示，2013 年首届北京惠民文化消费季累计消费人次达 2654.3 万，直接消费金额达 52.3 亿元；2014 年第二届北京惠民文化消费季累计消费人次 3772.5 万，消费金额 101.8 亿元；2015 年累计消费人次达 4857.41 万，消费金额为 112.1 亿元；2016 年累计消费人次达 7776.2 万，直接消费金额 160.8 亿元；2017 年第五届惠民文化消费季带动文化消费 162.1 亿元；2018 年累计实现直接文化消费 589.1 亿元。通过政府主导的系列促销优惠活动，北京惠民文化消费季成为北京的文化品牌活动，有效带动了文化消费市场的发展，促进了文化消费，带动了北京市文化产业的发展。

研究显示，文化消费不仅仅是一个环节，还是贯穿于整个文化产业流程的关键因素。文化消费者的消费，涉及文化产品的生产、公共文化服务体系的建设、消费水平的提高等一系列问题。因此，文化消费政策的制定也应是多层次的、全方位的，只有建立起综合性的文化消费政策刺激体系，文化消费政策才能真正产生作用。实践证明，推动文化产业快速成长，需从政府的层面去鼓励文化消费，发挥消费拉动的作用，多措并举培育文化消费市场，以优质、丰富的文化产品和文化服务吸引消费者，通过不断扩大消费市场来拉动文化产业的发展；然而，文化市场规模较小，无法形成统一的生产、制作、宣传、演出、展览等畅通的渠道，致使我国文化产品单位制作成本较高，如电影、文艺演出等文化消费品价格居高不下，超出了普通消费者的承受能力。同时，我国文化资源大部分掌握在政府手中，文化管理体制有欠规范，市场形成价格机制尚不健全，民间文化投资环境并不理想，使民营资本投资无法形成规模。如何使用宏观调控手段，利用财政、税收等政策合理调节、引导文化产品的生产及价格，采取差别定价、票价补贴等多种方式，降低城镇居民文化消费的成本，促进文化产品的消费均衡，成为文化产业发展面临的重要问题。

文化消费的相关政策散见于各种政策文件中，鉴于此，在进行绩效评估时，考虑到政策制定的规范性、政策实施效果的时滞性以及数据的可获得性，本课题在研究初始评述时统一设定的纳入考核评估的文化消费政策的时间为 2006~2016 年。本课题研究将北京市文化消费政策绩效评估研究的起始年份设定为 2006 年，详近略远。之所以选择 2006 年，是因为此年度文化创意产业正式进入北京市政府产业政策调控视野，标志着文化创意产业已成为北京市国民经济和社会发展总体战略的重要组成部分，文化产业政策的重要性、指导性和实践性正式为北京市权力机关所认可；其中，较多涉及促进文化消费市场发展政策。2006 年至今，北京市出台了一系列相关产业政策，其中对于培育文化消费市场、鼓励满足基本文化消费的政策等有较多体现，尽管这些文化消费政策多为纲领性、概括性、指向性、倡导性的表述，但是对北京市文化消费市场培育、发展起到了积极的推动作用。因此考虑到政策评估的可借鉴性、可比较性和可评估性，将政策评估的截止年份划定为 2016 年。但各子课题根据本课题的实际状况在所评估政策的时间范畴上会有一定的调整，之所以有调整是因为个别政策的出台时间虽不在该划定范围内，但将其纳入评估在该时间段内政策依然运行有效；[①] 或者是现有政策是对于在该时间段内制定或实行的旧政策的调整升级，因此在政策梳理中列明的政策名称一般以最新出台的政府文件为准，

---

① 如《北京市文化局支持新建改造多厅影院资金补助办法（试行）》（京文市〔2005〕129 号）。

或者注明前后政策的承接关系。①

本课题所评估政策的效力层级主要限于市级政策，包括全市性和市级行业主管部门单独或联合推出的针对具体行业门类的政策，全国性政策纳入考量的则一般限于国家级文化消费试点政策、北京市应当落实的全国通用文化消费政策、统一的财税优惠政策以及符合条件的北京市推出的针对本市文化事业所享受的国家级政策的落地配套政策等。区县级政策基本不涉及，但在个别子课题中，如果区县级政策对全市性政策具有重要影响，或者该区县在特定产业发展中具有独特地位，如演艺业之于东城区、影视制作业之于怀柔区、动漫业之于石景山区，则会在评估产业整体发展情况上有所涉及。为适应改革的要求，政府部门迫切需要全面了解近年来所推出的文化消费政策的实施效果，通过对政策进行绩效评估，发现问题，总结经验，探索规律。因此，近年来政策绩效评估工作日益受到各级政府的重视，政策制定主体在重大政策推进领域中逐步引入绩效考核办法，以强化政府的执行力，提升政府政策制定的科学化水平。

本课题采取点面结合、量化分析与定性分析结合、学术与实证研究结合、一般分析与特殊分析并重等多重方式对北京市近十年文化消费政策的实施绩效进行研究。在评估中以政策实施效果的考评为侧重点，同时兼顾对政策制定质量和执行效能的评估。考虑到文化消费政策的特殊性，在评估指标设计上尽量做到统筹兼顾，不仅注重经济性、效率性、效益性等可量化的客观经济数据指标，也注重引入考察政策所引发的公平性、可持续性、影响性、相关性等社会效益及目标对象满意度等主观评价指标。在评估方法上，综合运用深度访谈、问卷调查、案例分析、统计分析等方法。一方面着重从宏观角度考察政策实施的总体效果和政策体系的完整度、协调度；另一方面也从微观角度考察典型政策的实施效果，以点带面，借助具体实例总结把握文化创意产业政策制定、执行、评估的一般规律。

在课题组成上，考虑到北京市文化消费政策内容的广泛性、各领域政策的专业性、北京市文化管理体系的职责划分实际情况和北京市文化创意产业重点优势门类等多重因素，为增强课题评估的针对性、有效性和客观

---

① 《北京市文化局关于印发〈2013～2015年北京市游艺娱乐场所总量与布局发展规划〉的通知》（京文审发〔2013〕143号）虽然是2013年出台的，却是《北京市文化局关于印发〈2010—2012年北京市游艺娱乐场所总量与布局规划实施意见〉的通知》（京文综发〔2011〕74号）的延续，因此两个文件都被列入政策一览表中。

性，课题划分为以下六大子课题项目，即《北京市文化惠民卡项目财政支出政策绩效评估》《北京市影厅院线建设政策绩效评估报告》《北京市演艺消费市场建设政策绩效评估报告》《国家文化消费试点城市（北京市）政策绩效评估报告》《北京市文化消费政策绩效评估的决策建议研究报告》以及《北京市文化消费政策的梳理与整体绩效评估研究》。每个子课题针对不同领域的文化消费政策进行梳理分析，构建符合文化消费市场发展实际的指标评估体系，并发现目前该领域政策所存在的主要问题，提出有针对性的建议。

二 关于文化消费政策绩效评估研究

目前，大多数研究者都认为：文化消费主要是指人们为了满足自己的精神文化需要而采取不同的方式来消费精神文化产品和精神文化服务的行为，是对精神文化类产品及精神文化性劳务的占有、欣赏、享受和使用等。通过对文化消费的研究可以发现，文化消费并不是一种简单的消费行为，而是一种特定的物质形态与价值形态的消费行为。文化消费首先是居民生活中的一种实际行为，可以是一种实实在在的物质或商品消费，目前物质形态的文化消费仍然在文化消费中占有相当大的比例。其次，作为特定价值消费的文化消费并不一定是实体的消费，还具备自身固有的消费特性，诸如消费场所的典雅细致性、消费群体的高层次性、消费品的高价值性等。也就是说，文化消费可以是对符号性商品和情感、信息或理性认知的消费。通过这种消费，人们的情感得到极大的满足，认知能力或认知水平得到极大提升，精神上感觉非常愉悦，心理需求得到极大满足。文化消费与文化创意产业，作为相互影响与相互促进的两个方面，已经成为今天人民生活和社会经济的重要内容。文化消费，既对文化创意产业提出了更高的要求，也将进一步促进文化市场的繁荣，带动文化创意产业的发展。文化消费内容的变化与载体的拓展必将带动文化产业的发展升级，并最终引发居民文化消费的新热点与新趋势。如何走出一条具有文化韵味的文化消费之路，是文化生产与消费主体必须认真解决的现实问题。

文化消费政策是指国家权力机关为实现文化领域的消费目标而制定的以调控、干预文化消费为目的各种政策手段的总和；是一种促进文化消费的有效正式制度安排，包括宏观文化消费政策、微观文化消费政策和与文化消费相关的政策体系。综观以往北京市文化消费政策，散见于各种政策文件中，其缺陷主要表现在三个方面：一是多数是短期性、临时性的政策，缺乏连续性和长期性；二是政策"一刀切"，政策对象泛化不明确，缺乏差异化和针对性；三是政策理论化、理想化，缺乏可操作性。这些缺陷，直接导致消费政策效率低、效果差。如从 2006 年以来的文化消费政策看，基本上不区分适用对象，作用对象是高收入群体还是中低收入阶层，是城镇居民还是农村居民，作用区域是城区还是郊区，均没有区分，从而可以看出，政策缺乏差异性和针对性。采取"一刀切"的办法，固然执行起来比较方便，却大大影响了政策效果。尽管这一问题在 2015 年出台的《北京市关于促进文化消费的意见》中有所改善；事实上，绝大多数的文化消费政策的目标作用主要是针对城市居民设计的，而对于郊区居民的考虑较少。总之，早期政策缺乏高层次、总体性、整合性；文化领域和消费领域的研究互动不够充分，使得在政策制定方面还存在不少认识分歧，对制约、影响文化消费的体制、机制和其他因素等认识不足，因此难以形成体系化、具体化、高质量的文化消费政策；与现有其他政策相比，文化消费政策的主要任务、工作目标、具体手段、保障措施等内容尚未凸显。

目前，关于文化消费政策的绩效评估的研究比较少，尤其是对于区域文化消费政策的效果评估尚处于空白，国家各省市对于文化消费市场培育的成效如何，促进文化消费政策是否取得了预期效果，还有哪些需要进行完善的，等等。2012 年重大课题项目《近十年来北京市文化创意产业政策实施情况绩效评估研究》为本研究提供了很好的借鉴。但是该项研究对于北京市文化消费政策的绩效评估没有涉及，这为本课题提供了一个极大的研究空间。在专项政策评估方面，主要有北京市文化创意产业中心委托中国传媒大学文化产业研究院和北京嘉乐世纪科技有限公司共同完成的《北京市文化创意产业发展专项资金绩效评估体系研究》，该研究从资金配置效果、资金使用效率、经济效益三个方面构建了绩效评估体系，并对该项政策进行了详细的评估，提出了相应的结论和进一步完善的建议。在个案研究方面，北京市哲学社会科学规划重点项目"北京文化发展报告（2015～2016）"中的《2015 年北京惠民文化消费政策报告》进行了"文惠卡"个案研究。总之，无论是国际还是国内，现在尚缺乏针对文化消费政策评估的系统研究。由于主要是评估北京市的文化消费政策，因此在数据采用上以地标为原则，个别数据和概念应用则会兼采国标。在数据使用上则以统计部门的权威统计数据为主要来源，各课题根据本课题所涉及行业数据的实际可采性也考虑到了引入行业主管政府部门或行业协会的统计数据。在相关数据采纳上也根据评估政策的实际执行情况，特别是在执行效果的客观评价上，引入相关领域的最新发展数据，确保评估结果的准确性、客观性和中立性。

课题研究认为，政府对文化消费市场引导和扶持的途径主要是政策；政府制定和实施的政策，反映了政府对形势的判断和对发展目标的预设，以此决定文化消费市场发展的走向和进展。那么，这些文化消费政策成效如何？促进北京市文化消费的政策工具影响怎样？为了更好地实现文化消费的供给与需求的有效对接，扩大和引导居民的文化消费需求，助推经济发展和结构转型，有必要对北京市文化消费促进政策的绩效评价进行研究，以发现其中所存在的问题，找到改进或提升北京市文化消费绩效的对策。为此，本课题研究根据公共物品最优提供理论、"政府失灵"理论、新公共管理理论和新公共服务理论，构建了课题研究的理论基础，然后采用实证性研究方法，以近年来的"北京市文化消费政策实施案例"为样本，通过分析评价的价值取向、内容、基本维度以及选取指标时应遵循的基本原则，构建了北京市文化消费政策绩效评价指标体系，接着在确定指标的标准值、评分方法和各类指标权重的基础上，采用综合评分法建立了评价模型；利用模型重点对北京市文化消费促进政策的绩效进行分析，从政策质量、政策服务质量、政策实际效果三个维度，对北京市文化消费政策实施情况进行有效评估，以此检验我们所制定或出台的文化消费政策是否实现或达到了政策制定者的初衷和预期。

课题研究认为，文化消费内容广泛，影响因素繁多，决定过程复杂，由此决定的内生性增长特征使外生性和计划性刺激手段效果受限。任何单一的政策性工具运用都有一定的局限性，以"政策促发展"的思路不能被无限放大，应当建立起科学有效的北京市文化消费促进政策。譬如，在启动和提升文化消费增长过程中，应从初期基础阶段即奠定以市场机制为基础的调控准则开始。从具体内容来看，政府职能应着重于基础设施和公共服务的提供，弥补市场对专用性和公共性资本的投入不足；应着重加强对文化消费主流方向的把握，提防由市场逐利资本带来的过度娱乐化和商业化倾向；应着重对文化消费基础存量的推动，适度影响基础性文化消费的价格和质量，以保证文化产品再生产循环的启动。从时间上来看，政府职能应在短期内以培育和丰富大众性文化消费为主，在中期以拓宽文化产品再生产的资本、人力、政策供给渠道为主，在长期则以规范、治理文化消费市场环境和机制为主。除此之外，有关文化消费的供需价格、文化产业的投入产出应充分还原市场进行调节，尤其在相关的财政补贴和政策扶持方面，应改变以产业为核心的局面，尽快转移到以消费为重心的介入方式。应坚持以市场机制为资源调配的基本手段，在此基础上理顺政府和市场作用的协同关系。政府应当积极引导，保证文化消费的正确方向和理性消费，但是政府的引导作用不等同于文化补贴或资助。一些单位为了鼓励员工进行文化消费，发放了电影票、购书卡等。但据调查，这些文化消费补贴的沉淀率达到百分之七八十，并没有转变成真正的消费。要探索文化消费政府补贴的方式，建议采取终端消费为导向的模式，让市民只有在消费时才能享受到补贴。在现代市场经济中，文化市场主体应当由文化生产者、文化经营者和文化消费者三部分构成，政府并不构成文化市场主体。只有厘清文化市场的主体构成，才能有针对性地研究如何培育文化消费市场主体。政府的"有形之手"应当在适当的时候让位于市场这只"无形之手"。这也正是新常态下供给侧结构性改革的题中之义。供给侧结构性改革最重要的是通过政府体制改革，让更多社会资本参与投资。在消费潜力和偏好一定的前提下，文化消费主要由文化供给决定。要想最大程度地满足公民的文化权利诉求、激活城市文化空间，应该在不削弱政府财政支持力度的同时，综合运用各种投融资手段和财税优惠政策，积极吸纳民间资本和生产要素投入到公共文化服务领域。过度利用政策性工具促进文化消费市场发展，可能会扰乱文化消费市场的正常秩序，给文化消费市场的健康可持续发展带来隐患。市场的问题毕竟还要依靠市场的力量来解决。因此，该项研究具有重大的理论意义和现实指导意义，非常有价值。

内容简介

　　文化消费政策的绩效评估研究是一个热门话题,尤其是对文化消费政策中财政政策的绩效评估。本研究在全国首次建立起文化消费政策的绩效评估模型,以增强评估的科学性、准确性、说服力,同时提升现实指导意义。本研究以北京市为例,利用模型重点对北京市文化消费促进政策的绩效进行分析,从政策质量、政策服务质量、政策实际效果三个维度,对北京市文化消费政策实施情况进行了有效评估,以此检验我们所制定或出台的文化消费政策是否实现或达到了政策制定者的初衷和预期。课题研究认为,文化消费内容广泛,影响因素繁多,决定过程复杂,由此决定的内生性增长特征使外生性和计划性刺激手段效果有限。任何单一的政策性工具运用都有一定的局限性,"以政策促发展"的思路不能被无限放大,应当制定科学有效的文化消费促进政策。

　　目前,关于文化消费政策的绩效评估的研究比较少,尤其是对于区域文化消费政策的效果评估尚处于空白。国家各省市对于文化消费市场培育的成效如何,文化消费促进政策是否取得了预期效果,还有哪些需要进行完善的,等等,本研究试图在这些方面探索出一些解决方法。

目　录

第一章　北京市文化消费政策绩效
评估框架体系

一　相关概念的界定与说明

（一）政策与项目

按照维基百科的解释，政策（policy）一般泛指政府、机构、组织或个人为实现目标而订立的计划。就公共政策而言，一般是指政府、执政党或其他社会公共权威部门，在特定时期为解决公共问题所采取的政策、选择，通常以政府的法律、法规、决策和行动表现出来。项目（program）是指为完成某一独特的产品或服务所做的临时性努力。其中，"临时性"是指项目有确定的开始日期和结束日期，"独特"意味着项目的最终结果不重复。就公共项目而言，一般是指各种提供公共物品或公共服务的一次性和独特性的任务，是提供公共物品和公共服务的途径和载体，其成果形式就是公共服务或公共物品。公共项目也指由国家政府事业机构从事的为社会大众提供便利的公共基础设施工程，如博物馆、剧场剧院、公共图书馆等。

按照国内通行的理解，公共政策和公共项目的区别主要体现为：一是从法定性角度看，政策通常是有关重大事项的规定，一般体现为法律、法规或政策等规范性文件的形式，而项目更多侧重于具体事项的内部管理和运行；二是从时效性角度看，政策虽然也有一定的时限要求，但时间通常持续较长，相对而言项目时限较短；三是从可观测性角度看，政策虽然也包含有形的、可见的内容，但也包括无形的、难以观测到的东西，如文化政策、经济调控政策等，而项目通常是有形的、可观测的内容。

但是从绩效评估的角度看，通常我们按照绩效评估的客体分为组织绩效评估、个人绩效评估以及项目绩效评估。这里讲的"项目"实际上是指更广泛意义上的"工作"或者"工作事项",因此,前面所讲的无论是"政策"还是"项目",本质上都具有"项目属性",即体现为"为完成某一项工作而必须遵循的逻辑关系"。比如,无论是政策还是项目,开始阶段都要有其意义、目的以及规划设计,中间阶段都要有过程管理和监控,结束阶段都要有总结和评价,等等。

综上所述,政策和项目之间既有联系,又有区别。虽然我们研究的内容以及收集的相关材料,有的冠之以"政策"或"决策",有的冠之以"项目"或"专项";既有针对公共政策的绩效评估,也有针对公共项目的绩效评估。但是,从本课题的实际要求和应用价值看,我们更关注于两者的"项目属性"以及均属"重大"的特点。因此,在本课题研究中,我们对"政策"和"项目"的概念并不做严格的区分。

(二)评价与绩效评估

在西方国家,"评价"(evaluation)已经发展为一门科学。"评价"的含义为:"一般情况下,评价与估计、估价和评估等词是同义的。这些词都包含这样一个企图,即使用某种价值概念来分析政策运行结果。更为确切地讲,评价提供政策运行所带来的价值方面的信息。某项政策确实有价值,是因为它对既定目标或目的的实现起了作用。在这种情况下,我们就说政策或计划取得了某种意义上的成效,同时也表明政策问题已经被澄清或者得到了缓解。"[①] 他们认为,评价是一种定期进行的独立而系统的研究,或者是项目运行绩效的一种专门评估。

关于绩效评价的含义,财政部国际司和财政部预算司分别给出了不同的定义。2008年4月财政部发布了《国际金融组织贷款项目绩效评价管理暂行办法》,这是我国政府第一次对国际金融组织贷款项目绩效评价的实施和管理提出了规范要求。在该办法中,财政部国际司对于绩效评价做了如下定义:"绩效评价,是指运用一定的评价准则、评价指标和评价方法,对项目或政策的相关性、效率、效果、影响以及项目可持续性等进行的客观、科学公正的评价。"2011年4月,财政部预算司颁布了《财政支出绩

---

① 〔美〕威廉·N. 邓恩:《公共政策分析导论》(第2版),谢明等译,中国人民大学出版社,2002,第435页。

效评价管理暂行办法》，在该办法中，财政部预算司给出了以下的绩效评价定义："财政支出绩效评价（简称绩效评价），是指财政部门和预算部门（单位）根据设定的绩效目标，运用科学、合理的绩效评价指标、评价标准和评价方法，对财政支出的经济性、效率性和有效性进行客观、公正的评价。"总之，不论是哪一种界定，从本质上都可以概括为"效率与效果"。

（三）消费政策和消费政策体系构建

所谓"消费政策"，是指国家或地区权衡某一时期国民经济综合状况和矛盾特点，根据一定的经济发展要求和运行状况制定的意在使消费机制正常运行，为实现经济健康发展，确保城乡居民收入消费水平稳步提高的经济目标，而制定的使社会消费顺利实现的各项方针、制度规定及具体措施的总和。

在经济发展的一定时期，政府可以通过政策影响经济环境，同样也可以通过消费政策影响消费经济环境。政府通过消费政策调节消费市场，进而通过消费市场引导生产者的生产和居民的消费。具体说来，我国消费政策体系可分为宏观消费政策、微观消费政策、与消费相关的政策三个层次。

1. 宏观消费政策

宏观消费政策是指在国家调控消费的宏观层面使用的手段，包括财政政策、货币政策、价格政策、收入分配政策，分别从财政收支、货币、价格和收入分配的角度促进或抑制消费。

2. 微观消费政策

微观消费政策是指在国家调控消费的微观层面使用的手段，包括消费引导政策、消费教育政策、消费信用政策，分别从引导、教育的角度影响消费者的消费选择，其中由消费信贷和消费储蓄构成的消费信用政策可以引导消费者的支出投向，从而加速或延缓消费的实现。

3. 与消费相关的政策

与消费相关的政策包括国家的产业政策、科教政策、人口政策等，分别从不同角度影响消费政策的作用范围、消费的基础、消费者的行为等。

总之，消费政策是包含宏观消费政策、微观消费政策和与消费相关的政策体系。其中宏观消费政策包括财税政策、货币政策、价格政策、收入分配政策；微观消费政策包括消费引导政策、消费教育政策、消费信用政策。一般来说，有三项综合性强、相互联系和影响并且自身有独立性的消费政策，即消费价格政策、消费信用政策（消费信贷政策和消费储蓄政策）、消费税收政策。

长期以来，我国对消费在国民经济中的地位认识不够，消费政策经历了一个由"重积累、轻消费"到"扩大内需、刺激消费"的过程。因此，消费政策应及时转为鼓励消费、刺激消费，通过扩大最终消费需求和消费结构的升级换代，引导产品结构和产业结构的调整，实现消费品和商品可供量的基本平衡。近年来，国家在一系列重要文件中都一再提出要扩大消费，各地也都在研究扩大消费的政策。在我国经济发展的不同阶段，国家制定了或鼓励或抑制的消费政策，国家消费政策对居民消费的增长具有较强的引导和示范作用。

从以上分析中，我们可以看出，我国消费政策经历了从低级到高级、从薄弱到成熟的变迁，每一个变迁过程都伴随着政策与经济发展的不适应性，从而向更高级别政策的迈进。在全面建设小康社会的时期，我国消费政策必须从"一时一策"和"一事一策"的临时性措施向长期稳定的消费政策转变，在实践中逐步建立适合中国国情的、有中国特色的消费政策调控体系。这个过程是漫长的，需要其他相关政策加以协调、保障。

第一，改革收入分配制度，缩小贫富差距，努力提高城镇中低收入阶层和农村居民的收入水平，使人们"能消费"。

第二，完善社会保障体系，全面推行医疗体制改革，稳定房价等，从而增强居民对未来收入的乐观预期，使人们"敢消费"。

第三，发展和完善消费信贷，并对不同年龄和收入阶层实行有区别的鼓励消费措施，同时提升商品结构和质量，使人们"爱消费"。

第四，积极整顿、规范消费市场流通秩序，改善消费环境和服务质量。同时完善法律法规，严厉打击损害消费者权益的违法犯罪行为，使人们"放心消费"。

总之，政府应充分利用各种政策来扩大消费，使国民经济由过去的出口、投资拉动向消费主导型转变，并以完善的消费理论体系为基础，确保社会主义市场经济健康发展和国民经济持续、稳定增长。

（四）文化消费政策

文化消费政策是指国家权力机关为实现文化领域的消费目标而制定的以调控、干预文化消费为目的的各种政策手段的总和，是一种促进文化消费的有效正式制度安排。包括宏观文化消费政策、微观文化消费政策和与文化消费相关的政策体系。文化消费政策体系的基本结构是：主导政策（总体性政策＋政策实施细则＋重点行业扶持政策）＋配套政策（见表1－1）。

表1－1　文化消费政策体系的基本结构

分类	基本内容
文化产品与服务供给方面的政策	文化市场建设和准入政策
	文化投资政策
	文化生产和文化市场管理政策
	文化产业经济政策
	税收政策
	知识产权政策
	文化产业创新和精品政策
	基于市场条件的行政干预政策
	文化产品进出口政策等
文化产品与服务需求方面的政策	收入分配政策
	消费政策
	培养文化消费意识
文化消费过程整体优化政策	文化安全政策
	文化体制改革
	文化法律法规
	服务政策

注：本研究报告中出现的图表均为研究者绘制或整理，已标注说明的除外。下同。

自文化部2003年的《关于支持和促进文化产业发展的若干意见》颁布以来，包括国务院文化部、财政部和省、市两级政府在内的中国各级相关政府部门先后出台了各种类型的文化产业补贴政策。综合来看，涉及文化传媒上市企业的政府补贴包括税收补贴、出版专项资金、专项补贴、贴息补助、上市补助、政府扶持资金、科技创新资金、政府和协会各种奖励等，而这些财政补贴主要来自各级地方政府，而非中央政府。

文化消费政策是政府宏观调控、促进经济发展的重要手段。鼓励、刺激文化消费，需要相关政策体系支撑。其一，国家或地区在宏观层面调整收入分配政策，增加中低收入者收入，并保障低收入者的基本消费。其二，实施稳健的货币政策和低利率的储蓄政策，调整居民消费倾向，同时大力推行消费信贷。其三，实施积极的财政政策，并提高机关事业单位职工工资。其四，在原有消费热点冷却、居民收入水平提高的情况下，积极培育新的消费热点，扩大文化教育消费。其五，积极改善消费环境，消除消费障碍，引导消费。这其中以推行长假政策最具代表性，使得消费者有时间消费，从而带动消费市场。

二 北京市文化消费政策绩效评估体系的基本架构

政策本身的好坏直接影响政策的最终效果。采用正确的评价手段可以准确分析政策制定和执行的潜在优化点，从而促进政策预期目标的实现。而绩效理念的引入，进一步推动了政策评价成为各级政府评估政策实施效果的关键工具和优化政策制定流程的重要抓手。绩效评估就是要运用评估结果，来促进评估对象目标的实现。因此，为了有效地对北京市文化消费政策实施效果进行准确评价，必须建构起北京市文化消费政策绩效评估框架体系；通过对北京市文化消费政策绩效评估，进一步完善政策、健全体制、理顺机制、改进工作。

（一）模型

1. 政策过程

政策过程分为政策出台、政策实施、政策结果三个环节。政策出台是制定政策；政策实施是执行政策，执行政策的过程是政策执行机构提供政策服务与享受政策的目标群体加入政策服务两个过程的统一；政策结果是政策实施后的成果。

2. 政策绩效

根据政策过程，政策绩效是政策质量、政策服务质量、政策效果三者的统一。高质量的政策、高质量的政策服务、优异的政策效果是高绩效政策的三个指标。

构建起如图1-1所示的一个北京市文化消费政策绩效评估框架体系的关键，在于它"对于公共计划、项目和政策进行评价，不仅可以使我们了解什么措施有成效，什么措施无效，以及在什么情况下无成效，而且被认为是促使管理者对资源使用负责的一个有效途径"①。换言之，它是一个对政府所制定政策和结果的有效的反馈体系。

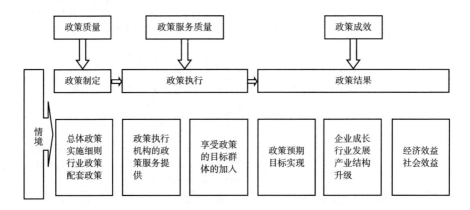

图1-1　北京市文化消费政策绩效评估框架体系

（二）评估指标体系

在绩效评价框架体系中，评价指标体系是评价模型的进一步具体化，或者说是细化和可操作化。评价指标确定之后，每个指标的数据来源、数据收集与分析的工具与方法等也随之确定下来。因此，评价指标体系构成了北京市文化消费政策绩效评估框架体系的核心要素。

如表1-2所示，这些指标比较全面地涵盖了政府决策或政策绩效的两个核心内容——效率和效果。其中，"政策质量""政策服务质量"指

---

① Vinod Thoms, Xubei Luo, *Multilateral Banks and the Development Process*; *Vital Links in the Results Chain*, New Brunswick (U.S.A): Transaction Publishers, 2012, p.2.

标反映了政府政策或决策的效果,"政策成效"指标则体现了政府政策或决策的效率。

表 1-2 北京市文化消费政策绩效评估指标体系

一级指标	二级指标	
政策质量	政策的合规性	政策制定与政策内容是否符合相关法律规定
	政策的适应性	现有政策是否符合北京市文化消费市场培育发展的总体目标需要,即针对性;政策调整是否及时,即动态调整性
	政策的系统性	相关政策是否完整,是否存在亟须但未出台的政策
	政策的协调性	包括北京市政策与中央政策的协调性、北京市政策与部门政策的协调性、北京市部门政策之间的协调性、文化消费政策与其他行业产业政策的协调性
	政策的配套性	配套政策是否齐全
	政策的创新性	政策是否容易被其他地区复制并被超越
	政策的可操作性	政策目标是否清晰可行、工作流程是否明确便于操作、是否有分阶段检查进度程序
政策服务质量	政策执行机构的能力	是否明确专门的政策执行机构、专职人员负责提供政策服务;是否有相关人力资源配置、财政资源配置、制度建设、技术支撑
	政策服务的效率	政策服务的及时性、便利性,程序的简易性
	享受政策的目标群体的参与性	政策是否做到了目标群体应覆盖的全覆盖
政策成效	政策预期目标的实现程度	是否实现了政策预期目标以及实现程度的大小
	经济效益	GDP 的贡献
		税收的贡献
		出口创汇
		对其他产业的拉动效应
	社会效益	吸纳就业人数
		文化影响力的提升
		文化消费的增长
	政策目标对象的满意度	政策质量的满意度
		政策服务质量的满意度
	成本-效益分析	投入产出比

（三）评估方法

为了促进政策和项目结果的实现，以正确的方式方法测量正确的事情至关重要。为此，针对上述北京市文化消费政策绩效评估指标体系而运用的评估方法主要有：

1. 深度访谈法

对政策制定机构、政策执行机构、行业协会、企业主要负责人和专家进行访谈。

2. 问卷调查法

对行业协会、单位机构发放问卷。

3. 案例分析法

选择典型案例，进行个案分析。

4. 统计分析法

对统计资料、调查结果进行统计分析。

综上所述，本课题综合采用文献研究、国内外比较研究、实地调研和访谈、案例分析等研究方法。具体技术路径为：一是规范分析法，以相关经济理论为依据，通过对居民文化消费现状的分析以及影响因素的探究，构建文化消费政策绩效评估模型，对近年来北京市促进文化消费扶持政策的居民文化消费实际效果进行实证研究；二是实证分析法，综合分析影响文化消费的各因素，在定性分析的基础上，收集整理相关数据，选取代表性指标进行定量分析，在定性分析和定量分析相互支持对照的基础上，找出各影响因素对文化消费的作用机理，从而就文化消费的提高与发展提出相应的政策建议。

（四）评估技术路线

本课题的任务是通过对北京市近十年文化消费政策绩效进行评估，提出有针对性的政策建议。

三　北京市文化消费政策绩效评估模型构建的重要意义

第一，建构北京市文化消费政策绩效评估体系模型（见图1-2），从政策质量、政策服务质量、政策效果三个维度，对北京市文化消费政策实施情况进行有效评估，为政策制定及决策科学化提供参考依据。

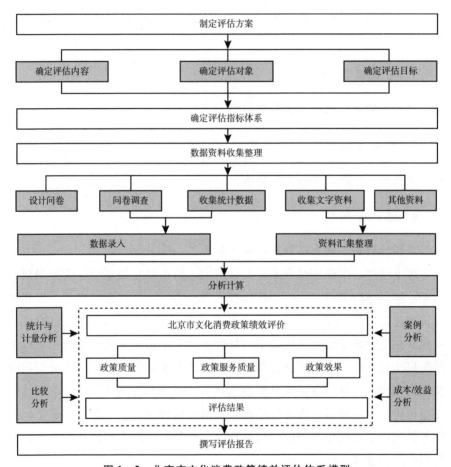

图1-2　北京市文化消费政策绩效评估体系模型

就政策绩效评估而言，其作用主要体现在两个方面：一是检验和评价的功能，通过绩效评估方法能够知道政府部门的政策绩效的现状究竟如何；二是改善和提高的功能，通过绩效评估方法可以对政府管理加以改进和提高。评价和改进这两方面的功能是相辅相成、互为因果的。因此，只有对政策制定过程和政策实际效果有一个比较全面而准确的评估，我们才能有针对性地对政策质量加以改进和完善。

第二，我国文化消费政策效果评估在理论上还处于起步阶段，在实践上还未受到足够重视；建立起有效的文化消费政策评估指标、标准、体系对于推进我国文化消费市场的可持续健康发展、制定科学有效的文化消费政策具有极为重要的理论意义。

第三，近十年来北京市出台的文化消费相关政策散见于各种政策文件中，多为纲领性、概括性、指向性、倡导性的表述，对究竟如何促进文化消费，在当前社会形势下应当主要在哪些文化消费领域着力，采用哪些行之有效的政策手段等问题还缺乏深入的理解，本课题研究通过绩效评估体系模型对此进行梳理分析，有着现实价值。

第四，文化消费内容广泛，影响因素繁多，决定过程复杂，任何单一的政策性工具运用都有一定的局限性，对于"以政策促发展"的思路应当进行科学评估，政府在文化消费市场培育中的作用不能被无限地放大，毕竟政府不是文化消费市场的主体，明确政府与市场之间的边界，正确认识政府政策的局限性，应当建立起科学有效的北京市文化消费政策绩效评估体系，对于推进文化消费市场建设研究具有极其重要的现实指导意义。

第二章 北京市文化消费政策梳理
与绩效评估

一 近年来北京市文化消费政策的梳理

北京市文化消费政策体系，一般由重点行业政策与综合扶持政策两部分组成；其中，重点行业政策由重点行业专项扶持政策构成。

从北京市文化消费政策来看，产业政策与消费政策相互结合，紧密相关。2006 年，北京市出台完善文化创意产业投融资政策体系、优化发展环境的纲领性文件——《北京市促进文化创意产业发展的若干政策》（以下简称"35 条"），从市场准入、创意研发、资金支持、产权保护、融资服务、文化创意产业集聚区建设、对外贸易和人才支撑等重点领域做出相应的工作部署。此后，以"35 条"为指导，北京市一直努力构建"1 + X"的政策体系，文化创意产业相关行业陆续制定和发布相应的行业扶持政策及实施细则，并根据文化创意产业各行业的特点，力争做到"一业一策"的政策部署。自"35 条"出台之后，围绕文化创意产业，"十一五"期间北京市着力从金融、财税、创业、投资以及专项资金五个方面落实相关部署，制定产业发展的综合扶持政策。2006 ~ 2010 年，北京市文化创意产业增加值年均增长率为 20.3%，高于同期 GDP 增速 9 个百分点，北京市文化创意产业促进政策效果初显。五年来，北京市文化创意产业保持较快发展势头，产业增加值由 2010 年的 1697.7 亿元增加到 2015 年的 3179.3 亿元，按现价算，年均增长 13.4%。文化创意产业作为战略性支柱产业的地位更加突出，对地方经济增长的拉动作用更为显著。随着文化创意产业成为北京市社会经济发展的支柱地位日益明确，北京市在出台一系列综合性扶持政策的基础上，又提出文化创意产业中的每个行业都要有自己的发展特点，"一业一策"的政策制定理念才更有针对性和可操作性。因此，责成北京市各委办局制定支持影厅建设、影视创作、动漫和文艺演出的实施办法，出版发行和版权贸易、文化产品走出去等各个领域的实施办法。但由于北京市文化行政管理体制与实际行业的运行状况不完全相符，最终未能形成较为明晰的"一业一策"的专项政策体系。尽管如此，北京市在不断完善文化创意产业"1＋X"政策体系的同时，其文化消费政策体系也随之日趋成熟。

2013年以后，北京市从需求侧出发，坚持"文化、消费、惠民"三位一体，进一步扩大首都文化消费，增强文化消费市场活力，推动文化消费方式创新，先后出台了一系列文化消费政策。主要有《北京市人民政府关于促进文化消费的意见》（2014年）、《北京市惠民低价票演出补贴项目管理办法》（2015年修订完善）、《北京市推进文化创意和设计服务与相关产业融合发展行动计划（2015—2020年）》（2015年）等。其中，2015年北京市正式出台的全国首个专门针对文化消费的省级地方政策——《北京市人民政府关于促进文化消费的意见》，在优化文化消费发展环境、加大财税支持力度、加强文化消费金融服务、强化文化消费权益保护、积极支持文化消费项目建设等方面均有相应的具体政策措施，逐渐形成了较为完善的文化消费政策体系，如表2－1所示。

表2－1　北京市文化消费政策体系梳理路线

北京市文化消费政策体系	重点行业政策	专项扶持政策
	综合扶持政策	

（一）北京市文化消费政策之演艺业政策梳理

按照行政职能管理权限的划分，北京市的演艺业基本上由北京市文化局负责管理，因此政策梳理以北京市文化局出台的相关政策为主。同时由于演艺业自身的特殊属性，如果要达到较为全面公正地衡量演艺业政策的目的，部分能促进演艺产业发展的政策也纳入研究范围，现将北京市文化消费政策中有关演艺业的政策文件梳理如下（见表2－2）。

表 2-2　北京市文化消费政策中有关演艺业的政策文件

序号	政策名称	调整领域
1	《北京市文化局关于进一步完善"百姓周末大舞台"、"周末场演出计划"、农村"文艺演出星火工程"公益惠民演出管理工作的通知》	产品供给
2	《北京市文化局关于印发北京市农村文艺演出星火工程专项资金管理暂行办法的通知》	产品供给
3	《关于印发北京市舞台创作生产专项扶持资金管理暂行办法的通知》	产品供给
4	《北京市文化局关于〈北京市舞台艺术创作生产专项扶持资金管理暂行办法〉奖励部分实施说明的通知》	产品供给
5	《北京市文化局关于贯彻〈营业性演出管理条例〉及〈营业性演出管理条例实施细则〉的通知》	消费环境
6	《北京市文化局、北京市文化市场行政执法总队关于加强和规范营业性演出监管工作有关事宜的通知》	消费环境
7	《北京市文化局转发文化部关于加强演出市场有关问题管理的通知》	消费环境
8	《北京市文化局关于切实履行监管职责全面加强演出市场管理文件的通知》	消费环境
9	《北京市文化局关于加强对演出市场规范管理的意见》	消费环境
10	《北京市文化局关于印发〈北京市文化局关于加强舞台剧节目审查与演出监管工作的意见〉的通知》	消费环境
11	《北京市文化局转发〈演出经纪人员管理办法〉的通知》	消费环境
12	《北京市演出经纪机构营业性涉外和涉港、澳、台演出告知承诺书》	消费环境
13	《北京市文化局关于贯彻〈北京市小型营业性演出场所经营单位管理规定实施细则〉的通知》	消费环境
14	《北京市文化局关于进一步加强语言类和戏剧类演出节目内容审批及监管工作有关事宜的通知》	消费环境
15	《北京市文化局关于加强对近期大型演出活动管理工作的通知》	消费环境
16	《北京市文化局局属艺术表演团体财政补助资金投入经费管理办法》	产品供给
17	《北京市文化局演出活动经费补贴办法》	产品供给
18	《北京市小剧场建设补贴资金管理办法》	产品供给
19	《北京市舞台剧精品剧目演出奖励补贴办法》(2014 年修订完善《北京市舞台艺术创作生产奖励扶持专项资金管理办法》,对优秀剧目的创作生产、演出进行扶持奖励)	产品供给
20	《北京市民营文艺表演团体发展扶持管理办法》	产品供给
21	《北京市小剧场扶持管理办法》	产品供给
22	《北京市"公益演出下基层"活动专项资金管理暂行办法》	产品供给

续表

序号	政策名称	调整领域
23	《北京市文化局关于支持在京剧场建设、改造资助补助办法》	产品供给
24	《北京市文化局关于低价票补贴管理办法》(2014年已经推出《北京市惠民低价票补贴专项资金管理办法》)	消费环境
25	《北京市剧场标准化管理实施办法》	产品供给
26	《北京市演出市场监管办法》	产品供给
27	《北京市文化局舞台艺术展演补贴办法》	产品供给
28	《北京市文化局所属艺术表演团体财政补助资金管理办法》	产品供给

全国也有一系列政策对北京市的演艺消费市场发展建设起到重要作用。譬如,在演艺产品消费环境营造方面,国务院2005年发布的《营业性演出管理条例》,为演出经营主体营造了宽松和规范的演出环境,《国务院关于非公有资本进入文化产业的若干决定》(国发〔2005〕10号)提出鼓励和支持非公有资本进入以下领域,包括文艺表演团体、演出场所,鼓励和支持非公有资本加入文艺表演团体、演出场所等国有文化单位的公司制改建,非公有资本可以控股。在演艺产品供给侧方面,2007年商务部、外交部、文化部、广电总局、新闻出版总署、国务院新闻办共同发布的《文化产品和服务出口指导目录》将商业演出纳入其中,提出商业演出类重点企业标准为相对固定的出口渠道,意向演出费在每场3000美元以上;拥有一个或以上演出产品的海外经营代理权,产品有独创性,具有较高的艺术水平和国际市场开发前景。2009年财政部、海关总署、国家税务总局发布的《关于支持文化企业发展若干税收政策问题的通知》(财税〔2009〕31号),提出文化企业在境外演出时从境外取得的收入免征营业税。2009年,《文化产业振兴规划》明确将演出娱乐业作为重点发展产业,加大扶持力度,制定了加大政府投入、落实税收政策、加大金融支持等相关优惠政策。2009年,《关于构建合理演出市场供应体系、促进演出市场繁荣发展的若干意见》明确指出,放宽民营表演团体市场准入条件,简化审批手续;对服务农民、服务基层的民营表演团体在人员培训、演出场地和演出器材方面给予必要帮助和资金支持。2010年,文化部发布《关于建立预防和查处假唱假演奏长效机制维护演出市场健康发展的通知》,从建立假唱、假演奏预防机制,加强演出市场现场监管和

加大假唱、假演奏行为查处力度，加强行业自律等角度做出了相关规定。2011 年，文化部出台了《关于加强演出市场有关问题管理的通知》，制定相应的管理措施，使演出市场政策体系更加完善。其余作用于文化消费市场建设的政策，如《关于金融支持文化产业振兴和发展繁荣的指导意见》《关于保险业支持文化产业发展有关工作的通知》等政策也对演艺消费市场健康发展大有裨益。

北京市发布了有关支持文化创意产业发展的总体性扶持政策后，演艺消费市场建设业也从中受益，如"35 条"提出鼓励经营性文化设施打破分割、发展剧院院线、发展演出剧目的现代市场营销系统。《北京海关支持北京市文化创意产业发展的若干措施》提出加强通关咨询服务，对各类文化演出涉及的器材、道具、人员等进出境通关问题，在通关政策、通关方式、通关手续等方面提前给予指导，帮助管理相对人选择合适、便捷的通关方式，节省企业通关成本。对文化演出涉及物资的进出境给予通关便利，运用担保金、担保函等方式，解决进出境演出器材、物品、道具的通关手续问题，加速验放。《关于大力推动首都功能核心区文化发展的意见》提出建设演艺博览文化区。依托现有剧场和博物馆资源，融合多元文化要素，规划建设汇集高雅文化、民族文化、大众文化三个层次的演艺集聚区和博物馆群。巩固文艺演出、文化旅游等传统优势行业。发挥文艺团体、演出场所汇集的优势，大力推进文艺精品创作生产等意见。

北京市演艺消费市场繁荣发展还得益于近年来出台的投融资政策等。例如，通过《北京市文化创意产业贷款贴息管理办法（试行）》《北京市文化创意产业担保资金管理办法（试行）》《北京市文化创意产业创业投资引导基金管理暂行办法》《北京市文化创新发展专项资金管理办法（试行）》等一系列文件获得项目融资支持。

随着北京市演艺消费市场的不断发展，北京市相关主管部门也在随着实践发展逐渐总结规律，查找现有政策在执行中的问题，积极弥补政策缺位，2013 年主管北京市演艺业发展的北京市文化局对现有文化政策进行全面梳理分析，推动政策体系的"立、改、废"，具体推出或修订的有关文艺演出行业的发展政策情况已在表 2 - 3 中予以标注。

表 2－3　北京市拟改善的文化消费政策和修订弥补空白的文化消费政策

序号	政策名称	主要范围
1	《北京市小剧场建设补贴资金管理办法》	鼓励支持新建改造小型营业性演出剧场，提升演出功能，改善观剧环境
2	《北京市舞台剧精品剧目演出奖励补贴办法》（2014 年修订完善《北京市舞台艺术创作生产奖励扶持专项资金管理办法》，对优秀剧目的创作生产、演出进行扶持奖励）	鼓励、引导文艺院团加强精品创作，繁荣首都文艺舞台，管理范围为市属专业文艺院团、在京注册的优秀民营文艺院团
3	《北京市民营文艺表演团体发展扶持管理办法》	进一步促进民营文艺表演团体创作与演出繁荣发展，管理范围为在京注册并持有《营业性演出许可证》的民营文艺表演团体
4	《北京市小剧场扶持管理办法》	引导小剧场剧目创作方向，提升小剧场剧目艺术水准，拟扶持范围为在京注册并持有《营业性演出许可证》的民营文艺表演团体
5	《北京市"公益演出下基层"活动专项资金管理暂行办法》	整合现有公益惠民演出项目，加强演出管理，提升补贴标准，提高演出质量，管理范围为各区县中参与"公益演出下基层"的文艺表演团体
6	《北京市文化局关于支持在京剧场建设、改造资助补助办法》	提升我市现有剧场硬件、软件水平，吸引社会资金加入剧场建设、改造，管理范围是在京备案的营业性专业剧场
7	《北京市文化局关于低价票补贴管理办法》（2014 年已经推出《北京市惠民低价票补贴专项资金管理办法》）	培养市民文化消费习惯，拉动文化消费，让更多普通市民能够买票走进剧场，管理范围为达到低价票补贴标准，并经市文化局认可的首都剧院联盟成员单位
8	《北京市剧场标准化管理实施办法》	提高全市营业性演出场所硬件设施、经营管理和服务水平，尽快实现科学化、标准化、专业化的行业规范管理，管理范围为我市行政区域内取得工商、文化、公安消防、卫生等部门合法经营资质的、具有舞台和观众坐席及配套设施并正式营业的剧场
9	《北京市演出市场监管办法》	在《营业性演出管理条例》和文化部《营业性演出管理实施细则》的基础上，与市文化执法总队等部门联合制定《北京市演出市场监管办法》，以解决演出活动中涉及的监管内容、监管方法、监管主体、监管规程性问题

序号	政策名称	主要范围
10	《北京市关于落实〈文化部、中央组织部、中央宣传部、中央编办、发展改革委、财政部、人力资源社会保障部、税务总局、工商总局关于支持转企改制国有文艺院团改革发展的指导意见〉的实施方案》（为进一步落实对国有院团的扶持政策，2014年出台《北京市文化局所属艺术表演团体财政补助资金管理办法》，按照演出场次、演出收入对院团演出进行补贴奖励；起草《北京市文化局关于支持北京市属地方戏曲院团创作、演出的扶持办法》，对三家新转企改制单位的创作、演出给予经费支持）	主要是为推动文化部等九部委对于支持转企改制国有文艺院团改革发展的指导意见在北京落地，目前已形成相关文件上报市委宣传部
11	《北京市文化局舞台艺术展演补贴办法》	对各类院团参加舞台艺术展演活动给予资金补贴

过去，文艺演出行业基本上是由政府主导，从性质上看偏向于文化事业而非文化产业，而随着文化体制改革的推行和文艺演出市场的发展，近年来，虽然政府仍扮演着管理者的角色，负责演出项目和演出市场主体资格的审批以及演出市场的监管，但演出团体的体制和类型都有了转变。文化部于2002年修订了《营业性演出管理条例实施细则》，大幅度调整了演出市场准入政策，取消了演出单位主体资格的所有制限制，只要符合规定的单位或个人，均可依法投资兴办演出单位，举办演出活动。因此目前从整体上看，北京的文艺演出市场是多种所有制主体并存，行业发展形态也由过去以计划形式的政府演出为主的传统文化事业发展形态渐渐转变为以营业性演出为主的文化事业与文化产业并重的发展形态。

由于文艺演出行业自身的特殊性和主体的复杂性，因此其所涉及的政策范围非常广泛，大体上可以分为创作扶持类、公益补贴类、市场管理类、改革扶持类，不同类型的主体对于不同政策的敏感程度不一。根据近年来北京文艺演出市场的总体收入统计经验，演出收入的来源不仅包括完全走市场化道路的营业性演出，还可能包括涉及保障公民基本文化权益的公益性演出，如国有文艺院团常常要承担政府的公益演出任务，特别是一些以传统剧目为主的文艺表演团体，公益演出收入是其总体收入的重要构成部分，这部分收入一般都会纳入统计范围，因此这些文艺表演团体对公益性演出的政策规定比较敏感。而对于产业化程度较高的民营文艺团体和演出公司而言，基本上不涉及公益演出政策，完全走市场化道路，对于市场监管的政策规定更为敏感，因此在评估政策时要严格区分调研对象，针对不同调研对象进行不同内容的数据采集和调查问卷设计。

（二）北京市文化消费政策之影厅建设政策梳理

为了推动电影消费市场繁荣发展，北京市政府先后出台了一系列的政策措施（见表 2-4）。

表 2-4 北京市文化消费政策之影厅建设政策

时间	文件名称	主要内容
2006 年	《北京市促进文化创意产业发展的若干政策》（京办发〔2006〕30号）	鼓励经营性文化设施打破分割,发展电影院线和剧院院线
2006 年	《关于金融支持首都文化创意产业发展的指导意见》（银管发〔2006〕114 号）	对在新闻出版,广播、电视、电影,旅游广告会展,艺术品交易等行业中有特色、有品牌的中小企业,各银行可以开展知识产权、版权、收益权等质押贷款业务,予以扶持。扩大旅游会展、文化艺术、新闻出版、广播、电视、电影等综合消费信贷规模
2006 年	《北京市文化创意产业投资指导目录》（2006）	将电影制作与发行、农村电影放映、电影院和院线建设列为鼓励类投资产业;禁止外商投资设立和经营电影制片企业,禁止外商在境内投资设立电影发行企业(不包括香港、澳门),禁止外商投资设立电影院、组建电影院线公司(不包括香港、澳门)
2006 年	《北京市文化创意产业分类标准》（2006）	电影服务类:其中包括电影制作与发行(电影制片厂服务、电影制作、电影院线发行、其他电影发行)、电影放映(电影院、影剧院、其他电影放映场所)
2007 年	《北京市文化创意产业集聚区基础设施专项资金管理办法（试行）》（京发改〔2007〕1498 号）	专项资金的投入方式主要采取直接投资的方式。根据集聚区建设项目内容,制定不同投资额度标准。对准公益性集聚区建设项目,专项资金投资额一般不超过该项目总投资的 30%
2009 年	《北京市人民政府关于实施首都知识产权战略的意见》（京政发〔2009〕11 号）	数字动漫、影视制作等领域掌握了一批关键和共性技术的自主知识产权,以知识产权促进产业融合发展

续表

时间	文件名称	主要内容
2009 年	《北京市文化创意产业创业投资引导基金管理暂行办法》(京文创办发〔2009〕7 号)	重点投资在京注册的符合文化创意产业重点支持方向的处于创业早期的文化创意企业,引导基金参股期内,投资总额不低于引导基金的出资额度的 2 倍
2010 年	《关于大力推动首都功能核心区文化发展的意见》(2010)	大力发展影视制作、传媒广告业,培育引进一批骨干企业,着力打造国际电影季等国际性活动
2011 年	《北京市关于加快电影产业发展的实施意见》	在电影产业发展方面,制定了进一步推进北京市电影发展的具体举措
2012 年	《关于促进首都广播影视繁荣发展的实施意见》	对于繁荣电影市场提出指导性意见和建议
2013 年	《关于印发〈北京市多厅影院建设补贴管理办法〉的通知》	继续对多厅影院建设给予补贴,每家影院补贴总额一般不超过影院建设或租赁投资总额的 50%,补贴数额不超过 800 万元
2014 年	《北京市文化创意产业提升规划(2014 - 2020 年)》	重点扶持能够代表北京地域文化特色、具有北京京味文化的剧目创作;在电影播映市场上尝试建立动态调整的分账模式,加大对创作方和制片方的利益保护。设立北京市影视产业扶持专项资金,加大对影视创作、生产、发行、放映、出口等环节的扶持力度

从上述梳理中我们可以看出,在国家层面上,关于电影的各种政策绝大部分都是由广电总局制定出台的,同时财政部和文化部也会对自己管辖范围内涉及电影的部分进行一些规定,规范整体的电影市场,主要是制定一些行业标准和扶持政策;在地方层面上,北京市电影产业政策也多由文化局、财政局、新闻出版广播电影电视局等相关部门制定出台。另外,中共中央和国务院从更高层面上为电影和文化产业的发展做出了规划,如《国务院关于非公有资本进入文化产业的若干决定》、《中共中央、国务院关于深化文化体制改革的若干意见》、《国务院关于印发文化产业振兴规划的通知》和《国务院办公厅关于促进电影产业繁荣发展的指导意见》等。基本上,我国的政策实施体系遵循着中央—部委—地方的贯彻路线,在大方针不变的情况下,各部门再制定更为合适具体的政策方针。

但是,我们也可以看出,上述关于电影产业发展的法规政策大多为"暂行规定""规定""办法"等部门规章,且处于不断完善之中。这些规章政策具有明显的暂时性、临时性、阶段性和应对性特点,一些政策规章规定出台之后，在一段时期内又频繁出现补充规定，说明政策缺乏一定的稳定性，应对性特征显著，缺乏长期性。此外，在我国，目前还欠缺一部相对稳定和成熟的法律来为电影产业提供稳定保障，特别是业内外期盼的"电影分级（分类）管理办法"；在电影内容审查方面，都是禁止性、原则性的定性条款，对如何定性、如何判断并没有做出具体阐述，这就使具体操作中的审查容易出现不确定性，增加了风险。

（三）北京市文化消费政策之影视创作生产政策梳理

为了推动影视产品创作生产，北京市政府先后出台了一系列的政策措施（见表 2-5）。

表 2-5　近年来北京市文化消费政策中有关影视创作生产的政策

时间	文件名称	主要内容
2006 年	《北京市海关关于支持北京市文化创意产业发展的若干措施》（京关办〔2006〕467 号）	对北京市属有权进口、制作、播放影视作品的相关单位进口的影视作品,由海关指定部门实行集中管理,并制定相应的集中管理办法。鼓励北京市相关企业从事影视作品的外包加工、承接国外广告制作、开展与国外电视台的合作,海关将在通关政策、通关程序等方面给予指导和支持
2006 年	《北京市文化创意产业发展专项资金管理办法（试行）》（京财文〔2006〕2731 号）	重点用于扶持符合北京市文化创意产业发展总体规划和相关政策的文化创意项目。专项资金主要用于支持影视制作和交易等文化创意行业
2008 年	《北京市人民政府关于全面推进北京市旅游产业发展的意见》（京政发〔2008〕45 号）	推进旅游营销"十个一"工程（重点推出具有北京元素的一部旅游电影故事片等）
2008 年	《北京市文化创意产业贷款贴息管理办法（试行）》（京文创办发〔2008〕5 号）	贷款贴息资金来源于市文化创意产业发展专项资金,"广播影视节目制作和交易"符合市文化创意产业发展专项资金的支持方向
2009 年	《北京市关于支持影视动画产业发展的实施办法（试行）》（京文创办发〔2009〕4 号）	北京影视动画作品获得国际知名动画节展或国际 A 类电影节主要奖项的,根据获奖等级一次性奖励 100 万~200 万元;获得国家级政府类重大奖项的,根据获奖等级一次性奖励 50 万~100 万元;国家广播电影电视总局推荐为优秀国产动画片的一次性奖励 10 万元。同一影视动画作品获得多个奖项的,按从高不重复原则给予奖励。符合条件的影视动画企事业单位,享受国家规定的相关税收优惠政策

续表

时间	文件名称	主要内容
2009 年	《北京市文化创意产业担保资金管理办法（试行）》（京文创办发〔2009〕3 号）	担保资金支持的项目应符合市文化创意产业发展规划确定的支持方向，内容包括广播影视节目制作和交易行业的创作、生产和营销
2011 年	《北京市支持电影作品和活动资助办法》	采取有力措施支持电影作品创作生产
2011 年	《北京市支持影视精品创作的实施意见》	支持电影产品的精品创作
2012 年	北京市工商局《关于支持文化创意产业发展促进首都文化大繁荣的工作意见》	

作为文化创意产业的传统核心产业，北京市影视创作生产政策的发展历程与北京市文化创意产业政策发展一脉相承，融会贯通，经历了三个阶段。

2004~2008 年政策体系逐步建立，以宏观规划类政策为主。重点在于为北京市影视消费市场提供优质影视产品。这一阶段是北京影视作品蓬勃发展的重要阶段，制作水平、艺术水准有很大提高，出现了一批贴近实际、贴近生活、贴近群众的质量上乘之作，例如《奋斗》《金婚》《家有儿女》等优秀电视剧；影视作品的制作与市场需求开始步入良性循环的发展轨道；从创作、制作、管理直到播出的整个运行系统都开始趋于成熟；影视制作机构数量增加，例如，根据国家新闻出版广电总局发布的《广播电视节目制作经营许可证》合格机构名单，2007 年北京地区有 307 家影视制作机构，2008 年有 413 家。随着该阶段电视剧制作业的大力发展，政策体系逐步建立。2004 年，北京市出台《2004—2008 年北京市文化产业发展规划》确立了北京文化创意产业的发展战略目标，即北京的文化创意产业要构建六大中心，其中之一为"建成经营理念先进、生产制作量和交易量最大的全国影视节目制作和交易中心"。《北京市"十一五"时期文化创意产业发展规划》提出"十一五"期间的发展目标之一是把北京市建设成为全国的文艺演出中心、出版发行和版权贸易中心、广播影视节目制作和交易中心、动漫和网络游戏研发制作中心。2006 年 4 月，北京市文化创意产业领导小组成立，发布"35条"。北京市委、北京市政府、北京市文化创意产业领导小组办公室、北京市财政局、北京市统计局、北京市发展与改革委员会、北京市新闻出版广电局、北京海关、北京怀柔区政府、怀柔区发展与改革委员会等政策主体相继出台配套政策，推动电视剧制作业向更高水平发展。

2008～2012年政策体系初步形成，经济扶持类政策占主导，扶持精品创作生产。北京市影视创作生产快速发展，发展优势明显。一是电视剧量高质优。2011年，我国取得发行许可证的电视剧达1.49万集，其中"京产"电视剧创作数量达86部2751集，占全国总量的1/6；2012年北京市获得拍摄制作备案公示的电视剧为289部，获得发行许可证的共79部2762集，占全国总量的15.6%，位列第一；同时，该阶段"京产"中涌现了一批以反映北京人、北京事、北京情为创作重心的作品，生产的一些现实题材的电视剧作品已经达到了一定的审美高度和艺术高度。例如，2012年北京市共有3部电视剧被中宣部和广电总局列为迎接党的十八大重点剧目，《杨善洲》《惊沙》《媳妇的美好时代》等7部作品获得第十二届精神文明建设"五个一工程奖"，《北京青年》等作品荣获第29届中国电视剧飞天奖。二是影视制作企业数量激增，外地企业向北京集聚。根据国家新闻出版广电总局发布的《广播电视节目制作经营许可证》合格机构名单，北京地区2009年有影视制作机构542家，2010年726家，2011年965家，年均增长率约为34%。北京影视机构中"国"字头的企业占据了全国国有影视企业的大头，且垄断资源明显，民营企业实力不凡，本土品牌众多；华录百纳、中影、中视传媒、海润、华谊、光线传媒、鑫宝源、金英马等引领中国影视剧题材创新的风向标；外地影视企业纷纷将总部或者发行中心、运营中心、后期制作中心设立在北京，广州、上海等地的影视公司逐渐向北京聚集，在京设立公司。2012年，北京市广播电视电影业实现增加值154亿元，增长率为15.3%。

该阶段政策的主要特点为金融支持和财政扶持等经济扶持类政策力度大。在金融支持政策方面，2009年，财政部、央行、文化部等九部委联合制定了《关于金融支持文化产业振兴和发展繁荣的指导意见》，北京市政府制定了《关于金融促进首都经济发展的意见》，中国银行业监督管理委员会制定了《关于金融支持首都文化创意产业发展的指导意见》，旨在积极推动多层次信贷创新产品与影视剧等文化创意产业的对接，以金融手段支持文化创意产业发展。2008年、2009年出台的一系列金融支持政策鼓励银行为北京市中小文化创意企业开展版权、收益权等质押贷款业务。金融政策的支持使得北京市影视制作企业和电视剧项目的信贷发放量逐年提升。2010年4月，北京市新闻出版广电局与北京银行签署了100亿元专项授信额度的全面战略合作协议，优先对北京市广电局推荐的优秀广播影视制作企业和重点项目的贷款提供绿色通道。

在财政投入力度方面，以设立扶持资金为核心，该阶段发布了一系列财政扶持政策。北京市财政局、北京市文化创意产业领导小组办公室分别通过《北京市文化创意产业发展专项资金管理办法（试行）》《北京市文化创新发展专项资金管理办法》《北京市文化创意产业贷款贴息管理办法（试行）》《北京市文化创意产业创业投资引导基金管理暂行办法》《北京市文化创意产业担保资金管理办法（试行）》等一系列政策推动北京市电视剧制作产业发展。2012年北京市财政局推出《北京市文化创新发展专项资金管理办法》，2012~2015年每年安排100亿元支持文化领域公益性事业建设、发展现代文化产业、体制机制改革、人才队伍建设等，其中重点支持文艺演出、新闻出版、广播影视、动漫网游等11类项目。

2012年以后，政策体系逐渐完善，侧重产业聚集发展。在这个阶段，北京市电视剧制作业正逐渐向着生产规模化、资源配置市场化、拍摄制作精细化的方向发展。2013年，中国有6175家持证的影视制作企业，较2012年的5363家增长了15.1%，是2002年的近20倍。电视剧产量大幅提升，质量显著提高，作品类型日益多样化。电视剧对电视台广告收入的贡献率超过50%，占全国电视节目收视份额的1/3，已成为中国广播影视产业名副其实的支柱和中国文化产业的"重要一极"。在影视拍摄基地的产业集聚效应方面，目前北京市共有10余家影视拍摄基地，1家国家新媒体产业基地，还有多个以大型文化创意企业集团为龙头，带动上下游其他企业聚集而形成的文化影视产业聚集区，如北京CBD文化传媒产业基地、怀柔影视基地、八一电影制片厂影视基地、星美影视基地等一系列影视基地，逐渐告别单纯提供拍摄场所的模式，打造完整生产链条。

在产业集聚区的政策制定方面，北京市发展和改革委员会出台了《北京市文化创意产业集聚区认定和管理办法（试行）》等文化创意产业集聚区认定及相关促进发展政策，打造具有辐射力和影响力的产业集聚区，发挥示范带动作用。地区性的产业聚集区政策，如《大兴区支持中国北京星光电视节目制作基地发展政策》，具体、明确地规定了对入驻星光影视园的企业根据财政贡献予以奖励的时限、额度，对于主板上市和创业板上市的企业，分别给予一定数额的支持资金，并对该笔资金的给付方式予以明确规定。

（四）北京市文化消费政策之游戏创作生产政策梳理

1. 北京市动漫业政策出台的背景

2004 年至今，面对国外动漫产品的冲击，国家开始着力扶持国内动漫业的发展。2004 年，以广电总局印发的《关于发展我国动画产业的若干意见》为开端，国家出台了一系列扶持动漫业发展的政策，从内容监管、播出管理、管理体制、产业指导、金融财税等各个方面推动动漫产业发展，我国动漫产业发展迅速。在国家大力支持动漫业发展的背景下，北京市出台相应政策促进动漫业发展。

2009 年，《北京市关于支持影视动画产业发展的实施办法（试行）》出台，成为动漫产业的首个专项扶持政策，与之相适应的各项配套政策也陆续出台，在加大产业扶持力度、促进动漫产业功能发挥和拓展、完善管理体制、提升发展水平等方面均有相应的具体政策措施，形成了较为完善的政策体系。

2. 北京市动漫业政策的基本构成

2004 年我国动漫业获得迅速发展，主要得益于这一时期国家针对动漫业在全国范围内采取了一系列保护和扶持措施。北京市动漫业政策受国家动漫业政策的影响较大，在很多方面承接了国家动漫业的指导政策。因此，国家出台的有关动漫业的政策是北京市动漫业政策的重要内容。梳理2004 年以来国家动漫产业专项政策的发展脉络，我国动漫业专项政策可以细分为以下几个类型，如表 2 - 6 所示。

表2-6 2004年以来我国动漫业专项政策目录

政策类型	政策文件	主要内容	政策评述
内容监管政策	《关于对国产电视动画片实行题材规划管理的通知》《关于实行国产电视动画片发行许可制度的通知》《关于做好国产电视动画片发行许可和备案工作的通知》《国产电视动画片制作备案公示管理制度暂行规定》	国产电视动画片实行两级管理的制作备案公示制度,并要求全国所有电视播出机构不得播放未取得发行许可证的各类动画片	内容监管政策是保证动漫产业正确发展方向的重要措施。我国动漫产业发展之初就被赋予加强和改进未成年人思想道德建设的使命。2006年之前,我国动漫产业专项政策就开始侧重于动漫产品内容监管
播出管理政策	《关于实行优秀国产动画片推荐播出办法的通知》《关于进一步规范电视动画片播出管理的通知》《关于加强电视动画片播出管理的通知》	对国产电视动画片播放时段和比例做出具体要求,指出要构建国产电视动画片的播映体系,并规定在每个播出动画片的频道中,国产动画片与引进动画片每季度播出比不低于6:4	国家层面对动画片播出管理的政策,一方面力图改变外国动画片充斥国内电视荧屏的状况,另一方面也通过不断壮大国产电视动画片的播映体系,激发民间投资和创造热情
管理体制政策	《关于同意建立扶持动漫产业发展部际联席会议制度的批复》《中央编办对文化部、广电总局、新闻出版总署〈"三定"规定〉中有关动漫、网络游戏和文化市场综合执法的部分条文的解释》	部际联席会议制度和"三定"规定是我国动漫产业发展和市场管理的基本制度	对于从源头上消除动漫产业发展的体制机制障碍,划清相关部门的权责关系,合力做强动漫产业,具有重要作用
产业指导政策	《关于发展我国影视动画产业的若干意见》《关于推动我国动漫产业发展若干意见》《文化部关于扶持我国动漫产业发展的若干意见》《"十二五"时期国家动漫产业发展规划》	重点支持原创行为;支持和培育动漫企业;建立国家动漫产业基地,促进动漫产学研一体发展;支持动漫核心技术研发;培养动漫产业人才;支持动漫产品走出去;加强知识产权保护	基本涵盖了动漫产业发展所涉及的方方面面,形成了完善的指导产业发展的政策体系。但是产业指导政策在实际的贯彻落实上力度不够,并在实际操作过程中出现了很多新问题
金融财税政策	《动漫企业认定管理办法(试行)》《关于扶持动漫产业发展有关税收政策问题的通知》《原创动漫扶持计划》	设立专项扶持资金;从增值税、企业所得税、营业税、进口关税和进口环节增值税等方面详细制定优惠政策;对优秀漫画、动漫演出、网络动漫原创作品和原创人才扶持进行奖励	国家在动漫产业发展初期,金融财税支持力度较大,很大程度上促进了动漫产业的快速发展,但从长远来看,过多的奖励扶持政策也不利于动漫产业的持续健康发展

为了推动北京市游戏消费市场健康发展，北京市政府先后出台了一系列的政策措施（见表 2 – 7）。

表 2 – 7　北京市文化消费政策中有关游戏创作生产的政策

序号	政策文件	文件号
1	《北京市促进文化创意产业的若干政策》	京办发〔2006〕30 号
2	《北京市文化创意产业发展专项资金管理办法（试行）》	京财文〔2006〕2731 号
3	《北京市文化创意产业贷款贴息管理办法（试行）》	京文创办发〔2008〕5 号
4	《北京市文化创意产业知识产权保护与促进意见》	京知局〔2008〕178 号
5	《北京市文化创意产业担保资金管理办法（试行）》	京文创办发〔2009〕3 号
6	《北京市文化创意产业创业投资引导基金管理暂行办法》	京文创办发〔2009〕7 号
7	《北京市文化创意产业发展资金管理办法实施细则》	京财发〔2010〕2170 号
8	《北京市文化创新发展专项资金管理办法（试行）》	京财文〔2012〕1440 号
9	《关于金融支持首都文化创意产业发展的指导意见》	银管发〔2009〕144 号
10	《北京市关于支持影视动画产业发展的实施办法（试行）》	京文创办发〔2009〕4 号
11	《北京市关于支持网络游戏产业发展的实施办法（试行）》	京文创办发〔2009〕5 号
12	《北京市动漫企业认定管理工作实施方案》	京文市发〔2009〕717 号
13	《北京市原创动漫形象作品专项扶持资金管理办法（试行）》	京文产发〔2013〕478 号
14	《北京市文化创意产业集聚区基础设施专项资金管理办法（试行）》	京发改〔2007〕1498 号
15	《北京市关于支持中国动漫游戏城发展的实施办法（试行）》	京文创办发〔2009〕8 号
16	《北京市数字娱乐产业基地优惠政策》	

从目前北京市出台的与动漫业有关的政策来看，除了在内容生产、产权保护等方面承接国家层面的相关规定外，在加大产业扶持力度、促进动漫产业功能发挥和拓展、完善管理体制、提升发展水平等方面均有相应的具体政策措施。

（1）在内容审查上基本承接国家层面的相关规定

即要求国产电视动画片的制作机构须持有《广播电视节目制作经营许可证》，并且国产电视动画片须经过广电总局备案公示才能投产制作。对于完成片的审查实行两级管理制度，即中央单位及所属的制作机构、各省所辖制作机构制作的国产电视动画片，分别由广电总局和省级广播影视管理部门管理，审查通过的国产电视动画片，颁发《国产电视动画片发行许可证》之后才可播出。2013 年，广电总局下发《关于进一步加强国产电视动画片内容审查的紧急通知》，在国产电视动画片的内容审查上进一步提出坚持正确导向、避免恐怖暴力、把握健康格调、避免崇洋西化等要求。近年来，国家对国产动漫产品的内容生产有所放松，如对网络文化经营单位实行内容自审，而文化主管部门则负责"后续监管"，其中就包括网络动漫的内容审查。但国产电视动画片的内容审查仍然没有明确的生产标准，弹性标准使得内容审查忽紧忽松，不利于动漫业的创作发展。

（2）构建全方位的财税金融扶持体系

北京市虽然没有针对动漫业的专项财税优惠政策，但是，一方面，北京市贯彻执行了国家层面关于动漫业的一系列税收优惠政策，如出台《动漫企业认证管理工作实施方案》，通过认证的动漫企业可以申请享受《财政部国家税务总局关于扶持动漫产业发展有关税收政策问题的通知》中规定的有关税收优惠政策，在增值税、企业所得税、营业税、进口关税和进口环节增值税方面都有优惠；另一方面，北京市也出台了与动漫产业有关的扶持政策，如贷款贴息、专项资金、创业基金、税收优惠等。2006 年出台《北京市文化创意产业发展专项资金管理办法（试行）》，其中规定专项资金采取贷款贴息、项目补贴、政府重点采购、奖励等方式进行资助。之后北京市连续出台贷款贴息、担保资金、金融支持、创业投资引导等具体实施政策。

第一，建立先付后贴的贷款贴息制度。规定对包括动漫游戏制作研发在内的文化创意采取先付后贴，即项目单位已经向贷款银行支付利息，贷款贴息资金再予以贴息支持。贴息期限原则上不超过 3 年，贴息比例原则上为贷款贴息期限内项目贷款利息总额的 50% ~ 100%，且单笔贷款贴息总额不超过 500 万元。

第二，创建文化创意产业担保资金和工作机制。重点支持包括动漫产业在内的文化创意企业的创作、生产和营销等环节。主要将担保与再担保机制结合起来，采取对合作担保机构的再担保费进行补贴、对担保业务进行补助的方式，鼓励担保机构为文化创意企业提供担保服务，并规定根据文化创意产业项目担保规模对合作的担保公司给予 0.5% ~ 0.7% 的担保业务补助。

第三，提出"九文"的文化金融服务体系发展目标。2009 年、2012 年北京市分别出台了关于金融支持首都文化创意产业发展的指导意见，提出构建涵盖"文化信贷""文化保险""文企上市""文化要素市场""文化股权投资基金""文化投融资体制改革""文化金融综合试验区""文化信用增进""文化金融人才"的"九文"文化金融服务体系的发展目标。并着力在信贷支持体系、直接融资体系、文化股权投资体系、保险创新体系、文化要素市场、金融支持的公共服务体系、文化金融人才等方面做出部署。

第四，创建股权投资形式的创业投资引导资金。2009 年北京市设立初始规模为 3 亿元、连续 3 年的引导基金，并规定引导基金主要以参股方式运作，即以股权投资的方式同合作创业投资机构共同发起设立创业投资企业，投资文化创意产业项目，并在约定的期限内退出。

（3）注重对动漫原创作品和技术研发的扶持

"设计研发—动画制作—播出放映—衍生品开发"是国外成熟的动漫产业链构成，其中"设计研发"即原创环节，是整个动漫产业链的源头，包括动漫形象的设计、漫画作品的创作等，直接关系到衍生产品的开发，国外成功的动漫运营案例说明了一个好的原创动漫形象品牌带来的收益往往是一劳永逸的。

2006 年国务院出台的《关于推动我国动漫产业发展的若干意见》中就指出要重点支持原创行为，推动形成成熟的动漫产业链。北京市政府在推动动漫产业发展中也非常重视对动漫原创作品的扶持，主要以政府奖励的形式鼓励原创。从 2012 年开始，北京市为鼓励原创动漫艺术创新，专门设立原创动漫形象作品专项扶持资金，对优秀动漫形象作品进行扶持。其中规定扶持的原创动漫形象作品包括原创动漫形象作品、原创网络动漫形象作品、原创动漫手机形象作品。同时，在技术研发上，北京市也出台了一系列鼓励政策，如对于影视动画机构创新或应用先进动画制作技术，符合条件的，经评审认定，给予应用类补贴 10 万~30 万元，创新类补贴 50 万~100 万元的一次性奖励；被认定为高新技术企业的，可两年内免征企业所得税，两年后按 15% 税率征收；文化创意产业技术转让、技术研发业务和与之相关的技术咨询、技术服务取得的收入免征营业税；安排财政专项资金支持文化创意企业承担共性技术研发、市场推广等公共服务平台建设。

（4）推动动漫业集聚化发展

动漫产业园区建设有利于推动动漫产业在创意、研发、制作、展示、销售等各个环节的全面发展，形成完善的动漫产业链，实现动漫产业集约化发展，促进产业升级。北京市近年来出台了一系列与动漫产业有关的园区政策，如《北京市文化创意产业集聚区认定和管理办法（试行）》《北京市数字娱乐产业基地优惠政策》《北京市文化创意产业集聚区基础设施专项资金管理办法（试行）》《北京市关于支持中国动漫游戏城发展的实施办法（试行）》。在动漫产业园区内的企业，可利用园区公共服务平台，享受园区在专项资金扶持、基础设施优惠、投资信贷、科技研发、人才培养等方面的特殊政策优惠。例如，《北京市关于支持中国动漫游戏城发展的实施办法（试行）》中规定，支持银行为中国动漫集团有限公司及符合条件的相关动漫企业提供信用贷款、知识产权质押贷款等创新型金融产品；中国动漫游戏城所在地科技园区发展专项资金每年安排专项，连续五年支持中国动漫游戏城企业科技研发项目；市区两级政府建立公共技术服务平台，对入驻中国动漫游戏城企业提供优惠服务；给予骨干企业连续两年办公场所租金补贴；连续五年提供每年 100 万元的职工教育培训经费；等等。

（5）建立动漫产业发展的管理协调机制

在动漫产业的管理体制上，北京市除了遵循国家层面部际联席会议制度和"三定"规定基本制度外，也根据实际需求，建立自己的动漫产业管理体制。为贯彻北京市促进文化创意产业的相关政策，开展文化创意产业相关领域的政策研究、产业规划、行业定位研究，落实北京市文化创意产业园区、文化创意人才、企业认定、专项资金管理等工作，2006 年成立北京市文化创意产业促进中心。为规范行业发展，引导行业自律，加强企业和政府之间的沟通，2009 年成立北京动漫游戏产业联盟。为更好地发挥中央与地方联动机制的作用，2010 年北京市建立扶持动漫产业发展部际联席会议制度。

总体来看，动漫游戏、数字出版、数字新媒体等一批基于数字技术的文化创意产业新业态发展迅猛，成为北京文化消费市场发展的新亮点，尤其是 2007 年北京市动漫营收突破 10 亿元大关，已经位居全国动漫游戏产业的第一阵营。动漫游戏消费市场成为北京市文化消费市场的重要组成部分，因此出台相应的产业指导政策和相应的扶持政策，从财税金融、奖励扶持、园区建设、创意和技术研发等各个方面规定相应的促进措施。北京市与动漫有关的文化消费政策，基本涵盖了动漫产业发展的内容生产、产权保护、财税金融扶持、专项资金支持、动漫原创扶持、技术研发、园区基地建设、管理体制等各个环节。在发挥动漫产业关联带动作用、拓展动漫产业消费需求方面，虽然没有出台专项政策，但北京市根据动漫作品的播出时长、创作时长、票房、衍生产品版权收益、影视动画播出频道播出的原创动画时长、影视动画发行公司年代理发行原创影视动画产品部数、影视动画机构参展活动，影视动画交易活动的成交额等因素，分别给予不同程度的奖励，以扩大动漫产品的消费需求，鼓励动漫产品拓展产业链，促进北京市动漫游戏市场健康繁荣发展。

（五）北京市文化消费政策之整体优化政策梳理

北京作为第一批文化体制改革试点单位，2003 年成立文化体制改革试点工作领导小组，制定《北京市文化体制改革试点方案》，提出"扶持一批，改制一批，重组一批，剥离一批"的原则和"成熟一个推进一个"的工作方针。2006 年，中央提出深化文化体制改革的若干意见，北京在总结试点工作实践的基础上，于同年制定《关于深化北京市文化体制改革的实施方案》，聚焦培育文化市场主体、推动新闻出版改革和加强科学管理三个方面。在国办 114 号文件①颁布后，改革进入攻坚阶段，改革的内容主要集中在推动文艺院团重组、深化新闻出版广播影视改革、启动三网融合试点和加强管理等四个方面。从政策的分类来看，一方面，北京市各职能部门积极落实改革配套政策，北京市国税、地税、宣传部出台关于税收优惠、试点名单等的配套文件，推动文化事业单位的转企；另一方面，北京市政府运用财政进行改革引导，2006 年设立年度金额 5 亿元的文化创意产业发展专项资金，用于推动电影、电视、文博、出版等产业的发展。同时颁布专项资金管理方法、投资指导目录、文化产业分类标准等一系列规范文件，用于引导产业发展方向。北京市利用税收、社保等优惠政策，对于既定的文化事业单位进行改革，打破原有格局，调整既定利益关系。同时利用财政的投入，推动文化新兴领域的发展，以新机制的构建逐步消化旧

---

① 系指《国务院办公厅关于印发文化体制改革中经营性文化事业单位转制为企业和支持文化企业发展两个规定的通知》（国办发〔2008〕114 号），简称国办 114 号文件。

机制，完成从旧体制到新体制的平稳过渡。相关北京市整体优化文化消费政策的情况，可参见表2-8、表2-9。

表2-8 北京市文化消费政策之整体优化政策

发文部门	主要政策
北京市人民政府办公厅	《北京市人民政府办公厅关于印发文化体制改革试点中支持文化产业发展和经营性文化事业单位转制为企业的两个规定的通知》（京政办〔2004〕40号）
	《北京市文化体制改革试点方案》
北京市财政局、北京市地方税务局	《北京市财政局、北京市地方税务局转发财政部、海关总署、国家税务总局关于文化体制改革中经营性文化事业单位转制为企业的若干税收政策问题的通知》（京财税〔2005〕828号）
	《关于深化北京市文化体制改革的实施方案》
	《北京市在文化体制改革试点中经营性文化事业单位转制为企业的实施办法》
北京市委宣传部	《中共北京市委宣传部关于提供经营性文化事业单位转制为企业名单的函》（京宣函〔2006〕6号）
北京市国税局	《北京市国家税务局转发财政部、海关总署、国家税务总局关于发布第一批不在文化体制改革试点地区的文化体制改革试点单位名单的通知和中共北京市委宣传部关于提供经营型文化事业单位转制为企业名单的函的通知》（京国税〔2006〕420号）
北京市地方税务局	《北京市地方税务局关于下发中央在京经营性文化事业单位转制为企业名单的通知》（京地税企〔2006〕446号）
北京市文化体制改革领导小组办公室	《关于提供经营性文化事业单位转制为企业的名单的函》（京宣函〔2007〕3号）
北京市文化体制改革领导小组办公室	《关于提供经营性文化事业单位转制为企业的名单的函》（京宣函〔2007〕9号）
北京市地方税务局	《北京市地方税务局关于下发中央在京经营性文化事业单位转制为企业第三批名单的通知》（京地税企〔2007〕131号）
北京市地方税务局	《北京市地方税务局关于下发北京市经营性文化事业单位转制为企业第二批名单的通知》（京地税企〔2007〕132号）
北京市文化体制改革领导小组办公室	《关于提供中央在京经营性文化事业单位转制为企业名单的函》（京宣函〔2007〕29号）
北京市地方税务局	《北京市地方税务局关于下发第四批中央在京经营性文化事业单位转制为企业名单的通知》（京地税企〔2007〕443号）
北京市社会保险基金管理中心	《关于统一2010年度各项社会保险缴费工资基数和缴费金额的通知》（京社保〔2010〕37号）

续表

发文部门	主要政策
北京市社会保险基金管理中心	《城镇职工基本养老保险费补缴实施细则》(京社保〔2010〕47号)
北京市财政局、北京市国家税务局、北京市地方税务局、中共北京市委宣传部	《北京市财政局北京市国家税务局北京市地方税务局中共北京市委宣传部转发财政部国家税务总局　中共中央宣传部关于转制文化企业名单及认定问题的通知》(京财税〔2009〕1944号)

表2-9　国办105号文件①及国办114号文件实施期间（2003～2010年）北京市出台相关文化创意产业政策

综合性政策	《2004—2008年北京市文化产业发展规划》
	《北京市促进文化创意产业发展的若干政策》(京办〔2006〕30号)
	《支持北京市文化创意产业发展的若干措施》(京关办〔2006〕467号)
	《北京市文化创意产业发展专项资金管理办法(试行)》(京财文〔2006〕2731号)
	《北京市文化创意产业投资指导目录》(2006)
	《北京市文化创意产业分类标准》(京统函〔2006〕183号)
	《关于宣传文化增值税和营业税优惠政策的通知》(京国税发〔2007〕4号)
	《北京市"十一五"时期文化创意产业发展规划》(2007)
	《北京市文化创意产业贷款贴息管理办法(试行)》(京文创发〔2008〕5号)
相关行业政策	《北京市文化局支持新建改造多厅影院资金补助办法(试行)》(2005)
	《北京市文化创意产业集聚区认定和管理办法(试行)》(京发改〔2006〕2395号)
	《北京市文化创意产业集聚区基础设施专项资金管理办法(试行)》(京发改〔2007〕1498号)
	《北京市数字娱乐产业基地优惠政策》(2007)
	《北京市展会知识产权保护办法》(北京市人民政府令第201号)
	《北京市关于支持影视动画产业发展的实施办法(试行)》(京文创办发〔2009〕4号)
	《北京市关于支持网络游戏产业发展的实施办法(试行)》(京文创办发〔2009〕5号)
	《北京市动漫企业认定管理工作实施方案》(京文市发〔2009〕717号)
	《北京市文化局关于印发北京市农村文艺演出星火工程专项资金管理暂行办法的通知》(京文艺发〔2009〕814号)
	《局属艺术表演团体事业经费投入管理办法(试行)》(2009)
	《鼓励和支持艺术品出口相关政策的意见》(2009)

---

① 系指《国务院办公厅关于印发文化体制改革试点中支持文化产业发展和经营性文化事业单位转制为企业的两个规定的通知》（国办发〔2003〕105号），简称国办105号文件。

二 北京市文化消费政策的总体成效研究

（一）政策制定情况

目前北京市文化消费政策的构成体系，主要包括整体规划、重点产业门类扶持、影厅建设、专项资金补贴、财税优惠、体制改革等。由于目前中央和地方财税管理体制的限制，北京市级财税部门没有权限出台仅适用于本地区文化创意产业的普惠性财税优惠政策。因此，现行的北京市文化消费政策中的财税优惠政策主要在于执行国家针对文化产业、文化体制改革单位或者特批试点地区的财税优惠政策。

从政策覆盖面角度来看，按照功能划分，近年来北京已初步建立起包括综合政策、专项政策、金融政策、税收政策、影厅建设、演艺业扶持在内的基本政策框架体系。从政策层级来看，现行文化消费政策多是以行政主管部门依据管理权限出台的单行政策为主，政策调整范围主要针对文化建设发展的某个重要环节或者某些重点内容。而从效力上看，虽然针对文化消费而出台的政策数量不多且也大都散落于推动文化产业发展的政策措施中，但一般都是以北京市人民政府或北京市文化创意产业领导小组的名义发布，其效力高于行政主管部门出台的单行政策，责任部门涵盖主管文化的宣传文化系统，也包括对文化创意产业政策落实具有举足轻重作用的经济、财税和人事主管部门，而且基本上每项整体性的政策都形成了一套自身较为系统的实施管理细则，可执行力和可操作性相较于单行政策都大有提升，总体落实情况较为乐观，在推动北京市文化消费市场繁荣发展上功不可没。

从政策调节手段上看，在扶持类政策上，政府财政资金投入是主流。根据目前的财政资金使用管理办法，如果行政主管部门想要长期稳定地从市财政部门获得固定数额的针对文化创意产业的专项扶持资金，就需要在扶持资金的申报、管理、运用等环节形成一套明确的规范体系，这往往是单行政策出台的原始动力，之后则根据实施效果不断扩大政策适用范围、多元化扶持手段，引入多方支持力量，从而形成比较完善的专项扶持政策。而且相较于其他方式，采取资金补贴投入方式，政策实施效果更为明显，市财政部门较容易考核监督，因此大多数政策均倾向于以资金补贴作为主要政策手段，通过对重点环节或重要主体的扶持带动促进文化消费市场的整体发展。

从政策导向上看，北京市的文化消费政策既注重突出整体规划的方向指引性，也注重发挥单项政策的分类指导性；既有推动行业关键环节和重点内容发展的专项政策，也有强化文化消费在部门或区域总体发展中作用的综合政策；既有良好承接国家文化消费政策的市级落地配套政策，也有极具北京特色的地方性政策。从总体上看可以概括为：创新性，即利用北京市的文化资源集聚和政策开放优势，力争推出一系列带有试验性、先驱性、引导性的产业政策。示范性，即发挥北京作为全国文化中心示范作用，形成一系列可复制、可移植、可推广的经验政策。带动性，即发挥文化创意在赋予其他产业创意附加值的辐射作用基础上，加快推动文化创意产业与消费领域相关产业融合，打造"文化创新"驱动格局，促进北京转变经济发展方式，调整产业结构；带动京津冀地区整体经济布局合理化，形成全国独特的文化发展中心区。主流性，即始终坚持文化消费政策以促进社会主义主流价值观传播为核心，以传承中华传统文化为己任，以社会效益和人民满意度为市场建设的关键标准。安全性，即重视北京作为意识形态交锋的重要阵地，以捍卫国家文化安全为重点，强化对相关文化市场的管理和净化。

从政策目标上看，北京市的文化消费政策目标主要集中于以下方面：以消费需求引领产业布局合理化；推动传统消费市场转型升级发展；培育新型文化消费业态；重视对创意、市场、融资等关键要素的扶持发展；规范文化消费市场竞争秩序；吸引高端优质文化资源集聚；鼓励实现特色发展的多层次文化消费市场主体架构；完善基本公共文化服务及发展配套服务机制；优化文化消费市场发展环境；提升首都文化消费水平；增强首都文化消费市场对外开放程度；催生文艺精品力作；加快国有文化单位体制改革和经营模式创新，优化文化消费环境。

（二）政策实施整体效果

北京文化创意产业从创造新供给、转换新动力、拓展新模式、扩大新需求等多方面发力，积极推动产业创新发展，文化产品有效供给不断扩大，科技创新在产业发展中的引擎作用更为突出，产业融合发展态势明显增强，文化消费潜力进一步释放，网上消费、跨区域联动消费等新型文化消费快速发展。北京市文化消费政策整体实施效果大致可以概括为如下几点。

一是总体规划目标明确。推出《北京市"十一五"时期文化创意产业发展规划》《北京市"十二五"时期人文北京发展建设规划》《中共北京市委关于发挥文化中心作用，加快建设中国特色社会主义先进文化之都的意见》等一系列重要文件，根据首都文化建设不同阶段的实际发展需求，调整文化创意产业发展目标、重点行业、产业格局和阶段任务。在总体规划的指引下，北京市文化创意产业总值实现连年增长，按照"十一五"的规划目标，到 2010 年，文化创意产业增加值应占全市地区生产总值的12%。在 2006 年开始全面实施产业政策后，2008 年北京市文化创意产业增加值由 2007 年占 GDP 的 10.6%，增长至占 GDP 的 12.1%，提前实现规划目标，其后文化创意产业增加值占 GDP 的比重始终保持在 12% 左右，在首都经济中的支柱性地位逐步确立。即使在经济受到全球经济危机影响的 2008 年和 2009 年，北京市文化创意产业依然保持逆势上扬。2012 年、2013 年全年北京市文化创意产业分别实现增加值 2205.2 亿元和 2406.7 亿元，2014 年，全市文化创意产业增加值更超过 2700 亿元，占全市 GDP 的比重从 2008 年的 12.1% 上升到 13% 左右。

二是扶持重点消费领域，文化有效供给不断扩大。出台《中共北京市委、北京市人民政府关于进一步促进文化消费的指导意见》《北京市关于支持影视动画产业发展的实施办法（试行）》《北京市关于支持网络游戏产业发展的实施办法（试行）》等政策，加大对北京市重点产业门类的发展扶持力度。目前北京市重点文化创意产业门类发展态势良好，2014 年北京130 家主要演出场所演出 24595 场，比上年增长 6.2%；演出收入 14.96 亿元，比上年增长 3.7%；观众人数 1012 万人。电影票房收入 22.86 亿元，同比增长 24%，票房连续 8 年居全国各大城市第一。艺术品市场总成交额约 450 亿元。动漫游戏业总产值约 372 亿元，比上年增长 69%，占全国总产值的三分之一，出口金额约 42.3 亿元，继续稳居全国第一。2015 年全市 135 家营业性演出场所全年演出达到 24238 场，吸引观众 1036 万人次，演出收入 15.5 亿元，比上年增长 4%。京剧《正考父》《裘盛戎》，昆曲《李清照》《孔子之入卫铭》，河北梆子《张居正》被列为北京市文化精品项目。2015 年北京生产影片 291 部，占全国总数的 42%；在票房前 20 名的国产影片中，北京出品 13 部，占 65%；票房超过 10 亿元的 5 部国产影片中，北京出品 4 部。抗战题材电影《百团大战》取得 4.2 亿元票房，社会效益、经济效益俱佳。北京卫视播出的抗战题材电视剧《巨浪》在同类题材电视剧中收视率排名第一，网络点击突破 3 亿次。北京市文化创意产业投资基金管理有限公司参与投拍的电视剧《平凡的世界》收视、口碑良好，获得 "飞天奖" 优秀电视剧奖等多个奖项。动漫类电影产品质量提升明显，《大圣归来》《捉妖记》合计票房收入近 34 亿元。

三是发挥财政资金撬动作用。加大财政投入力度，以设立扶持资金为核心，通过《北京市文化创意产业发展专项资金管理办法（试行）》《北京市文化创意产业贷款贴息管理办法（试行）》《北京市文化创新发展专项资金管理办法（试行）》等一系列政策从资金引导、项目资助、贷款贴息等方面推动产业发展，所有这些政策措施的推出，不但促进了产业的良好发展，而且也为北京市文化消费市场的繁荣发展奠定了坚实基础。从 2006 年起北京每年安排 5 亿元对重点支持方向的文化创意产品、服务和项目予以扶持。"十一五" 期间，共安排 25 亿元文化创意产业发展专项资金，支持项目近 600 个，带动社会资金投入近 200 亿元。五年申报项目的投资总额已经累计突破 1000 亿元，达到 1187.42 亿元，申请专项资金的额度也累计达到 145.82 亿元，远远超过四年 20 亿元资助规模的总和。2012 年百亿文化创新发展专项资金正式投入运行，当年就对 338 个项目进行了扶持，扶持资金达 9 亿元。2015 年安排文化创意产业发展专项资金 4 亿元，征集项目 881 个，支持项目 231 个，财政杠杆比达到 25 倍。2012 年至 2015 年，累计面向社会公开征集项目 4000 多个，支持优秀项目约 1000 个，有力促进了首都文化创意产业的发展。进一步创新专项资金管理体制机制，制定《北京市文化创意产业发展专项资金企业项目征集评审管理办法（试行）》及若干实施细则，完善项目评审机制，加强社会监督和银行监管，建立黑名单制度，实现 "全过程" 管理、"全流程" 监管，确保资金使用效益。

四是强化融资支持，扩大文化消费需求。2007 年开始出台政策鼓励银行为文化创意产业发放贷款。2009 年、2010 年和 2011 年北京市文化创意产业领导小组办公室、北京市文化局、北京市广电局分别和北京银行签署授信金额上百亿元的战略合作协议。2012 年北京市文资办与国家开发银行、中国银行等 10 家银行的北京分行签署文化金融创新发展合作协议，为北京文化创意产业提供 1000 亿元人民币授信额度。除增加信贷支持外，2012 年北京市文化局与中国人保财险北京市分公司签署《文化产业保险战略合作协议》，该公司还分别与首都剧院联盟、北京画廊协会签署了支持演出行业和艺术品行业保险的合作协议。2014 年中国人民银行营业管理部与北京市国有文化资产监督管理办公室联合签署《文化金融战略合作协议》。双方将共同打造"文化金融合作试验区"，支持北京文化创意产业发展。政策的支持使得北京市文化创意产业信贷发放量屡创新高。2014 年 1 ~8 月，北京市中资银行文创产业人民币贷款余额 756.1 亿元，比年初增长 63.2 亿元，同比增长 21.1%；累计新发放贷款 570.3 亿元，同比增长 24.8%。政策利好也使北京成为文化外资的主要流入地，2006 ~ 2011 年，北京市文化创意产业外商投资项目合计 3069 个，合同外资金额 109.4863 亿美元，实际利用外资额 80.7171 亿美元，占全市实际利用外资额的 22.25%。

以《北京市人民政府关于促进文化消费的意见》为指导，进一步细化配套政策措施，释放首都市民文化消费潜力。加大惠民力度，创新办好北京惠民文化消费季，推动北京文惠卡与金融功能融合升级，探索推出直接补贴消费者的电子消费券，形成"一季、一卡、一券"联动、线上与线下相结合、产业园区与十六区相融合的促进全市文化消费的新格局。通过搭建供需平台、加大惠民补贴，增强消费者在消费市场的主动性，倒逼文化创意企业优化文化供给。

五是文化消费市场主体蓬勃发展。截至 2014 年 8 月底，北京全市共有文化及相关产业企业 16.18 万户，注册资本 3818.13 亿元。文创产业中非公、混合及外资成分活力增强。2014 年 1 ~5 月，非公有制及混合所有制经济规模以上文化创意产业单位收入增速为 9.4%，高出平均水平 3 个百分点。以文艺演出为例，北京市深入贯彻落实国家发布的《营业性演出管理条例》及其《实施细则》，降低进入门槛、缩短审批时限、鼓励民营演艺机构发展。截至 2014 年底，北京共有从事营业性文艺演出的艺术院团 607 家，与 2005 年相比，增加了 507 家，其中 90% 是民营艺术院团；正常经营的营业性演出场所 130 家，与 2005 年（79 家）相比，增加了 51 家。截至 2013 年 6 月底，北京市的演出经纪机构共计 1571 家，与 2005 年（281 家）相比，增加了 1290 家，占全国演出经纪机构总数的一半，其中近 90% 是民营机构。

六是引导文化消费精品供给，精品力作不断涌现。引导文化创意企业坚持正确导向，培育和弘扬社会主义核心价值观，树立精品意识、品牌意识，发扬新时期"工匠精神"，生产更多符合时代精神和市场需求的优质文化产品。鼓励企业深挖首都历史、文化、旅游等资源内涵，实现传统文化增值和价值再创造，促进产业"势能"真正转化为发展"动能"。支持文化创意企业加强科技创新以及与相关产业融合发展，提高产品含金量，加强文化衍生品开发，延伸文化创意产业链，提升文化附加值。2007～2012年，北京的各类文艺作品在国家级重要评奖中屡获殊荣，以全国精神文明建设"五个一工程"评选为例，北京连续三届获奖作品数量位居全国首位，共有包括北京人艺话剧《北街南院》、北京儿艺儿童剧《红孩子》、木偶剧《猴王·花果山》、评剧《马本仓当官记》等在内的35部作品获奖。北京市还涌现出了一批在全国乃至世界具有影响力的影视精品，如习近平主席对外出访时谈及的在坦桑尼亚热播的电视剧《媳妇的美好时代》，访问阿根廷时作为国礼送出的电视剧《北京青年》《老有所依》和电影《失恋三十三天》均是"北京创造"。

七是政策力度加强，文化消费市场活力增强。为促进文化创意产业的长足发展，在提升文化产品供给质量、增强产业发展动力、创新产业发展模式的同时，北京市从需求侧出发，坚持"文化、消费、惠民"三位一体，进一步扩大首都文化消费，增强文化消费市场活力，推动文化消费方式创新。加大政策支持力度，延伸文化消费渠道。2015年，北京市修订完善《北京市惠民低价票演出补贴项目管理办法》，将低价票补贴工作列入市政府为民办实事项目，实行低价票演出补贴的剧场数量达到31个，同比增长24%，全年共补贴演出931场，同比增长21%，补贴低价票19万张，同比增长50%以上，补贴金额达2200万元，同比增长48%，低价票演出补贴有效释放了首都市民文化消费潜力。2015年，北京市海淀区作为文化部、财政部联合开展的"2015年拉动城乡居民文化消费东部试点项目"启动，通过线上线下方式，搭建文化消费信息集成服务平台，延伸首都文化消费渠道。持续举办北京惠民文化消费季，助推文化消费方式创新。2015年8月至11月第三届北京惠民文化消费季举办期间，累计消费4857.41万人次，较上届增长28.8%；消费金额112.1亿元，较上届增长10.1%。在经济效益和社会效益双丰收的同时，消费季充分体现了"互联网＋"的时代趋势，网上文化消费明显增长。消费季期间，连续三个月在网上推出文化消费促销活动，京东等19家电商平台参与消费季活动，网上消费达4145.2万人次，消费金额55.67亿元，占消费总额的49.7%。消费季期间还注重通过"文化＋科技"激发市场新活力，将虚拟现实、4D影像等新技术深度融入消费者文化体验之中。作为整合全市资源、促进全市文化消费的重要手段和品牌活动，经过连续三年举办，惠民文化消费季已经成为彰显首都文化魅力、释放文化产业活力、促进全市文化消费的重要平台。加强京津冀跨区联动，拓宽文化消费市场空间。2015年惠民文化消费季专门设立"京津冀一体化"内容，举办京津冀名家作品联展，承德鼎盛文化产业投资有限公司、河北保定梆子团、天津文化产业协会、河北文化产业协会等相关机构积极介入北京惠民文化消费季，通过门票优惠、联合展演等方式进一步强化京津冀地区文化消费的跨区域联动。北京文惠卡的品牌影响力进一步提升，承德市文化企业签约加盟，两地文化消费实现共同促进，互惠互利。

八是政策综合社会效应逐步显现。政策的间接社会效益首先体现在拉动就业上，由于文化创意产业吸纳社会就业能力强劲，近年来行业从业人员平均每年增幅为11%左右，2014年1～9月，全市规模以上文化创意产业从业人员平均109.8万人，全市规模以上文化创意企业从业人员平均104.3万人。其次，体现在增加税收上，2007年北京市文化创意产业上缴税金216.7亿元，占全市的7.3%，而2012年产业的总体地税收入达到365亿元，占全市的16%。2014年1～7月文化创意产业实现地税收入203.13亿元。文化创意产业从业人员的平均工资是城镇单位职工平均工资的两倍，是北京市个人所得税收入的重要源泉。2013年1～5月，产业上缴个人所得税78.15亿元，占全市个税总收入的20.1%。再次，体现在扩大外贸上，积极支持北京企业申报国家出口重点企业和重点项目，2006年至2011年，北京文化贸易进出口额由12.65亿美元增至26.79亿美元，年复合增长率为16.2%。2013年全市文化贸易进出口总额达35.3亿美元，同比增长15.7%，核心文化产品进出口总额为9.1亿美元，核心文化服务进出口总额为26.2亿美元。60家企业、37个项目被列为2013～2014年度国家文化出口重点企业（项目）。2014年1～8月，全市文化贸易进出口总额达18.89亿美元，同比增长14.2%。①

---

① 文中引用的数据、资料均来自北京市文化局信息中心与北京市统计局官网。

（三）北京市文化消费政策整体性问题

一是政策相互之间协调性较差、系统性不强。在现行文化行政管理体制下，一个文化创意产业门类往往涉及多个管理部门，而政策的制定执行却要严格依据政府管理职能进行，统筹协调机制的匮乏与部门间的沟通不畅导致人为割裂产业环节，从而形成政策藩篱，部门政策间存在内容重合、调控冲突及管理真空等问题，未能形成"1+1>2"的政策合力。

二是扶持政策与市场管理政策存在冲突。近年来政府职能改革、简政放权导致市场主体进入门槛降低，市场环境相对宽松；同时中央及地方关注文化发展的政策利好激发了社会公众的投资热情，双重因素作用下北京地区文化创意产业主体快速增加，市场管理压力日益增大。北京特殊的政治地位决定了地方政府部门保障文化安全的责任重大，发展与稳定之间的博弈往往会使扶持政策与市场管理政策之间存在效果抵消，甚至"收放"冲突的问题，政府主管部门制定相关政策时须审慎选择政策所追求的阶段性价值目标。

三是部分扶持政策评价标准存在偏差，陷入"越奖越坏"怪圈。在不合适的评价标准的引导下，以营利为主要目标的企业考虑到投入产出比，做出的最优选择往往是重数量轻质量，沉湎于追求短期的资本积累，而对创意等需要长期资金投入扶持的前端环节重视不足，忽视利用技术创新推动企业转型升级的长期利益，最终结果就是产业呈现粗放式增长，结构优化缓慢，背离集约化、规模化、专业化发展的政策初衷。

四是目前文化消费政策体系构成的科学性差强人意。政府应找准定位，关注急需政策调节的重点领域和关键环节，而对于市场机制能够发挥作用的领域，政府要减少干预。现行政策体系对于鼓励原创、扩大外贸、吸引人才等文化创意产业发展的关键环节扶持不到位。部分产业门类虽有扶持政策，但对产业的重点内容和核心主体扶持力度不够，严重影响了产业整体水平提升。

五是文化消费扶持政策的公平性仍需提升。在政策扶持门槛、项目申报程序、企业自行配套投入等政策条件设定与政策落实的过程中忽视了不同性质文化单位在信息获取渠道、资源配比方面的差异，导致很多政策的受益对象局限于有资源、有实力、有渠道的国有文化经营单位，亟待政策支持的民营文化主体成为被遗忘的对象，政策的最终实施效果是"锦上添花"多,"雪中送炭"少。

六是文化创意产业扶持政策的效率性有待商榷。烦琐的程序设定虽有利于保证政策实行的"程序公正",但在一定程度上也增加了企业的运营成本,处于生存压力中的文化主体出于经济利益考虑往往会选择"主动放弃";同时现有的以年度为单位的资金补助划拨方式与文化创意产业项目的投资回报周期不相吻合,资金扶持的时效性与针对性大打折扣,有限的财政资金没有充分发挥作用,有碍"实体公正"。

七是部分文化消费政策执行不到位。一方面,源于政策制定时忽视了文化创意产业管理分散、生产和运营复杂等产业特性,政策制定得"很好",政策落实却"难上加难";另一方面,现行的文化行政管理部门职能划分过细,权力分散,市、区县两级政府文化管理部门职能设定差异较大,政策制定与执行主体的分离导致政策实际执行效果与设定的理想效果差距较大,政府部门事倍功半,扶持对象怨声载道,没有实现资源配置的"帕累托最优"。

八是政策执行需要加强监管与评估。目前文化创意产业扶持项目遴选和评价时多依靠主观判断,而客观量化标准不足,这固然源于文化创意产业自身意识形态的属性,却也导致评价结果容易被领导或专家个人意志左右,极易出现权力寻租。同时现行政府工作机制多倾向于单向的信息公开,而在建立回应民众需求、处理投诉监督的双向信息沟通渠道上"心有余而力不足",信息的不对称导致政策制定执行过程中往往存在人为操作的"灰色地带"。在执行效果监督上也未建立起完善的绩效评估、审计核查以及责任追究制度,未能形成对政府不作为或作为不力的有力威慑,企业使用扶持资金的违法违规成本也极低。

九是文化消费政策扶持方式较为单一,创新不足。目前政策扶持多为财政补贴,而对知识产权保护、公共服务平台建设等产业配套服务提供不足,政府扶持政策与企业实际需求之间存在较大偏差。同时财政资金的投入方式和运行机制较为僵化,不能完全满足企业发展需求,亟待改进。在税收优惠政策方面也亟须摸索出一套适合文化创意产业特点的,综合运用税率、纳税期限、征收管理、减免税等多种调节方式的政策体系。

十是文化消费政策的制定基础尚需完善。目前文化创意产业的数据统计问题突出。一方面,由于文化创意产业是新兴产业且发展变化较快,主管部门对于产业门类的认识速度远落后于产业现实的发展速度，行业标准和统计指标体系更新滞后，导致统计结果不能准确反映产业实际发展情况；另一方面，简政放权和相应管理权限的分离，导致相关政府部门难以完全掌握文化创意产业主体的实际情况。数据统计基础的薄弱成为制约文化创意产业政策科学发展的关键所在。

三　北京市文化消费政策制定的政府思维：由"政府主导型"转变到"市场主导型"

在现代市场经济中，建立、完善文化消费市场体系就必须培育文化市场主体，而文化市场主体由文化生产者、文化经营者和文化消费者三部分构成，政府并不构成文化市场主体；实现由"政府主导型"到"市场主导型"的思维模式转变；实行市场主导下政府的有效作用，而不是政府主导下市场的有限作用，才能理顺政府与市场关系，激发文化市场活力，推动文化创意产业转型升级。

建立、完善文化消费市场体系就必须培育文化市场主体，这是我国文化创意产业发展方式实现转变的重要策略之一。而文化市场主体应当由文化生产者、文化经营者和文化消费者三部分构成，政府并不构成文化市场主体。厘清文化市场主体构成，才能有针对性地研究如何培育文化市场主体，明确这一点对于文化市场体系建设而言意义重大。

在现代市场经济中，就资源配置而言，政府的作用是引导和影响资源配置，而不是直接配置资源。市场机制不能提供非营利性的公共产品，不能保证公共资源的有效利用。市场经济是利益驱动型经济。每个经济主体都是在利益的驱动下选择自己的行为，只有在预期收益大于成本的前提下才做出自己的选择，因此对那些非营利性的项目或领域不屑一顾，不会涉足。但许多公共产品是社会稳定和发展不可缺少的，例如公共文化基础设施建设、良好的生态环境等。由于这些领域的许多公共产品完全是公益性的，只有货币投入，没有货币产出，因此个人或企业不会涉足，只有依靠政府来提供，需要更好地发挥政府作用。政府的作用是帮助市场发挥作用，而不是取代市场；这就迫切需要政府把经济建设的主导职能转换到公共服务职能上去，实现从政府主导型经济向市场主导型经济思维方式的转变。

（一） 我国文化消费市场体系建设过程中存在的主要问题

虽然我国文化市场体系的培育取得了重要进展，但也必须看到，我国文化市场体系在社会主义市场经济体制的逐步完善过程中依然很不成熟、不健全，甚至在某种程度上已经制约了我国文化产业的快速发展。部门垄断和地区封锁现象依然存在，市场主体地位不明确、区域间文化市场发展不协调、流通组织形式落后、布局结构不合理、中小企业融资困难、散滥小差现象比较普遍。市场机制对于文化资源的决定性作用难以得到充分、有效发挥，仍然存在诸多制约文化市场功能发挥的因素。当前最大的制约就是我国的文化市场体系还不健全，文化产品生产要素依然没有完全市场化，甚至还存在双轨制等。主要表现在以下方面。

1. 计划经济体制下政府垄断对文化市场发展的制约

计划经济体制下的文化部门掌握着人、财、物、技术和信息分配权以及进入文化市场的审批权，在向市场经济转化过程中，政府各个职能部门并不愿意将这些权力下放，而是以资源重组与配置的名义改头换面地采用隐蔽的形式——各种依然具有政府背景的中心、研究机构高度集中地拥有这些权利，进行行政性垄断经营。这种垄断的危害在于，它是以市场主体的身份进入市场领域的竞争，但是这种竞争又是以国家权力为背景、以国家资源为保证，几乎不承担任何市场风险。这与建立竞争有序的社会主义市场经济体制的目标相背离。

此外，政府对于文化市场准入实行严格的审批制度，一方面，加大了文化市场的准入难度；另一方面，影响了文化产业发展的效率性，还为某些文化主管部门利用手中的权力维护地区利益、局部利益并形成地区封锁和行业壁垒提供了条件或借口。以中国移动杭州手机阅读基地为例，该基地是国内最大的移动数字阅读平台，拥有35万册正版图书，其阅读平台的月均用户访问量为8500万次，每天页面点击量近5亿次，月收入1.5亿元，但无法进入图书出版领域，难以延伸产业链。分业管理和属地化管理限制了我国文化企业的发展。文化市场建立的重要目的，就是形成文化领域的市场竞争力，为最终形成一个全国性的公平竞争的有序的文化市场奠定基础。

2. 依然存在把政府当作文化市场主体的错位认识，制约着文化市场功能的发挥

不应当把政府当成文化市场的主体。在现代市场经济中，无论是中央政府还是地方政府，都不是文化市场主体。原因在于政府和真正的文化市场主体追求的目标不同。真正的文化市场主体追求的是利益最大化，为此，他们必须进行投入和产出的比较分析，力求以最小的成本投入实现最大的盈利目标。同样，对于文化消费者来说，他们所考虑的是要以最节约的经济成本换取尽可能多的文化消费享受。然而，政府作为文化市场运行的管理部门，其目标明显与真正的文化市场主体不同。另外，政府难以成为文化市场主体的原因还在于缺少相应的人格化的产权约束。真正的文化市场主体产权是人格化的。文化产品的市场实现需要文化产品所有者承担风险，不能盲目地扩张和冲动，因为由此造成的损失必须由他们自己承担。一旦政府以权力进入文化市场，会产生形式多样的寻租行为，这将对于文化市场的健康发展产生极大的负面影响。

3. 我国文化市场的中介与行业组织建设严重滞后

规范的中介与行业组织是现代市场经济主体的重要组成部分，而我国文化市场的中介和行业组织建设严重滞后，各个市场门类之间也不平衡，发挥的作用也有待加强。原因是多方面的，主要是对行业组织的功能和作用认识不一，行业组织的职能界定缺少可操作性的法律规范，行业组织自身依赖政府的现象普遍存在；还有文化市场机制建设不健全等。我国文化市场体系中，中介和行业组织建设一直处于薄弱环节。现代文化市场体系建设中，要不断完善现代流通，加快市场中介和行业组织建设。《中共中央国务院关于深化文化体制改革的若干意见》提出要在文化市场中发展现代流通组织形式，推进连锁经营、物流配送、电子商务，加快文化产品物流基地建设，实施新型代理配送制度。近几年，政府有关部门在音像、网吧市场中推行了现代组织流通形式，虽然成效明显，但由于我国文化市场的现实状况尚不具备完全推开的条件，需要政府和企业、文化消费者一起做出持久的努力。

4. 文化市场的经济功能和社会功能长期以来尚未得到统一和协调发展

文化市场主体是文化企业。文化企业生产的文化产品和服务进入市场后就成为商品，商品的经济属性和企业的性质就决定了其天然追求经济效益和利润最大化。文化产品又是一种特殊的商品，是具有较强的意识形态属性的精神产品，对广大群众特别是未成年人健康成长和生活具有特殊意义，这决定了文化市场的监管者——政府部门必须始终坚持将社会效益放在首位。文化市场主体和监管者之间目标取向的不同使得两者经常发生矛盾。比如，演出商经常会以"粗口""三点式"等"下里巴人"式表演来招揽顾客，而政府若以"歌剧""古琴"等"阳春白雪"类高雅艺术的标准来要求，就难免发生矛盾。高雅艺术必然是曲高和寡，娱乐需求则是大众的需求，这就是市场的力量。对此，政府的解决之道有二：一是明确提倡什么、允许什么、反对什么和禁止什么，将不违法作为文化市场经营行为的准入条件，将高雅而濒临失传的艺术作为遗产或者公共文化产品予以保护；二是重点在第三方也即消费者，对其文化娱乐消费行为予以正确的引导。

5. 文化市场缺乏退出机制

这既是长期计划经济体制的历史惯性使然，也与我国的文化市场结构和文化市场管理体制有关。以报业为例，国家有关部门把报业分为九类，即机关报、行业专业报、生活服务报、企业报、军队报、社会群众团体报、文摘报、晚报、综合类报。虽然机关报仅占少数，但是存在大量的"准机关报"现象。我国传媒的这种泛机关报性质决定了它极易受到行政权力的保护，缺乏自主退出市场或转让的内在动力。我国传媒业很少像西方传媒那样"优胜劣汰"宣布破产或产权转让，长期以来存在着"只生不死"的现象，这不仅造成了传媒资源的较大浪费，而且降低了传媒市场运行机制发挥作用的效率，不利于传媒文化市场的健康良性发展。

6. 文化市场的管理体制机制落后

文化市场作为一个社会化的新兴市场，它超出了部门、地域的限制。虽然文化市场的经营主体在现阶段即社会主义的初级阶段可以属于不同地域不同阶层不同部门，但市场管理主体应该也必须是唯一的。否则，很容易造成法出多门、多头管理而使职责交叉、权限不清，导致文化市场管理的混乱。目前文化市场管理体制的现状：一是市场管理不统一，各管各的；二是管理权限不明，几个职能部门彼此交叉；三是管理能力和管理权限不一致，有执法队伍的无法管理，没有队伍的却管理一块市场；四是上下错位；五是本位主义，即仍以部门、地区来划分管理权和管理范围，一个地区一个样，一个部门一个样。在此情形下，迫切需要当代文化市场的管理者和研究者思考治理整顿的代价，探索适应现代文化市场体系建设的监管体系。现代市场体系的核心是以市场为基础的价格机制。市场在资源配置中起决定性作用，所谓市场配置资源，就是要通过市场价格来引导和调节资源流动。

上述原因导致市场机制对于文化资源的决定性配置作用难以得到充分、有效的发挥，难以形成统一、开放、竞争、有序的现代文化市场体系，当前有必要分类指导、整体推进，健全文化市场的基础体系、强化文化市场的支撑体系。

（二）现代文化消费市场体系建设的路径选择：市场主导型

政府不能成为文化市场主体，应当让市场在文化资源配置中起决定性作用。强调市场在文化资源配置中起决定性作用，就是要强调在经济生活领域发挥市场主导下政府的有效作用，而不是政府主导下市场的有限作用。这样才能理顺政府与市场的关系，激发文化市场活力，推动文化创意产业转型升级。

之所以强调"市场主导型"，是因为只有在充分竞争、完善有效的市场体系之下形成价格信号，才能以最低的成本、最高的效率使文化主体按照要素禀赋所决定的比较优势进行技术、生产的选择，对文化资源流向起到正确的引导作用，实现人、财、物、技术等文化生产要素的最佳结合，避免不必要的资源闲置和浪费，提高文化生产效能和丰富文化产品，不断推动文化繁荣发展。

文化市场能够实现知识和创意价值最大化。由于文化产品和服务是一种特殊的商品，其核心是所包含的知识和创意，这种无形资产价值具有极大的不确定性，主要依赖主观评价，而一旦进入文化市场，通过供求关系等一系列客观规律的作用，就能够将这种主观评价转化为客观价格，有助于知识和创意价值的实现。同时随着文化产品在文化市场的流通和消费，其价值内涵也在不断被认识、发现并随着消费者消费过程的再创造而实现价值增值。知识和创意不会随着其物质载体的消费而灭失的特性使其可以被多重使用、反复使用，也能够作为一种生产要素通过市场机制投入到其他产业中，不仅提高了这些产业的附加值，而且有利于实现知识和创意价值的最大化。

文化市场能够优化文化资源配置。文化资源即人们从事文化生产、活动所必需的各种资源。无论在任何生产力水平和科技水平下，文化资源都是稀缺和有限的，而文化市场的价格机制和自组织功能，能够通过利益导向支配人们的经济行为，引导资源的流动和重组，能够在竞争性的环境中促使文化资源朝着社会效益与经济效益突出的生产环节倾斜，并且通过市场向文化生产部门迅速、准确地传递各类信息资源，通过竞争机制激励生产主体提高效率，实现优胜劣汰，促进文化繁荣发展。

文化市场能够有效促进文化供需平衡。文化市场不仅可以客观反映文化产品供给与需求的状况，而且通过市场机制可以能动地平衡文化供求关系。文化市场平衡供求的核心即是价格机制，文化市场价格与文化市场供求关系始终处在一个由平衡到不平衡再到新的平衡的动态变化过程中，其实质是文化商品的生产者、经营者和消费者为各自的经济利益在市场上相互作用、互相制约和共同参与的结果。市场调节可以有效地平衡不同层次、种类、地域的文化产品和服务的供求矛盾。

文化市场能够实现文化商品和服务的流通。文化产品和服务在文化市场中以货币为媒介被消费者购买或与其他产品进行交换的过程，是实现文化产品和服务使用价值与价值的根本途径，也是连接文化产品的生产、消费的中心环节，是文化产品再生产过程得以顺利进行的基本保障。

当然，强调"市场主导"并非否定"政府职能作用的发挥"，也绝不意味着否定或弱化政府作用，强调由"政府主导型"向"市场主导型"转变的关键在于：它要科学地设计政府和市场的角色边界，既要保证政府能够按照市场经济的要求有效发挥作用，又要防止政府作用过大，干预过多。政府要"有所为，有所不为"。就文化市场资源配置而言，政府是引导和影响资源配置，而不是直接配置资源。只有界定好政府的职能和作用，政府不越位，市场才能在资源配置中发挥决定性作用，才能解决目前政府职能越位、缺位和不到位并存的问题。我国三十多年改革的历史经验证明，政府行政体制改革和政府职能转变必须与经济体制改革的进程相适应。而"市场主导型"功能得以实现不仅需要有效的市场，更需要有为的政府。文化发展是一个知识、创意、设施、氛围和制度结构不断变化的过程，随着知识不断升级、技术不断创新，相应的基础设施、社会氛围和制度安排也必须随之不断完善，而这些都是典型的公共产品，是以追求利润为目标的微观市场主体没有动力也没有能力来推动实现的，因此必须发挥政府作用，提供相应公共服务。

（三）进一步推动北京市文化消费市场的支撑体系建设

经济学中，市场体系是指相互联系的各类市场的有机统一体，强调子市场的完备性与联系性，是市场机制作用于经济（产业）发展的重要支撑与保障体系。现代文化市场体系一般包括市场参与者（文化生产者、文化经营者和文化消费者）、第三方（政府管理部门、文化中介机构）。现代文化市场体系的目标是朝着统一、竞争、开放、有序的方向发展的，其基本要求应当是相互联系又相互独立的统一整体。既要考虑文化市场的经济属性，又要考虑其意识形态属性；既要着眼于当前，又要考虑长远；既要充分考虑市场体系的主体部分，又不能忽视市场体系的支撑部分。

其一，加快文化消费市场信用体系建设。

信用体系建设是建设现代文化市场体系的必要条件，也是规范文化市场秩序的治本之策。信用是现代市场经济的基石，信用机制缺损，市场机制就不能有效运行。应当在全社会范围内建设和完善企业和个人征信系统，建立有效的信用激励和失信惩戒制度，强化全社会信用意识和诚信行为，营造诚实守信、公平竞争的市场环境。将诚信注入文化产品的生产、流通、消费等诸环节，使市场主体以诚信来自觉维护市场秩序，减少因市场主体信用缺失和市场混乱带来的政策风险，改变长期以来管理部门被迫整顿机制，为文化市场创造一个稳定的发展空间。

一是进一步加强契约制度建设。市场经济就是信用经济、法制经济、契约经济。从小农经济和小商品经济时代的以"熟人""面子""关系"为基础的信用保障机制，向市场经济时代的以合同、契约为基础的信用保障机制的转变也是文化市场信用体系建设必须完成的任务。面对如此巨大的社会变革，通过宣传、教育、案例分析等方式向全社会普及信用文化、营造诚信环境的同时，必须重合同、守信用，以契约的方式来明确各方的权利和义务，使交易主体依法守约、互相信赖，降低交易风险，营造诚信经营、放心消费的市场环境。

二是做大做强文化市场主体，提高企业信用等级。文化市场主体是信用体系建设的主体。准入门槛低以及小本经营、小农意识的文化传统使得文化市场长期在小规模、低层次上徘徊，同质化的无序竞争又加剧了散、滥、小、差，唯有引入先进的资本、技术和人才，做大做强文化市场主体，使其向规模化、品牌化发展，才能从整体上提升文化市场主体的信用度。此外，在国家整体信用体系标准化建设的基础上和《社会信用体系建设总体方案》框架内，推进文化企业信用等级建设。企业的信用等级的重要性还在于，其与发展潜力一道是企业能否顺利融资、实现快速发展的决定性因素。可以说，信用体系建设和融资体系建设密切相关。

三是健全信用监督和失信惩戒制度。管理部门应建立文化企业信用档案以及信用公示查询系统，对诚信依法经营、在业内起到模范作用的企业要予以表彰和鼓励，扩大诚信企业的知名度、美誉度，提高市场占有率。对有违法违规行为的除依法给予处罚外，充分利用互联网等新传媒，以黑名单形式及时向社会公布，并进行重点监管和长期跟踪。管理部门在统筹信用体系建设全局工作的同时，可以充分发挥行业协会的作用。

其二，发展和完善北京市文化消费市场的文化中介组织。

文化消费市场的文化中介组织，作为市场经济运行不可缺少的重要环节，在提供各种服务、沟通政府与文化企业的联系、从事社会监督、保护合法权益、规范市场秩序等方面发挥着不可替代的作用。文化中介组织是文化市场发展到一定阶段的必然产物，在现代文化市场发展中将进一步发挥其重要作用。由于当下的政府管理部门在文化市场运行中依然处于非市场主体地位，而与这些政府部门相关联的文化中介机构，尽管参与了文化市场运行的过程，成为文化市场运行机制中不可替代的桥梁与纽带，但是由于它们所具有的"官办"色彩而存在诸多弊端并影响其作用的发挥。因此，加强这些行业协会等文化中介组织的建设和管理就成为政府职能转变和文化市场管理发展的必然要求。现阶段，文化中介组织在我国的发展还处于起步阶段，仍然存在许多亟待解决的问题。

一是将绝大多数文化中介组织改造为民间性机构，使之真正成为超脱于政府与文化企业之外的独立性、公正性中介组织。我国现有的文化中介组织大都是官办的，政府色彩极为浓厚，致使其成为事实上的行政机构，改变了中介组织的应有性质，扭曲了文化中介组织的行为，造成了严重的混乱。因此，必须根据文化中介组织的应有性质对其进行根本性改造。除了极少数文化中介组织需保留半官方性质外，其余全部改造为民间机构，与政府机构脱钩。

二是对那些属于经营性的文化中介组织进行企业制改造，使其按照现代企业制度构建和运行。我国可以参照国际惯例，将会计师事务所、审计师事务所、律师事务所、资产评估机构等中介组织从事业制改造成为合伙企业制。一方面，取消其官办性质，恢复其中立性；另一方面，通过承担无限责任的制度约束，使其不至于为追求盈利而失去公正性。

三是加强文化中介组织的自我管理和自身素质建设。新建行业协会应由行业自发组建，领导由业内人士共同推举，政府不再一手操办；加强文化中介组织的自我管理，形成强有力的自我约束机制，如制定行业内部规则、道德规范、行为准则等；同时，要通过各种形式的职业培训、考核以及资格考查与认证，不断提高从业人员的职业道德素质和业务能力。要推动现有行业协会的改革、调整和完善，最终与政府脱钩，并对行业协会依法进行监督管理。

四是要明确职能，拓展空间。认真履行市场协调、行业自律、监督服务与维权等各项职能，促进行业健康发展。特别要履行好行业服务职能，如拟定、研讨本行业发展方向和发展规划；进行行业诚信体系建设，建立黑名单制度，使违法犯罪者在业内难以立足，在反盗版和反假唱等方面切实发挥作用；加强著作权集体管理，筹建表演者权益和录音录像制作者权益保障中心；提供信息服务等，搭建一个本行业的人才和信息交流平台，使其在人才流动和信息交流、沟通方面发挥更大的作用。

其三，加强文化消费市场法律法规体系建设。

进一步加强文化市场法律法规体系建设，依法行政，依法办事，逐步消除制约文化市场体系建设的障碍，为激活文化市场功能的内在运行机制创造条件。根据目前我国文化市场体系的培育状况，以下是今后努力的方向。

1. 进一步拆除文化市场进入的障碍，降低文化市场准入门槛

拆除文化市场进入障碍，是使现代文化市场体系的竞争性功能充分发挥作用的前提条件。改革开放以来，通过政府的努力，企业进入文化市场的门槛有了很大程度的降低，但是个别市场由于不允许他人进入，垄断经营的状况依然存在。垄断经营的最大弊端在于，它不仅阻碍生产技术的进步和资源的有效利用，而且导致服务质量的下降和社会福利的减少。为打

破这种状态，必须大力拆除文化市场准入的障碍，除了自然垄断行业，极少数关系国家安全和发展的重要行业之外，应打破文化市场准入的行政壁垒，通过技术标准来解决文化市场进出问题。

2. 打破地方保护主义和地区封锁，促进文化产品和生产要素在全国范围内的自由流动

作为地方事务的管理者，地方政府既有追求本地方人民群众福利最大化的心理冲动，也有本级政府福利最大化的强烈冲动。因为在分税制财政体制下，地方财力的大小直接决定了地方福利的大小，而地方财力则主要来源于本地的地方企业。在这样的体制下，为了维护本地区企业的文化市场免受外来文化产品的冲击，就千方百计地阻止外来文化产品和生产要素的进入，同时想尽各种方法帮助本地企业扩大文化产品的销路。这种地方保护主义导致文化市场信号失真，文化资源配置效率低下；扰乱了文化市场秩序，阻碍了市场经济的健康发展。地方保护主义和区域封锁的现象之所以存在，根源在于制度安排。因此，应当通过进一步强化制度建设，为现代文化市场体系的健康运行打下良好的基础。

3. 创造各类文化市场主体平等使用生产要素的环境

坚持权利平等、机会平等、规则平等。现代文化市场体系应当是统一、开放、竞争、有序的市场体系，每一个参与文化市场活动的市场主体的地位应当是平等的，应当有平等使用各种生产要素的权利。但是，现实的状况是，许多文化市场主体没有使用生产要素上的平等地位。例如，许多中小文化企业和微型文化企业在资金这一生产要素的使用方面，普遍存在贷款难的问题，有时迫不得已向"高利贷"求助，结果往往陷入巨大的还款压力中。为了让广大中小文化企业和微型文化企业真正拥有平等使用生产要素的环境，政府的相关职能部门想了许多办法，也出台了一些有针对性的政策措施。要解决这一问题，一是要求现有的金融机构放宽对中小文化企业和微型文化企业的贷款条件，使其承担具有一定刚性的贷款义务；二是要进一步放宽组建新的金融机构的市场门槛，加快建立服务于广大中小文化企业和微型文化企业的区域性金融机构；三是要扩大金融担保机构的数量和规模，使其更好地发挥为具有一定风险的贷款提供担保的作用。

　　总之，从政府命令型经济到政府主导型经济，再到今天努力实现的市场主导型经济，折射出了我国市场化改革的发展轨迹。现代市场经济要求政府必须由指挥经济变为服务经济，而政府就应当适应市场主导型经济的发展潮流和要求，重新界定自己的服务范围和服务方式。承担其在现代市场经济中弥补"市场失灵"的作用：提供使市场能够有效运转的规则；在市场不能发挥作用的地方，进行纠正性干预。市场经济的健康运行，需要有一系列强制性规制，这种强制性规制只有国家和政府才有资格制定和实施，只有政府才能代表国家行使管理和监督职能，规范各类主体的行为，限制各种不正当竞争行为，创造公平的竞争环境，维护良好的市场秩序。实践证明，随着我国文化体制改革的深入和市场经济体制的完善，只有以文化市场主体为本位，让市场来配置资源，发挥市场在文化资源配置中的决定性作用，实现从政府主导型经济向市场主导型经济转变，一切为了市场主体，一切依靠市场主体，我们的文化创意产业才能真正振兴，才能提高文化产品的国际竞争力。

参考文献

　　毕绪龙：《我国民营演艺产业政策评价》，《河南教育学院学报》（哲学社会科学版）2012 年第 4 期。

　　邓丽丽：《北京市动漫产业能否做大做强》，《北京观察》2011 年第 8 期。

　　《国家"十二五"时期文化改革发展规划纲要》，人民出版社，2012。

　　姜琳琳：《演艺产业融资困境难题》，《北京商报》2015 年 1 月 8 日。

　　李惠芬、付启元：《城市文化消费比较研究》，《南京社会科学》2013 年第 4 期。

　　李康化：《文化市场与营销变革》，北京大学出版社，2008。

　　刘斌：《北京动漫产业政策实施效果与评价》，《现代传播（中国传媒大学学报）》2013 年第 1 期。

　　刘佳：《发展文化产业需健全政策体系——访文化部文化产业司司长刘玉珠》，《经济》2013 年第 Z1 期。

　　刘悦：《北京市动漫产业融资困境分析及其建议》，《经济视角》2013 年第 10 期。

　　卢斌、郑玉明、牛兴侦：《中国动漫产业发展报告（2014）》，社会科学文献出版社，2014。

　　马明：《中国对外演艺业发展的问题与探索》，《同济大学学报》（社会科学版）2014 年第 5 期。

祁述裕等:《我国文化产业政策研究报告（2013）》。

宋奇慧:《大动漫观与中国动漫的未来》,《中国文化报》2012 年 11 月 23 日。

覃莉、景进安:《中国动漫产业发展问题与对策》,《生产力研究》2006 年第 11 期。

王忠武等:《当前中国社会的消费问题》,《理论学习》2001 年第 1 期。

徐世丕:《中国演艺业五年改革发展透视》,《中国戏剧》2008 年第 5 期。

杨吉华:《文化产业政策研究》,博士学位论文,中共中央党校,2007。

杨乾武:《首都演艺抓住机遇繁荣市场》,《北京商报》2014 年 3 月 7 日。

《在改革开放进程中深入实施扩大内需战略》,《求是》2012 年第 4 期。

张国锋:《北京市动漫产业发展的现状、问题和对策》,《消费导刊》2011 年第 4 期。

张玉玲:《北京动漫补贴政策几乎为零"候鸟"型企业频现》,《文化市场报》2011 年 10 月 19 日。

《中共中央关于深化文化体制改革、推动社会主义文化大发展大繁荣若干重大问题的决定》,《人民日报》2011 年 10 月 26 日。

《中国演出市场年度报告（2013）》。

《中华人民共和国国民经济和社会发展第十二个五年规划纲要》,人民出版社,2011。

中华人民共和国文化部:《文化发展统计分析报告（2014）》,中国统计出版社,2014。

中央文化企业国有资产管理领导小组办公室、中国社会科学院文化研究中心:《中国文化消费报告（2014）》,社会科学文献出版社,2014。

第三章　北京市文化消费政策的绩效评估
实证研究之一：北京市文惠卡
项目的财政支出政策
绩效评估研究

在公共服务领域，财政支出绩效评估并不是纯粹意义上的追求省钱，而是为了实现政府对公共管理的有效供给，坚持财政资金使用效率、效益最大化，提高政府的社会公信度与社会公众的满意度。北京市探索实行的文惠卡项目已经连续三年了，从绩效评价的维度看，该项目运作情况如何呢？借助于 3E 原则的绩效评价模型，本研究对北京市三年来的文惠卡项目进行评估分析与理论思考，希冀得出有意义的价值判断与发现。

一　北京市文惠卡项目的绩效评估背景

我国的"项目制"按照存在竞争性与否，可以将其划分为竞争性形式项目和非竞争性形式项目。前者，如"国家公共文化服务体系示范区"（项目）。后者，更确切地说是一种政府主导的项目式的公共服务供给；这种项目的基本特点是资金投入多，规模大，覆盖面较广；具有普适性，有着强烈的需求；是一种专项任务的布置。本研究的对象即文化惠民卡项目就属于这种非竞争性形式的项目。

北京市文惠卡项目（以下简称"项目"），属于政府发放的普惠型的文化卡；其特点是以推动大众文化消费为目的，以文化企业和商户让利打折为手段，具有便捷性、让利性等特征。它是由北京市文化行政部门主导发放，面向全体市民与社会团体发放的"实名制的文化消费积分权益卡"。政府财政不直接补助持卡人，而是通过"以奖代补"的形式鼓励加盟企业给出优惠折扣，提升服务内涵。该项目的规划设计原则就是要通过"政府激励引导、专业机构运作、整合利用资源、促进供需对接"，利用现代信息技术等手段，搭建集宣传引导、消费促进、数据挖掘、信息服务等衍生功能于一体的综合性服务平台系统，同时也为文化消费服务企业和文化消费者搭建起一个"互通互惠、互利共赢"的文化消费平台；将文化产品的企业销售端与消费者购买端衔接起来，把既经济实惠又符合大众文化需求的文化产品以最优质的服务形式推荐给广大消费者。

（一）项目执行主体情况

北京市国有文化资产监督管理办公室（以下简称"市文资办"）是项目的主管部门；北京市文资办产业促进处是该项目的实施主体，与项目相关的主要职责为：负责促进所监管的文化企事业单位产业发展；组织开展文化市场消费调查研究，指导所监管的文化企事业单位开拓大众文化消费市场，健全文化产品营销服务渠道。同时，为保障项目顺利实施，市文资办通过公开招投标程序选定华盛建安科技（北京）有限责任公司作为项目具体执行单位，但由于资金链断裂、人员离职等造成运营困难，2015年年底，华盛建安科技（北京）有限责任公司丧失项目执行能力，经协商双方解除合同后，重新通过公开招投标程序选定北京国际广告传媒集团有限公司（以下简称"公司"）承接后续工作。公司主要承担系统运营和维护、商户拓展及维护、卡片发放、组织活动、宣传推广等方面的工作。

（二）项目基本内容

2013年北京文惠卡项目启动实施，至2015年已经连续举办三届，每年的财政资金投入情况见表3-1。根据北京文惠卡项目的分期计划安排，2015年是项目运营完善的最后一年，在往年工作基础上，完成系统运营和维护、商户拓展及维护、卡片发放、组织活动、宣传推广等主要内容；并通过完善功能、特色活动、有效宣推、多方合作等手段，进行卡片发放和商户拓展，提升品牌影响力，加强消费者关注度和依赖度。

表 3 – 1 2013 ~ 2015 年北京市文惠卡项目基本执行情况

单位：万元

总体投资		2013 年		2014 年		2015 年		
预期投入	实际投入	预期投入	实际支出	预期投入	实际支出	预期投入	预算批复	实际支持
5211.50		2643.50		1284.00		1686.82	1416.85	704.00

资料来源：北京市财政局国有文化资产管理办公室。

二 北京市文惠卡项目的财政支出绩效评估模型

文惠卡项目是北京市公共文化服务领域内的民生工程，其出发点与目的是满足民众日益增长的基本文化需求，而财政支出的绩效评估能够更好地推进政府有效供给能力的提高。

财政支出绩效评估近年来在我国开展得较为广泛，其评价的准则来源于其定义。经济合作与发展组织（OECD）将绩效界定为："绩效是实施一项活动所获得的，相对于目标的有效性，它包括从事该项活动的经济性、效率和效力。"我国财政部出台的《财政支出绩效评价管理暂行办法》明确提到"财政支出绩效评价是指……对财政支出经济性、效率性和有效性进行客观、公正的评价"。各地在开展财政支出绩效评价的实践过程中，对指标体系框架的设计也参照文件要求，主要包括"决策、管理、绩效（包括产出和效益绩效）"三部分，其中管理类指标包括资金投入，回应了对财政支出经济性的考察，从投入到产出回应了对效率性的考察，从产出到效益则回应了对有效性的考察。因此，财政支出绩效评估的核心原则是 3E 原则，即经济性（Economy）、效率性（Efficiency）和有效性（Effectiveness）。

经济性（Economy）是指以最少的资源耗费，获得一定数量和质量的产品和服务，主要关注的是投入和使用过程中成本节约的水平和程度；考察政府活动所耗费资源的获取或购买成本是否为最低。

效率性（Efficiency）是指投入和产出的关系，包括是否以最小的投入取得一定的产出或者以一定的投入取得最大的产出，即支出是否讲求效率，考察的是政府活动的资源耗费数量与产出数量之间的比例关系。

有效性（Effectiveness）是指多大程度上达到政策目标、经营目标和其他预期结果，考察政府行为的产出与成果的关联度，即政府各项活动的实施能否形成合力，促成预期成果目标的实现。3E 与投入产出模型的关系如图 3-1 所示：

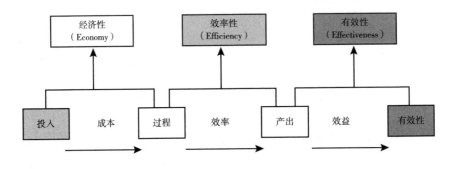

图 3-1　3E 与投入产出模型的关系

投入实质上是政府提供公共文化产品或服务的成本，而经济性是衡量投入到过程中的成本是否节约，可见，财政预算绩效管理的"经济性"评价是对公共文化产品成本合理性的评价，作为 3E 原则中的基础原则，是绩效评估必须回答和解决的问题，也是"效率性""有效性"评价的前提条件，因此，公共文化产品与服务成本合理性是财政支出绩效评估管理需要解答的问题。

北京文化惠民卡项目的统一化管理可以确保项目制在财政资源、执行监督及绩效评价方面的权威效力，但在具体的方案设计和具体执行过程中，则要更重视收集民众的需求和偏好信息。民众自始至终应该成为文化惠民卡项目的主体，他们的需求、反馈和评价将贯穿项目制的整个过程。通过不同层级、不同主体之间的协作为项目制的推行创造好的执行环境，提升其执行绩效。

三　北京市文惠卡项目财政支出绩效实施情况

根据 3E 模型对北京市文惠卡项目财政支出绩效情况进行评估（见表 3-2）。

表 3 - 2 北京市文惠卡项目绩效情况 (2015 年度)

指标类型	指标设定	完成情况
产出数量指标	1. 新增发放 100 万张文惠卡; 2. 拓展 1000 家合作商户; 3. 开展 52 场以上专项营销活动; 4. 全年完成持卡交易金额 7 亿元以上	1. 发卡 109.24 万张,超出目标 9.24 万张;2. 签约商户 1002 家,超出目标 2 家;3. 开展活动 183 场,超出目标 131 场
产出质量指标	1. 100 万张文惠卡的发放群体覆盖具有文化消费意愿以及消费能力的人群,如公司白领、社区居民等; 2. 1000 家商户覆盖主流消费场所,如主流剧院、影院、图书馆、教育培训机构等; 3. 52 场活动起到激励商户加盟、消费者办卡用卡的目的,打造"北京文化消费新名片"; 4. 150 万张存量卡产生交易 6 亿元,新增卡交易金额 1 亿元	1. 通过进社区、进校园、进机关、进企业等活动,精准地将文惠卡发放给消费人群; 2. 全市规模以上的剧院、影院、图书馆、教育培训机构均是文惠卡的加盟商户; 3. 通过 183 场活动,参与者人数约 50 万,对持文惠卡消费文化进行有效宣传; 4. 均已完成任务目标
产出进度指标	1. 第一季度完成发卡量 15 万张,签约加盟 100 家商户,举办 10 场各类活动,交易金额 1 亿元; 2. 第二季度完成发卡量 30 万张,签约加盟 300 家商户,举办 10 场各类活动,交易金额 0.7 亿元; 3. 第三季度完成发卡量 35 万张,签约加盟 300 家商户,举办 20 场各类活动,交易金额 4 亿元; 4. 第四季度完成发卡量 20 万张,签约加盟 300 家商户,举办 12 场各类活动,交易金额 1.3 亿元	1. 第一季度完成发卡量 15 万余张,签约加盟 100 家商户,举办 18 场各类活动,交易金额 1.1 亿元;2. 第二季度完成发卡量 30 万余张,签约加盟 306 家商户,举办 35 场各类活动,交易金额 2.7 亿元;3. 第三季度完成发卡量 35 万余张,签约加盟 313 家商户,举办 49 场各类活动,交易金额 4.5 亿元;4. 第四季度至 2016 年 4 月 20 日前完成发卡量 29 万余张,签约加盟 283 家商户,举办 81 场各类活动,交易金额 3.5 亿元
产出成本指标	1416.85 万元	截至 2015 年 12 月 31 日支出 704 万元;截至 2016 年 4 月 30 日支出 689.19 万元
经济效益指标	1. 新增消费额将不低于 7 亿元,其中新增卡带动消费金额不低于 1 亿元; 2. 为持卡人持卡消费节省资金不少于 8000 万元	1. 计划圆满完成;2. 根据商户给予的折扣比例均在 9 折左右,预计为消费者节省资金 1 亿元以上,超出目标值 2000 万元以上
社会效益指标	1. 扩大文化消费影响力; 2. 丰富民众文化生活; 3. 能够整合文化市场资源; 4. 提升市民的文化修养,提升城市品位	消费记录 89 万余笔,全年微信订阅号图文阅读数 552219 次;微博粉丝数总量为 86944 人。以上数据表明参与的人数和消费较多,将对扩大影响、丰富生活、整合资源等起到较强推动作用

指标类型	指标设定	完成情况
可持续影响指标	1. 规范文化消费市场的健康发展； 2. 推动城市文化消费长效机制的探索与形成； 3. 对促进首都城市的文明建设有深远的影响	1. 根据市统计局发布的数据：2015年全市文化体育和娱乐业实现收入527.8亿元，同比增长3.5%，同时，城镇居民人均文化娱乐支出4028元，同比增长11.5%；2. 北京市针对文化消费的政策文件《北京市人民政府关于促进文化消费的意见》，将"发挥北京文惠卡作用，促进文化消费"写入其中；3. 广东、天津、山西、福建、大连、承德、青岛等十多个省市前来考察学习并进行了推广
服务对象满意度指标	消费者满意度达到70%以上；加盟商户满意度达到70%以上	针对持卡人和加盟商户进行了抽样问卷调查：加盟商户满意度平均达到94%，持卡消费者满意度平均达到88%

资料来源：北京市财政局国有文化资产管理办公室。

由表3-2、表3-3可知，北京市文惠卡项目的财政支出绩效完成情况借助于3E模型而进行的评估，主要表现如下。

文惠卡项目搭建文化消费的供需平台。到2015年度项目执行期满已实际发卡259.24万张、签约商户2502家，发卡数量和商户数量远超国内其他同类项目。超过25万用户的自媒体覆盖范围，也为各类文化产品和服务的宣传和推送提供了强有力的支持平台。共举办各类活动183场，有效带动了持卡人消费。新增消费交易金额不低于7亿元，刺激有效消费7.19亿元。通过各类活动的开展，进一步拉近了文惠卡与消费者的距离，提升了文惠卡的社会认知度和公众形象。

扩大文化消费影响力。作为公益性项目，文惠卡坚持社会效益优先，兼顾经济效益。对于消费者来说，提供优惠等服务的上千家加盟商户分布于北京各区，并涵盖影院、剧院、教育培训、书店、博物馆等文化场所，文惠卡发布的各类文化消费指南以及策划执行的各类线上线下活动，为让百姓享受文化消费实惠创造了条件。对于商户来说，借助文惠卡平台，扩大企业影响和效益成为加盟商户的意愿，部分商户将文惠卡作为其会员卡；依托平台开展联合营销，利用自媒体平台和线上线下活动，整合推介商户信息，打造线上线下文化消费生态圈。

表 3 - 3　2013～2015 年北京市文惠卡项目基本情况

总体目标		2013 年度		2014 年度		2015 年度		备注
预期目标	完成目标	预期目标	完成目标	预期目标	完成目标	预期目标	完成目标	
发卡 300 万张		发卡 100 万张		发卡 100 万张		新增发卡 100 万张		截至 2014 年 12 月 31 日，已实现发卡 151 万张
拓展 1000 家商户		拓展 1000 家商户		拓展 1000 家商户		拓展 1000 家商户		截至 2014 年 12 月 31 日，已加盟商户超过 1500 家
刺激有效消费 32.4 亿元～45.3 亿元		刺激有效消费 4.3 亿～8.6 亿元		刺激有效消费 4.3 亿～8.6 亿元		交易金额 7 亿元		刺激有效消费 7.19 亿元
						开展 52 场以上专项营销活动		

资料来源：北京市财政局国有文化资产管理办公室。

四　北京市文惠卡项目的财政支出绩效评价

财政资金绩效评估既包括项目活动结果本身所达到的预期客观指标的程度，也包括公众对活动的主观评价。鉴于此，通过绩效评估可以分析出，目前北京市实施的文化惠民卡项目存在的主要问题。

第一，公共文化产品供给的高成本问题。

为了实现基本公共文化服务均等化，政府有责任为社会公众提供低成本、高效率、优质的公共文化产品与服务。然而，公共文化产品供给的政府垄断，产生了公共文化产品供给的高成本问题，无法做到成本效益最大化，致使在公共文化资源配置过程中不能实现帕累托最优。从表 3 - 4 中可以看出，财政支出的重要项目为制作费（361.47 万元）、设备租赁费（214.67 万元）、平台运营费（204.02 万元）、外协费（253.50 万元）、宣传推广费（324.44 万元）。在财政资金使用、项目决策及日常管理活动中都没有私人领域的硬性约束，管理过程中的软约束在一定程度上阻碍了公共领域主体积极性的发挥，从而增加了公共产品的成本。

表 3 - 4   北京文惠卡项目财政支出情况明细

单位：万元，%

序号	实施单位	总体目标	预算金额	实际支出金额（截至 2015 年 12 月 31 日）	实际支出金额（截至 2016 年 4 月 20 日）	差异	
						差异比例	差异原因
1	市文资办	设备租赁费	214.67	162.35	45.32	-3.26	政采结余
2		制作费	361.47	73.08	130.76	-1.27	政采结余
3		平台运营费	204.02	226.09	222.59	-1.7	政采结余
4		外协费	253.50	30.65	127.54	-1.2	政采结余
5		宣传推广费	324.44	113.16	137.20	-1	政采结余
6		活动费	58.76	98.65	25.86	-3.9	政采结余
合计			1416.85	704.00	689.20	-1.7	政采结余

资料来源：北京市财政局国有文化资产管理办公室。

政府需要成为有效率的政府，即使在民生工程中也要实现以最小的消耗达到最大化效益的目标。文化惠民卡项目建设过程需要在执行项目工作阶段加强现代项目管理的运用，通过中期跟踪、后期评价、结果应用，形成闭环式约束管理机制，从而使得项目能够被保时保质保量地完成，降低公共文化产品与服务成本。

第二，过于追求"需求侧管理"，忽视供给侧结构性改革。

相对而言，"需求侧管理"是总量管理，其政策思路侧重于通过政府支出政策来刺激需求总量，以实现反周期的短期增长；"供给侧管理"更侧重于结构调整，优化要素配置，通过减少政府干预，来激发市场主体活力。如果还是寄期望于在短期内刺激需求总量，不但其政策的边际效力日益弱化，而且将构成对生产率提高的抑制。国内居民海外购物、海外代购和跨境电商的迅猛发展，折射出了长期以来政府对市场过多干预以及长期奉行"需求侧管理"的宏观政策问题。由于公共文化产品消费上的非竞争性与非排他性，政府无法确切知道社会需要哪些公共文化产品，以及要多少公共文化产品。因此，由于公共文化产品外部性的存在以及决策信息获取的困难，加之公共决策者还会运用策略掩盖自己的真实偏好，政府供给的公共文化产品必然会像市场一样，或过量供给，或供给不足，处在低效供给状态。文化惠民卡项目的运营无法忽略"沉睡卡"这一现象的存在，公共文化产品与服务供给的有效性有待增强。

第三，对文惠卡项目运营可能遇到的风险重视不够。

北京市文化惠民卡项目由于涉及资金多、建设周期长等原因，风险远高于一般项目，充分的风险识别和合理的风险分配是北京市文化惠民卡项目能够得到顺利实施的关键。根据政府采购相关程序，北京市文资办委托北京昊远丰标咨询有限公司对 2015 年度北京文化惠民卡项目进行公开招投标，经过公开招标，最终确定华盛建安科技（北京）有限责任公司为 2015 年度文惠卡项目执行方；2015 年末，华盛建安科技（北京）有限责任公司因故丧失履约能力，双方经协商签署《解除协议》；根据市财政局意见，在项目资金额度不变、用途不变的情况下，重新按照政府采购程序，变更服务供应商；委托北京国泰建中管理咨询有限公司按照公开招投标程序，选定北京国际广告传媒集团有限公司承接后续工作。项目的中途变更或调整，无形中会增加项目运营的风险与成本。

第四，缺乏相关法律基础，文惠卡项目成本准确测量难。

在现有制度体系下，针对北京市文惠卡项目所进行的绩效评价主要依据财政部、国家发改委等相关部门出台文件中的部分条款，缺乏专门的法律文件对此类项目的评价如何实施、实施主体和监督主体、如何保证评价结果的实际应用等问题进行说明，从而导致项目绩效评价结果的适用性大打折扣。文化惠民卡项目成本测量在财政支出绩效评估中应用的难点有如下两点。一是成本数据的获得障碍。在现行的行政事业单位财务核算制度下，除个别项目进行单独核算，大部分项目按照会计科目进行核算，无法真实地反映准公共文化产品的成本，数据采集困难。二是价格合理性的判断障碍。由于政府提供的准公共产品的特殊性，部分公共产品价值和价格无法从市场竞争环境中获得，给准公共产品价格合理性判断带来了一定的障碍。因此，文化惠民卡项目成本准确测量难。

五　完善北京市文惠卡项目财政支出政策的建议

北京市文化惠民卡项目在我国尚属新生事物，在很多方面有着较大的改善余地。通过对近三年来北京文化惠民卡项目绩效评价的分析总结，对北京市文化惠民卡项目的未来发展方向给出如下建议。

首先，科学设计公共文化产品与服务的消费需求揭示机制，避免公共文化产品与服务供给不足。文惠卡项目涉及签约商户众多，不同领域的消费特点差异较大，消费优惠的折扣难以统一，且文惠卡面向全体市民发放，发放数量达到百万张，给文惠卡项目的整体运营管理带来较大挑战。所以，作为公共文化产品与服务部门，政府应该借鉴学习互联网思维的核心——用户思维，应该以公众的文化消费需求为导向，在了解、把握公众对公共文化产品与服务消费需求变化的基础上，满足公众的合理文化消费需求。如果政府一厢情愿地按照固有方式提供公共文化产品与服务，就可能导致公共文化产品与服务供需错配。因此，要建立公众与政府沟通渠道，保证信息的公开性，使公共文化消费需求信息披露具备前提条件。更为重要的是，要让公众说出对公共文化产品与服务消费需求数量的真话，建议设计"公共文化产品与服务消费需求"问卷，由统计部门的城调队和权威数据调查机构进行广泛的问卷调查与数据分析，科学地揭示公众对公共文化产品与服务的真实消费需求，以作为公共文化产品与服务供给数量的决定依据。

其次，促进供给主体多元化，推行政府购买和PPP等公共文化产品与服务市场化、社会化供给模式。作为首都文化消费的"新名片"，文惠卡的设计理念受到关注和肯定，好事还需要办好。为此，政府需要进一步转变职能，广泛吸收社会资本参与到能由政府和社会资本合作提供的公共文化产品与服务中。文化惠民卡项目的运营应当更多地采取政府购买与PPP等形式，在公共文化产品与服务供给侧结构性改革中实现"双到位"，各擅其长，各尽其责，分工明确；同时将市场能够充分发挥作用的领域交给市场，协调好公平和效率、政府和市场、尽力而为和量力而行的关系。建立有效的政府监管体系，防范文化惠民卡项目运营中可能遇到的风险，提高资金效率；利用供求、风险和利益等机制平衡在公共文化产品与服务事业建设和运营中的供求和利益关系，推行政府购买、市场和社会提供的多元化、社会化的公共文化产品与服务供给模式；特别是在近年来"天价采购""豪华采购"广为诟病的大背景下，为了尽可能降低负面影响，有关部门采取了一系列改革措施，包括实行批量集中采购、修改协议供货管理办法等。对政府采购活动效果的评价不应仅限于节支防腐一项。今后，对政府采购活动的评价应更加全面、客观，应更加注重对采购绩效的评价，即全面、客观地评价采购活动投入和产出的关系，政府采购的核心评价目标要从"少花钱"转变为"花得值"。

　　最后，建设保障公共文化产品与服务供给侧结构性改革的财政预算管理体制。有必要对文化惠民卡项目的市场定位、功能设计、运营模式等进行进一步的充分研究与论证，让文化惠民卡项目的运营更加精准、更加有效，提高财政支出的效率与效益；比如，加强文惠卡项目运营系统与"互联网＋"的融合，扩大文惠卡的使用范围和区域，提高中小微型企业签约商户的质量等。进一步完善细化绩效指标，增强绩效目标的可实现性和可考核性，并对部分项目内容进行调整；提前规划北京文惠卡项目三年期满后的运行模式，落实项目绩效的可持续性。供给侧财政预算体制改革的要点在于提高财政资金使用效率，进一步优化政府公共物品供给结构。因此，在满足文化惠民卡项目正常运营的前提下，应当在财政支出结构上进一步降低行政支出，提高文化消费终端补贴的精准性、有效性，最大限度地避免无效发卡现象的出现；继续深化财政改革，推动政府简政放权，进一步减少对市场的微观管制，将财政支出重点转到有利于促进居民文化消费均等化、满足基本公共文化需求、基本文化权益保障的方向上；建立健全加强文化产品供给与促进文化消费并重的政府扶持机制，建立适度竞争、消费挂钩、择优扶持的新机制，由直接补贴文化经营单位向补贴居民文化消费转变；引入财政支出项目效益分析如成本收益分析方法、绩效分析法，改变部门和财政观念误区，进入效率财政时代，通过资源配置的改进增加全社会的福利，迈向"帕累托改进"。

参考文献

Alderighim, Lorenzinie, "Cultural Goods, Cultivation of Taste, Satisfaction and Increasing Marginal Utility during Vacations," *Cultural Economics* 36 (2012).

Beckergs, Murphykm, "A Theory of Rational Addiction," *Political Economy* 96 (1988).

Berg Onzil, Smighj, *Effects of Arts Education on Participation in the Arts*, Report No. ED409259, Washington, D. C.: National Endowment for the Arts, 1996.

Champarnaudl, Ginsbu Rghv, Michelp, "Can Public Arts Education Replace Arts Subsidization?" *Cultural Economics* 32 (2008).

Graycm, "Hope for the Future? Early Exposure to the Arts and Adult Visits to Art

Museums，" *Cultural Economics* 22，（1998）.

Levy-garboual，Montmarquettec，"A Microeconometric Study of Theatre Demand，" *Cultural Economics* 20（1996）.

Mcken zierb，"Rational Addiction，Lagged Dem ands and the Efficiency of Excise Taxes：Revisions of Standard Theory，" *Public Choice* 71（1991）.

韩永红：《重大公共政策绩效评估的现状与改革》，《中国纪检监察报》2012 年 10 月 19 日。

何畔：《新世纪中国文化消费研究》，硕士学位论文，福建师范大学，2013。

贺东航、孙繁斌：《公共政策执行的中国经验》，《中国社会科学》2011 年第 5 期。

胡惠林：《关于我国文化产业发展战略研究的思考》，《东岳论丛》2009 年第 2 期。

《惠民文化消费季掀起文化消费浪潮》，《北京日报》2014 年 12 月 4 日。

刘丽霞：《论公共政策过程的公众参与》，《光明日报》2011 年 1 月 20 日。

刘小康：《当代中国公共服务实践的若干反思》，《新视野》2009 年第 1 期。

刘旭涛：《当代西方国家政府绩效管理的发展和特点》，《中国纪检监察报》2011 年 1 月 14 日。

刘旭涛等：《政府绩效管理实施情况调查报告》，《行政管理改革》2009 年第 10 期。

刘旭涛、孙迎春：《政府绩效管理：经验、问题与改进》，《行政管理改革》2010 年第 12 期。

刘雪明：《政策运行过程研究》，江西人民出版社，2005。

罗忻、黄永林：《我国文化消费存在的问题及引导对策研究》，《兰州大学学报》（社会科学版）2013 年第 1 期。

祁述裕等：《中国文化政策研究报告》，社会科学文献出版社，2011。

乔永忠：《公共政策评估基本问题研究综述》，《理论前沿》2008 年第 16 期。

叶芬梅：《公共政策失灵类型划分及矫正新思路》，《理论探讨》2006 年第 6 期。

贠杰、杨诚虎：《公共政策评估：理论与方法》，中国社会科学出版社，2006。

附件 1

北京市文化消费政策调查问卷

为更好地了解北京市民的文化消费情况和市民对现有文化生活的满意度，特别推出如下问卷，感谢您的参与。

1. 您的性别为：

   A. 男   B. 女

2. 您所处年龄段：

 A. 17 岁及以下 B. 18 ~ 36 岁 C. 37 ~ 48 岁

 D. 49 ~ 56 岁   E. 57 岁及以上

3. 您的学历：

 A. 初中及以下 B. 高中、中专 C. 大学

 D. 硕士   E. 博士及以上

4. 您最喜欢的文化消费形式？（可多选）

 A. 电视   B. 电影   C. 广播   D. 书报杂志

 E. 文艺演出   F. 休闲健身娱乐   G. 旅游

 H. 摄影   I. 动漫   J. 艺术品收藏 K. 其他

5. 相比传统形式，市民更希望通过电脑或手机上网来参与的文化消费项目：

 A. 电视   B. 电影   C. 广播   D. 书报杂志

 E. 文艺演出   F. 文化艺术展览 G. 休闲健身娱乐

 H. 旅游   I. 摄影   J. 动漫   K. 其他

6. 每月在文化生活方面的消费额占个人月收入的百分比：

 A. 1% 及以下 B. 2% ~ 5% C. 6% ~ 10% D. 11% ~ 20%

 E. 21% ~ 30% F. 31% 及以上

7. 您的家庭月收入为：

 A. 1000 元及以下   B. 1001 ~ 3000 元

 C. 3001 ~ 5000 元   D. 5001 ~ 8000 元

 E. 8001 元及以上

8. 以下选项中，哪个（些）是阻碍您进行文化产品消费的主要因素？（可多选）

 A. 工作或学习任务重，没有时间

 B. 生活压力大，文化消费过于昂贵

 C. 其他文艺演出

 D. 周围缺乏合适的文化设施或场所

 E. 确实没什么兴趣

 F. 其他

9. 您觉得以下哪些因素最影响您对文化消费的选择？

 A. 个人喜好 B. 流行元素 C. 价格高低

 D. 攀比心理 E. 其他

10. 您进行文化消费的目的有哪些？

    A. 娱乐消遣   B. 提高自身文化素质，促进能力发展

    C. 锻炼身体，促进身心健康   D. 拓宽视野，增长见识

    E. 满足精神需求   F. 人际交往的需要

    G. 提升个人形象   H. 其他

11. 您认为生活质量和幸福感与文化消费是否有关系？

    A. 很重要，离不开   B. 有一点

    C. 没有关系

12. 您期盼政府促进文化消费的举措有哪些？（可多选）

    A. 继续大力发展、繁荣经济

    B. 免费开放文化艺术场所

    C. 多放长假，促进消费

    D. 开展更多的公众文化活动

    E. 增加文化宣传，大力发展文化广告，生成文化标志

    F. 其他

13. 您认为目前北京的文化消费氛围如何？

    A. 很好，完全符合大众的要求

    B. 较好，对大众的消费有积极影响

    C. 一般，不太符合大众的要求

    D. 较差，缺乏政府的有序引导

    E. 极差，文化消费市场比较混乱

14. 您认为以下哪些方面是您所在城市（或社区、村镇）应当加强建设的？（可多选）

    A. 书店、图书馆

    B. 社区讲座场所

    C. 剧院、音乐厅、演艺场所

    D. 博物馆、展览馆、艺术园区、文化公园

    E. 旧货及古玩市场

    F. 网吧等电子娱乐场所

    G. 其他

15. 假如您遇到一本非常喜欢的书，在定价不高于（　）时，您会下决心购买？

    A. 20 元 　　　　　　　　　B. 50 元

    C. 100 元 　　　　　　　　D. 不在乎价格，喜欢就买

16. 假如有一场您非常感兴趣的文艺演出，在票价不高于（　）时，您会接受买票前往观看？

    A. 50 元 　　　B. 100 元 　　　C. 200 元 　　　D. 300 元

    E. 500 元 　　　F. 不在乎价格，喜欢就买

17. 假如有一部您十分想看的电影，在票价不高于（　）时，您会接受买票去电影院看？

    A. 30 元 　　　B. 50 元 　　　C. 80 元 　　　D. 100 元

    E. 不在乎价格，喜欢就买

18. 您每周花费在文化消费和文化休闲活动方面的时间：

    A. 几乎为零 　　　　　　　B. 2 小时及以内

    C. 3 ~ 5 小时 　　　　　　　D. 6 ~ 10 小时

    E. 11 ~ 20 小时 　　　　　　F. 21 小时及以上

19. 您了解最近两年（8 ~ 10 月）北京市惠民文化消费季吗？

    A. 非常熟悉 　B. 了解 　　　C. 听说过 　　　D. 从未耳闻

20. 您从哪个渠道获知"文化消费季"这项活动的？

    A. 电视 　　　B. 网络 　　　C. 广播 　　　D. 展会

    E. 报纸、杂志 　F. 朋友相传 　G. 其他

21. 文化消费季中最喜欢参与的活动（可多选）

    A. 网上惠民 　B. 演出 　　　C. 电影 　　　D. 拍卖

    E. 动漫 　　　F. 工艺美术非遗 G. 旅游商品 　　H. 文化数码

    I. 教育培训 　J. 其他

22. 您了解文惠卡吗？

    A. 非常熟悉经常使用 　　　　B. 熟悉、用过几次

    C. 了解但没怎么用过 　　　　D. 听说过

    E. 从未耳闻

23. 对于文化消费季举办效果的满意度：

    A. 非常满意 　B. 比较满意 　C. 一般

    D. 不太满意 　E. 很不满意

24. 对政府在文化消费方面的满意度

    A. 非常满意 　B. 比较满意 　C. 一般

D. 不太满意　　E. 很不满意

25. 您对本市文化消费前景的态度

    A. 前景光明（潜力巨大）　　　　B. 总体看好（有一定潜力）

    C. 前景不明（无法判断）　　　　　D. 总体悲观

第四章　北京市文化消费政策的绩效评估实证研究之二：北京市促进电影消费市场建设的政策绩效评估研究

国家广播电影电视总局在 2004 年 1 月 8 日发布的《关于加快电影产业发展的若干意见》中，将电影产业定义为："电影产业是以高新技术为支撑的高智能、高投入、高产出的文化产业，是文化产业中颇具活力与生命力的重要组成部分，在文化产业中占有重要地位。"[①] 电影制作、发行、放映的每个环节都必须遵循市场经济的一般规律，都涉及资本运营和获取利润。电影产业的不确定性和求利性决定了北京市电影产业必须采取产业化和市场化的运作机制。电影产业的发展离不开国家与各地区出台的一系列方针政策、法律法规的引导与支持，而电影产业政策的制定与实施基本上都围绕着电影产业价值链条展开；自然，对于电影产业政策的绩效评估同样也离不开上述电影产业各相关环节。本章论述的促进电影消费市场建设的政策是指政府在促进电影消费市场建设发展的基础上颁布的各种政策。既包括制片发行、放映等不同电影行业的政策，也包括技术政策、内容审查、行业规范以及进出口等不同方面的政策。

一　北京市电影消费市场发展现状和相关政策概述

政府对电影产业引导和扶持的途径，主要是政策；政府通过制定和实施政策，反映对形势的判断和对发展目标的预设，表明政府支持什么、限制什么和禁止什么的立场，以此决定电影产业发展的走向和进展。北

[①] 《国家广播电影电视总局印发〈关于加快电影产业发展的若干意见〉的通知》，http://www.chinasarft.gov.cn/articles/2007/02/27/20070914165147430597.htm，最后访问日期：2007 年 2 月 27 日。

京作为我国首都、全国的文化中心，电影产业的发展具有举足轻重的作用。

（一）近十年来北京市电影消费市场发展现状

近十年来，在国家宏观政策环境以及北京市产业政策的引导和扶持下，北京市电影产业迈入快速发展时期，呈现朝气蓬勃的新局面，制作、发行、放映等环节的电影产业引导与扶持政策取得了良好效果。北京市广电局的数据显示，2009 年，北京市创作生产影片 230 余部，占全国电影产量的半壁江山，电影票房收入为 8.1 亿元，年增幅为 52.8%，占全国票房总量的八分之一。① 其中创下票房奇迹的影片《失恋 33 天》《泰囧》《北京遇上西雅图》等均是北京制作。2013 年，电影票房收入为 10.61 亿元；2014 年 1～9 月，电影票房收入为 16.04 亿元，增速为 17.68%。② 从电影人才的培养和集聚、剧本的原创，到一流的电影创作生产企业、数字电影制作基地、电影发行企业，全国数量最多的电影院线，全国 1/10 的票房……日益扩大的国际影响力，日趋完善成熟的全产业链条，吸引了大批影人北上、影视企业总部落户，北京不仅成为全国最重要的影视产业中心，也成为华语地区新兴的影视生产中心。从近十年来北京电影产业政策引导与扶持情况来看，北京市电影产业发展呈现以下特点。

1. 电影创作数量持续攀升，质量不断提高

近十年来，在电影创作上先后出台了一些政策措施，如《北京文化创意产业发展资金》（2006 年）、《北京市关于支持影视动画产业发展的实施办法（试行）》（2009 年）、《北京文化产业创业引导资金若干政策》（2009 年）、《北京市支持电影作品和活动资助办法》（2011 年）、《北京市支持影视精品创作的实施意见》（2011 年）等，狠抓电影产品质量的提高，探索建立电影原创作品新的生产机制，对原创、当代的优秀题材在剧本、拍摄、宣传发行、放映各环节予以重点扶持；建立优秀广播影视题材库，研究制定支持影视精品创作的政策，完善选题策划、资金投入、表彰奖励等

---

① 引自中国行业研究网，http：//www.chinairn.com，最后访问日期：2013 年 4 月 24 日。
② 北京市广播电影电视局官网，http：//www.bjrt.gov.cn/zwgk/xytj/201409/t20140930_14716.html。

扶持机制，探索建立广播影视精品项目，集中优势资源扶持重点项目，通过多种方式支持和促进精品生产；通过这些政策的实施，推动电影创作生产由数量型增长向质量型增长的转变，从而促使北京地区的电影产品结构体系日趋丰富、合理、成熟，电影创作呈现创意活跃、类型多样、佳作频现、持续发热的良好发展态势。

2009 年，北京市创作生产影片 230 余部，2010 年生产影片 270 多部，占中国电影产量的半壁江山。2012 年北京市创作生产电影《一代宗师》《飞越老人院》《冰雪十一天》等 270 多部，在产量稳步增长的同时，电影作品的艺术质量进一步提升，类型化、多样化的创作格局进一步巩固。《一九四二》《飞越老人院》《冰雪十一天》等重点影片注重主流文化价值与普通观众需求相结合，实现了思想性、艺术性、观赏性的有机统一；《人再囧途之泰囧》《十二生肖》《四大名捕》《大魔术师》《黄金大劫案》等商业影片赢得了良好的市场业绩。《钢的琴》《失恋 33 天》等 3 部影片获得了第七届北京市文学艺术奖，《钢的琴》《杨善洲》等 5 部影片获得北京市广播影视奖，《惊沙》《杨善洲》喜获第十二届全国精神文明建设"五个一工程奖"，北京市获得全国组织奖。北京地区的电影产品结构体系日益走向丰富、合理、成熟。2014 年，北京市广电局继续重视精品影片创作，通过政策、资金等方式支持和促进精品生产。

2. 电影产业链条逐渐完善

作为全国文化中心，北京有着电影产业发展最为齐全的要素。这里聚集了全国 80% 以上的影视制作资源，从人才培养到剧本策划，再到影片拍摄、后期制作、宣传营销，几乎所有环节的资源都聚集在这里。全国 60% 以上的影视剧都在这里生产。目前，北京拥有多个世界一流的电影制作基地。仅怀柔影视基地，就具备了一年制作 100 部电影故事片、100 部数字电影、200 部电视电影、500 集电视剧和动漫作品的能力。像《集结号》《唐山大地震》《建国大业》等许多热播的影视大片都产自北京。

怀柔影视基地、八一影视基地、星美影视基地等一系列影视基地，充分利用好支持政策，发挥首都优势，聚合优势企业，已告别单纯提供拍摄场所模式，打造了完整的生产链条，融入电影制作的全过程。怀柔影视基地至今已经承接了《建国大业》《唐山大地震》等 1100 多部影视作品的拍摄和后期制作工作，过去需要送到国外进行特效制作，现在全部可以在北京产业基地流畅完成。依托中关村强大的科技创新优势，一些企业的技术优势直逼世界先进水平。北京水晶石视觉特效艺术团队曾为电影《东风雨》提供特别制作，全片150个特效镜头，从南京路、霞飞路、法租界等画面到日军进驻外滩、日军炮击停泊在黄浦江上的英美军舰等场面，均以数字技术还原呈现。一个日渐成熟的电影市场，为影视企业制作定位，提供了有效信息。《北京遇上西雅图》影片投资不到3000万，拍摄周期仅38天，但主创团队瞄准目标人群，调研市场需求，明确影片类型，对剧本的修改和调整，就花了半年的时间。面向市场、准确定位，正成为北京地区生产创作电影的成功做法。

3. 电影院线建设成效显著

电影市场，既是城市文化活动的重要部分，又是电影产业发展的重要基石。电影市场运作主要包括制片、发行、放映、制作电影版权产品等多个环节，具有明显的文化产业属性，主要通过市场来调节。过去，我们的放映终端往往是事业单位，与制作环节存在体制上的脱节。这种体制不彻底改变，就难以形成最有效的产业链，无法进行市场运作。2006年，《北京市"十一五"时期文化创意产业发展规划》提出把北京建成包括影视节目制作和交易在内的九个中心，其中就包括电影制作、发行和放映。过去，北京只有几十家影院，从2009年以后，这种情况开始发生变化，特别是一批多厅的、合资的现代影院的出现，尤其是电影院线制的推行，正在改变电影放映市场。截至2013年年底，北京共有电影院线9条，电影院84家，其中多厅影院30个；银幕373块，2009年新增44块；影院座位7.44万个，2009年新增6566个；电影放映场次60万场，比上年增长36.3%；票房收入8.1亿元，比上年增长52.8%；观众人数2139.6万人次，比上年增长46.6%。2010年，影院92家，银幕数144块；2011年，院线16条，影院118家；2012年，院线17条，影院135家，银幕数726块；2013年，影院433家。

近十年间，北京市政策扶持和市场引导两手抓，持续实行建（改）造多厅影院补助政策，不仅鼓舞了北京本土院线积极开设、翻新影院，还吸引了外地的院线集团进军北京市场。随着影院数量的增多，影院之间的竞争明显加剧，各家影院都在硬件设施和服务质量上升级，更加注重品牌建设。我国电影行业从2002年6月开始自上而下推行城市影院"院线制”改革。北京迅速动作，按要求组建了地方性院线——新影联院线和全国性院线——中影星美院线。其后，新影联院线积极向外地拓展成为跨省院线。其后，北京电影市场日益繁荣，吸引了其他一些院线进军北京市场。

“院线制”改革成为推动北京电影产业经济增长的一大亮点。据统计，2012 年在京建影院的院线增加 1 条，全市院线已达 17 条；新增影院 17 家，影院总数达 135 家；新增银幕 109 块，银幕总数达 726 块，人均银幕数位居全国首位；新增观影座位 1.4 万个，座位总量达 12.84 万个；3D 影厅 244 个，IMAX 影厅 5 个。2013 年，影院已有 433 家，银幕数 2505 块；平均 2.85 万人拥有一块银幕，161 人拥有一个观影座位。全国票房收入前 10 名的影院中，北京影院有 5 个，分别为北京耀莱成龙国际影城、北京首都华融影院、UME 国际影城华星店、UME 国际影城双井店、北京万达国际电影城 CBD 店，其中北京耀莱成龙国际影城以 8169 万元票房位居全国影院首位。影院数量快速增长、品质不断提升、排片能力和服务水平不断提升，为电影产业奠定了坚实基础。电影档期常态化趋势明显，影片上映排片趋于更加均衡与合理。

据统计，2012 年北京城市院线累计放映电影 119.87 万场，比上年增加了 22.56 万场，增长了 23.2%；观影人次 3752.61 万人次，比上年增加了 546.5 万人次，增长了 17.1%。2013 年 1~11 月，电影票房收入为 16.28 亿元，占创收总收入的 7.19%，比去年同期增加了 2.95 亿元，同比增长 22.13%。① 截至 2014 年 7 月底，北京城市影院累计放映电影 91.41 万场，比去年同期增加了 14.18 万场，增长了 18.36%；观影人次 2861 万人次，比去年同期增加了 402 万人次，增长了 16.36%；票房收入为 12.74 亿元，比去年同期增加了 2.13 亿元，增长了 20.08%。新增燕山文化活动中心、北京华星空电影院、北京嘉华福瑞影院、北京橙天嘉禾吉彩影城等数家影院。

4. 多厅影院建设取得突破性进展

电影市场注意分级、分层次消费，建设不同层次的影院，以适应不同

---

① 资料均来自北京市广播电影电视局官网，http://www.bjrt.gov.cn/zwgk/jgsz/201312/t20131230_11536.html.，特殊注明的除外。

的消费群体。城市电影院的建设和改造过程注重以多厅影院为主。北京市还出台了《北京市文化局支持新建改造多厅影院资金补助办法（试行）》，对于多厅影院进行资助，推动多厅影院建设，从2004年起试行对多厅影院给予补贴的扶持政策，并不断修改完善。根据该政策，凡新建或利用原有影院改建的、拥有4个（含4个）以上放映厅的多厅影院，无论何种经济性质，均给予一次性资金补助，按照影厅的数量和水准核定补助资金的额度。该项政策引起社会热烈反响，大大激发了各界投资多厅影院的积极性，使北京市得以在较短时间内改变影院建设的落后状况。2005年以后，影片投放数量增加，电影消费趋旺，影厅较少的多厅影院已不适应发展的需要，为此多厅影院的规模逐渐扩大。在北京市文化局出台的扶持政策引导下，多厅影院建设（包括新建和旧影院改建）方兴未艾，到2006年年底多厅影院达到22家、银幕（即影厅）119块，占全市影院银幕总数195块的60%以上，表明北京市电影放映场所构成发生重大变化，多厅影院已成为主体。2007年，有19家多厅影院、128个影厅建成营业，2008年拥有放映胶片电影的营业性影院85家、影厅366个。一般来说，目前本市多厅影院的适宜规模为6~8厅。2012年，北京市广电局继续实施新建多厅影院补贴发放政策，对2010年8月至2011年12月新建的符合条件的14家影院开展补贴发放工作，共发放补贴3000多万元，推动影院建设快速发展和布局日趋合理，带动了影院建设步伐的加快和电影市场的进一步繁荣。

5. 电影票房稳步增长，市场消费需求旺盛

北京，是中国电影的诞生地，也是蝉联六年的全国城市票房冠军。

2004年至今，北京电影市场开始结构性调整，票房收入呈现持续高增长的态势。在这一阶段，由于受到有关部门、领导的重视，北京市多厅影院建设的发展升温、加速，2006年多厅影院达到22家、银幕（即影厅）119块。虽然一些设在商厦中以及剧场兼营电影的影院因经营不景气而停业，退出了影院行列，使2006年正常营业的影院减少至59家；但多厅影院所占比例不断提高，使全市拥有的银幕总数大幅增加，多厅影院拥有的银幕数量已占全市影院银幕总数的60%以上。2012年票房收入前十名的影院之中，就有5家是北京的电影院，分别是北京耀莱成龙国际影城、北京首都华融影院、UME国际影城华星店、UME国际影城双井店和北京万达

国际电影城 CBD 店。北京有电影产业发展所需的最为齐全的产业依托，地方政府的政策扶植、电影人才的培养和聚集、电影生产企业的发展、影视基地的建设到电影院线的调配等，使得北京的电影市场高度集中，拥有强大的核心竞争力。

2004 年，北京市电影票房收入达到 1.86 亿元；2005 年，达到 2.26 亿元；2006 年，北京电影票房收入纵身一跃跨上了新台阶，首次突破 3 亿元。2009 年北京电影票房 8.1 亿元，占全国票房总量的 13%，连续三年蝉联城市票房冠军。与 2008 年同期相比，2009 年北京院线票房增加了 2.8 亿元，增长率高达 52.8%，不仅明显高于前一年增幅的 43.8%，也远远超越了全国票房增长幅度的 42.96%。2010 年，电影票房收入达 11.8 亿元，同比增长 46%，约占全国票房总量的 12%，已连续 4 年位居中国城市票房榜首，无可争议地成为最大票仓。2011 年，电影票房收入 11.57 亿元；2012 年，电影《人再囧途之泰囧》票房破 12.66 亿元，成为中国电影史上的国产片冠军。2012 年，北京城市院线累计放映电影 119.87 万场，比上年增加了 22.56 万场，增长 23.2%；观影数达 3752.61 万人次，比上年增加了 546.5 万人次，增长 17.1%；电影票房收入 13.33 亿元，比上年增加了 1.76 亿元，增长 15.2%，占全国总票房收入 170.73 亿元的 9.4%。2013 年以来，"北京制造"的浪漫爱情轻喜剧《北京遇上西雅图》，成为票房最高的华语片，累计票房 4.68 亿元，2013 年，累计电影票房收入 16.28 亿元；2014 年《心花路放》累计票房达到 11.52 亿元，2014 年 1～7 月，电影票房收入 12.74 亿元。由此可见，北京，无论是从制片机构拥有量、电影人才聚集量、影片生产量、影院规模、银幕数量，还是从票房收入、观众人数、公益放映等方面都位居全国前列，是中国电影产业当之无愧的龙头。

6. 影视产业集聚区初显规模

2006 年 12 月，中国（怀柔）影视基地被认定为北京市首批文化创意产业集聚区。经过八年的建设发展，2014 年 5 月 4 日国家新闻出版广电总局批复，在怀柔设立"中国（怀柔）影视产业示范区"。为加快促进中国（怀柔）影视产业示范区的集聚发展，由北京市和怀柔区每年共同出资 2 亿元出台了"1+1"政策，重点用于影视项目购地、购房、建房、工作室租金减免，影视活动、摄影棚、外景地建设等项目支持。同时，《怀柔区促进区域经济发展若干政策（试行）》对入驻企业给予相应的财政奖励、影视专项资金政策、重大项目资金政策及绿色通道等支持。此外，怀柔区还与工商银行北京支行建立战略合作关系，把工商银行怀柔支行打造成影视特色银行。中国（怀柔）影视产业示范区是北京唯一的影视功能区，也是北京"影视之都"的重要承载地。其中，以拍摄、制作为主的国家中影数字制作基地和以外景拍摄为主的星美影视城构成了怀柔影视产业核心资源。据统计，截至目前，怀柔影视产业示范区累计实现固定资产投资近 50 亿元；区内拥有影视公司 400 家，接待剧组拍摄或制作影视作品超过 1600 部；近年来票房过亿的国产大片近半数出自怀柔。除中影基地、星美影视城等资源和配套项目、市政基础外，5.6平方公里的核心区内正在建设的制片人总部基地能够提供 20 万平方米影人工作室，可根据需要量身定制，供影人企业选择；还可提供 4 万平方米写字楼和公寓的影人酒店二期项目；制片人总部基地、08 街区规划用地一级开发等项目正在建设。① 一个"产业链条完整、关联企业集聚、综合服务齐全"，同时具备产业基地与城市功能的国家级影视产业示范区已初具轮廓。

7. 民营影视机构扮演越来越重要的角色

北京地处政治、经济、文化中心，拥有中影集团、华谊兄弟、保利博纳、新画面影业公司、北京光线影业有限公司、派格太合环球传媒等多个有实力的国有、民营公司，涉及制片、发行、放映多个价值环节，已经成为中国电影行业的领头军。以华谊兄弟传媒公司为例，其下设 7个全资子公司，涉及演艺、发行、娱乐投资等多个环节。2003 年 3 月，国产电影发行权全面放开。2004 年 1 月 7 日，北京市的博纳文化、新画面等 7 家国内民营企业第一批获得国产电影的国内发行资格，使长期以来由国有企业控制的我国国产电影发行格局发生变化。由于机制灵活，与市场结合紧密，民营发行公司爆发出旺盛的生命力。在电影制作方面，华谊兄弟太合影视投资有限公司一诞生便迅速地成长为中国影视投资、制作行业中最具实力的民营企业之一，其出品的影片如《没完没了》《一声叹息》《寻枪》《卡拉是条狗》等电影都在票房上取得了不

① 引自《北京商报》，http://bjzs.wincn.com，2014 年 10 月 20 日。

俗的成绩。而另一家北京新画面影业公司凭借《英雄》一片创造了中国电影史上的一个奇迹。

华谊兄弟、保利博纳都是中国较为领先的民营影视机构，以华谊兄弟为例，旗下的华谊兄弟电影已经形成了从编剧、导演、制作到市场推广、院线发行等完整的生产体系。2009 年，华谊兄弟投资并参与运营的电影如《游龙戏凤》《拉贝日记》《追影》《风声》等都相继取得了良好的票房成绩。此外，2010 年其投资拍摄的《唐山大地震》《非诚勿扰 2》等电影预期将取得不错的票房成绩，值得期待。2009 年 10 月 30 日，华谊兄弟在深圳证券交易所创业板上市，借助资本市场的运作平台，华谊兄弟的市场竞争力得到了极大的提升，公司进入了又一快速发展期。华谊兄弟的上市将为众多民营影视机构树立一个崭新的发展模式，也进一步提升了民营影视机构在中国电影产业中的竞争地位。

（二）近十年来北京市促进电影消费市场发展相关政策情况

为了推动电影产业的发展，国家相关主管部门和北京市政府先后出台了一系列的政策措施（见表 4-1、表 4-2）。

表 4-1　2006 年以来北京市主要电影政策一览

时间	文件名称	主要内容
2006 年	《北京市促进文化创意产业发展的若干政策》（京办发〔2006〕30号）	鼓励经营性文化设施打破分割，发展电影院线和剧院院线
2006 年	《北京市海关关于支持北京市文化创意产业发展的若干措施》（京关办〔2006〕467 号）	北京市属有权进口、制作、播放影视作品的相关单位进口的影视作品，由海关指定部门实行集中管理，并制定相应的集中管理办法。鼓励北京市相关企业从事影视作品的外包加工、承接国外广告制作、开展与国外电视台的合作，海关将在通关政策、通关程序等方面给予指导和支持
2006 年	《北京市文化创意产业发展专项资金管理办法（试行）》（京财文〔2006〕2731 号）	重点用于扶持符合北京市文化创意产业发展总体规划和相关政策的文化创意项目。专项资金主要用于支持影视制作和交易等文化创意行业
2006 年	《北京市文化创意产业集聚区认定和管理办法（试行）》（京发改〔2006〕2395 号）	引导集聚区走产业化道路，走特色发展之路，向入区企业提供优质服务，形成产业规模，创造效益，引领全市文化创意产业发展

续表

时间	文件名称	主要内容
2006 年	《关于金融支持首都文化创意产业发展的指导意见》（银管发〔2006〕114 号）	对在新闻出版、广播、电视、电影、旅游广告会展、艺术品交易等行业中有特色、有品牌的中小企业，各银行可以开展知识产权、版权、收益权等质押贷款业务，予以扶持。扩大旅游会展、文化艺术、新闻出版、广播、电视、电影等综合消费信贷规模
2006 年	《北京市文化创意产业投资指导目录》（2006）	将电影制作与发行、农村电影放映、电影院和院线建设列为鼓励类投资产业；禁止外商投资设立和经营电影制片企业、外商在境内投资设立电影发行企业（不包括香港、澳门）、外商独资设立电影院、组建电影院线公司（不包括香港、澳门）
2006 年	《北京市文化创意产业分类标准》（2006）	其中电影服务类包括电影制作与发行（电影制片厂服务、电影制作、电影院线发行、其他电影发行）、电影放映（电影院、影剧院、其他电影放映）
2007 年	《北京市文化创意产业集聚区基础设施专项资金管理办法（试行）》（京发改〔2007〕1498 号）	专项资金的投入方式主要采取直接投资的方式。根据集聚区建设项目内容，采取不同投资额度标准。对准公益性集聚区建设项目，专项资金投资额一般不超过该项目总投资的30%
2008 年	《北京市人民政府关于全面推进北京市旅游产业发展的意见》（京政发〔2008〕45 号）	推进旅游营销"十个一工程"（重点推出具有北京元素的一部旅游电影故事片等）
2008 年	《北京市文化创意产业贷款贴息管理办法（试行）》（京文创办发〔2008〕5 号）	贷款贴息资金来源于市文化创意产业发展专项资金，"广播影视节目制作和交易"符合市文化创意产业发展专项资金的支持方向
2009 年	《北京市关于支持影视动画产业发展的实施办法（试行）》（京文创办发〔2009〕4 号）	北京影视动画作品获得国际知名动画节展或国际A类电影节主要奖项的，根据获奖等级一次性奖励100万至200万元；获得国家级政府类重大奖项的，根据获奖等级一次性奖励50万至100万元；国家广播电影电视总局推荐为优秀国产动画片的一次性奖励10万元。同一影视动画作品获得多个奖项的，按从高不重复原则给予奖励。符合条件的影视动画企事业单位，享受国家规定的相关税收优惠政策
2009 年	《北京市人民政府关于实施首都知识产权战略的意见》（京政发〔2009〕11 号）	数字动漫、影视制作等领域掌握一批关键和共性技术的自主知识产权，以知识产权促进产业融合发展

续表

时间	文件名称	主要内容
2009 年	《北京市文化创意产业创业投资引导基金管理暂行办法》（京文创办发〔2009〕7 号）	重点投资在京注册的符合文化创意产业重点支持方向的处于创业早期的文化创意企业，引导基金参股期内，投资总额不低于引导基金出资额度的2 倍
2009 年	《北京市文化创意产业担保资金管理办法（试行）》（京文创办发〔2009〕3 号）	担保资金支持的项目应符合市文化创意产业发展规划确定的支持方向，内容包括广播影视节目制作和交易行业的创作、生产和营销
2010 年	《关于大力推动首都功能核心区文化发展的意见》	大力发展影视制作、传媒广告业，培育引进一批骨干企业，着力打造国际电影季等国际性活动
2011 年	《北京市支持电影作品和活动资助办法》	采取有力措施支持电影作品创作生产
2011 年	《北京市支持影视精品创作的实施意见》	支持电影产品的精品创作
2011 年	《北京市关于加快电影产业发展的实施意见》	从电影产业发展方面出台了进一步推进北京市电影发展的具体举措
2012 年	《关于促进首都广播影视繁荣发展的实施意见》	对于繁荣电影市场提出指导性意见和建议
2013 年	《北京市多厅影院建设补贴管理办法》（京宣发〔2013〕65 号）①	继续对多厅影院建设给予补贴，每家影院补贴总额一般不超过影院建设或租赁投资总额的50%，补贴数额不超过800 万元
2014 年	《北京市文化创意产业提升规划（2014—2020 年）》	重点扶持能够代表北京地域文化特色、具有北京京味文化的剧目创作；在电影播映市场上尝试建立动态调整的分账模式，加大对创作方和制片方的利益保护。设立北京市影视产业扶持专项资金，加大对影视创作、生产、发行、放映、出口等环节的扶持力度

资料来源：中国创意产业研究中心，http：//www. creativeindustry. org. cn/policies/bj05. htm。

---

① 北京市广播电影电视局官网，http：//www. bjrt. gov. cn/zwgk/tzgg/201312/t20131212_ 11488. html。

表 4－2　2000 年以来国家层面主要电影政策一览

发布时间	文件名称
2000 年	《关于进一步深化电影业改革的若干意见》(广发影字〔2000〕320 号)
2001 年	《关于进一步推进组建电影集团的原则意见》(广发影字〔2001〕126 号)
	《关于改革电影发行放映机制的实施细则》(广发办字〔2001〕1591 号)
	《电影管理条例》(国务院令 342 号)
2003 年	《内地与香港关于建立更紧密经贸关系的安排》(简称 CEPA)
	《电影制片、发行、放映经营资格准入暂行规定》(广电总局令第 20 号)(2004 年 11 月 10 日废止)
	《外商投资电影院暂行规定》(广电总局令第 21 号)
2004 年	《关于加快电影产业发展的若干意见》(广发影字〔2004〕41 号)(已废止)
	《电影片进出境洗印、后期制作审批管理办法》(广电总局令第 29 号)
	《中外合作摄制电影片管理规定》(广电总局令第 31 号)
	《电影企业经营资格准入暂行规定》(广电总局令第 43 号)
2006 年	《电影剧本(梗概)备案、电影片管理规定》(广电总局令第 52 号)
2010 年	1 月,《关于促进电影产业繁荣发展的指导意见》《电影艺术档案管理规定》(广电总局、国家档案局令第 64 号);3 月,《关于促进国有电影院线深化改革加快发展的意见》
2011 年	12 月 15 日《中华人民共和国电影产业促进法(征求意见稿)》发布
2013 年	《国家新闻出版广电总局主要职责内设机构和人员编制规定》(国办发〔2013〕76 号)
2014 年	6 月 19 日,财政部、国家发展改革委、国土资源部、住建部、中国人民银行、国家税务总局、新闻出版广电总局等七部门下发《关于支持电影发展若干经济政策的通知》,发布了支持电影发展的若干经济政策

资料来源：国家新闻出版广电总局电影局官网，http：//www. dmcc. gov. cn/publish/main/24/index. html。

从上述梳理中我们可以看出，在国家层面，关于电影的各种政策绝大部分都是由广电总局制定出台的，同时财政部和文化部也会对自己管辖范围内涉及电影的部分进行一些规定，规范整体的电影市场，主要是制定一些行业标准和扶持政策；在地方层面，北京市电影产业政策也多数是由文化局、财政局、新闻出版广播电影电视局等相关部门制定出台的；另外，中共中央和国务院从更高层面上为电影和文化产业的发展做出了规划，比如《国务院关于非公有资本进入文化产业的若干决定》、《中共中央、国务院关于深化文化体制改革的若干意见》、《国务院关于印发文化产业振兴规划的通知》和《国务院办公厅关于促进电影产业繁荣发展的指导意见》等。基本上，我国的政策实施体系遵循着中央－部委－地方的贯彻路线，在大方针不变的情况下，各部门再制定更为合适具体的政策方针。

但是，我们也可以看出，上述关于电影产业发展的法规政策大多数为"暂行规定""规定""办法"等部门规章，且处于不断完善之中。这些规章政策具有明显的暂时性、临时性、阶段性和应对性特点，一些政策规章规定出台之后，在一段时期内又频繁出现补充规定，说明政策缺乏一定的稳定性，应对性特征显著，缺乏长期性。此外，在我国，目前还欠缺一部相对稳定和成熟的法律来为电影产业提供稳定保障，特别是业内外期盼的"电影分级（分类）管理办法"；在电影内容审查方面，都是禁止性、原则性的定性条款，对如何定性、如何判断并没有做出具体阐述，这就使具体操作中的审查容易出现不确定性，增加了风险。

二 北京市电影消费市场政策绩效评估方法与总体分析

为了对北京市近十年来电影产业政策实施情况进行有效评估，我们从政策质量、政策服务质量、政策实施效果三个方面对近十年来北京市所制定与实施的电影产业政策进行了梳理，并将这些内容指标进行了详细的分解与设计，在此基础上制定了北京市电影产业政策绩效评估指标体系（见表4-3）；同时，针对电影产业链条的重点环节设计了北京市电影产业政策实施情况调查问卷（见附录），并采用经济学上常用的评估方法，主要包括：深度访谈法，对政策制定机构、政策执行机构、行业协会、企业主要负责人和专家访谈；问卷调查法，对行业协会、企业发放问卷；案例分析法，选择典型案例；统计分析法，对统计资料、调查结果进行统计分析；绩效评估方法，力图总结出近十年来北京市电影产业政策对于北京市电影产业发展的影响。

我们知道，制定和实施电影产业政策的目的有三。

一是引导电影产业的发展方向。电影产业是内容产业，具有一定的意识形态属性，因此，其发展不能单纯以市场为导向而追求利润的最大化，还必须肩负起传播先进文化、树立正确的价值观念和行为规范、抵御不良文化侵害等社会责任，从而确保社会效益与经济效益相统一，而实现这些都必须依靠产业政策的制定与实施来引导和规范。比如，欧盟为了防止美国影片的冲击，保护本地区的电影产业，实行了电影产业的补贴；法国、加拿大等国家按照"文化例外"的原则，制定了限制不适合本国价值观的电影产品进口的政策条款。

二是优化电影产业发展环境。电影产业在发展的初期和市场体系不完善的情况下，难以完全依靠市场有效地配置资源，同时，在信息不对称、权力不对等的情况下，所进行的"优胜劣汰"也往往缺乏公正性与合理性，因此，必须由政府制定政策来进行必要的修正、引导和调节，尤其是对新兴业态（如微电影等）和中小企业给予必要的扶持，为其营造有利发展、公平竞争的环境。比如，韩国专门制定出台了《文化产业促进法》，设立专项基金，加大财政投入，通过实施减免税收、降低利率等政策，极大地促进了本国影视产业的发展；法国通过制定减免等法规鼓励企业进入电影产业领域；丹麦政府建立电影风险投资基金，扶持电影产业发展。

三是规范电影市场秩序。由于市场在配置资源的过程中具有一定的自发性和盲目性，某些电影制作企业在追逐利益时往往会不守规则、不择手段，从而导致恶性竞争和无序发展，因此，政府就要通过制定相应的政策法规来规范企业的行为和市场秩序，防止出现为追逐短期利益而放弃社会责任的侵权、盗版等不法行为。比如，加拿大1967年颁布了《电影发展公司法》，主要是为了规范电影公司的行为，维护电影市场的正常秩序；日本为了有效地保护知识产权，出台了《防止盗录电影法》等政策法规，对规范企业行为、规范市场秩序发挥了积极作用。

而对北京市电影产业政策的绩效评估，就是要通过对这些评估指标体系的分析、考察，衡量其是否达到了上述几个方面的目的，是否实现了电影产业政策制定者与实施者的预期目的或初衷。

表 4 – 3　北京市电影产业政策绩效评估指标体系

一级指标	二级指标	三级指标	评估主体
政策质量	政策的合规性	是否与宪法、法律、行政法规、地方性法规相冲突	政策执行机构、行业协会、专家
		政策制定过程是否具有科学性、民主性（广泛征求意见、基于充分调研）	
	政策的适应性	政策是否符合北京市电影业发展需要	电影生产单位、行业协会、政策执行机构、专家
		政策目标和内容与拟解决问题的针对性	
		政策调整是否及时、适当	
	政策的系统性	是否全面覆盖行业发展的各个方面	电影生产单位、行业协会、政策执行机构、专家
		是否与之前制定的政策具有连贯性	
		是否存在需要而未制定的政策	
		是否存在应当修改、废止的政策	
	政策的协调性	北京市电影业政策是否与中央相关政策冲突	行业协会、政策执行机构、专家
		北京市电影业政策是否与北京市文化发展规划冲突	
		北京市电影业政策是否与其他文化创意产业政策冲突	
		北京市电影业政策之间是否存在冲突	
	政策的配套性	是否出台了相关配套措施	电影生产单位、行业协会、政策执行机构、专家
		是否出台了相关实施细则	
		配套措施和实施细则是否适当（表述明确、有可操作性）	
	政策的创新性	政策是否具有独创性	行业协会、政策执行机构、专家
		政策内容和措施是否领先其他地区	
	政策的可操作性	概念界定和政策目标是否清晰，是否会产生歧义	电影生产单位、行业协会、政策执行机构、专家
		政策涉及的各项优惠、奖励或激励措施等是否明确	
		政策是否具体，便于执行	
		是否具有规范的操作流程	
		是否具有明确的实施主体及实施对象	
		是否有分阶段检查进度程序	

一级指标	二级指标	三级指标	评估主体
政策服务质量	政策执行机构	是否明确专门的政策执行机构、专职人员负责提供政策服务	电影生产单位、放映单位、行业协会、政策执行机构、专家
		是否有相关人力资源、财政资源、制度建设、技术支撑	
		政策执行人员是否分工合理、权责明确及有效的沟通与协调	
		执行人员是否具有敬业精神、责任心、组织能力	
		其他有关部门的参与程度及推动作用	
		政策实施的监督检查及考评情况	
	政策服务效率	政策是否在出台后及时开始实施（政策实施的及时性）	电影生产单位、放映单位、行业协会、政策执行机构、专家
		政策配套的细则及流程是否公开（细则流程的公开度）	
		政策配套的细则及流程是否清楚（细则流程的清晰度）	
		政策操作程序是否便捷（程序的便捷性）	
		政策所涉项目平均审批周期是否合理	
		政策执行部门对政策目标群体提出问题的反馈是否及时（反馈及时性）	
	政策对象参与度	政策目标群体对政策的了解和熟知程度（政策的知晓度）	电影生产单位、放映单位、行业协会、政策执行机构、专家
		政策导向及价值被政策目标群体等有关利益方接受和认可的程度（政策的认同度）	
		政策目标群体是否有效利用相关扶持政策	
		政策目标群体是否具有较强的能力和政策执行力度	
		政策目标群体对相关政策是否提出意见建议	

续表

一级指标	二级指标	三级指标	评估主体
政策实施效果	预期目标实现程度	电影制作单位数量是否增长	电影生产单位、放映单位、行业协会、政策执行机构、专家
		电影作品数量是否增长	
		电影作品质量是否提升	
		影院数量是否增长	
		放映场次是否增长	
		观影人次是否增长	
		银幕数量是否增长	
		电影行业是否发展壮大	
	社会效益	北京市电影业吸纳就业人数是否增长	电影生产单位、放映单位、行业协会、政策执行机构、专家
		电影作品传播的价值观与主流价值观是否具有一致性	
		北京市电影作品在国内及国际上的获奖情况	
		社会公众的电影消费数额是否增长（票房）	
		电影作品受媒体关注程度	
	经济效益	北京市电影产业占文创产业产值的比重是否增长	电影生产单位、放映单位、行业协会、政策执行机构、专家
		北京市电影产业占 GDP 比重是否增长	
		电影产业上缴税金数量及占文创产业比重是否增长	
		电影产品对外贸易进出口总额是否增长	
		电影产业对文创产业及其他产业的拉动效应是否明显	
	政策对象满意度	政策质量的满意度	电影生产单位、放映单位、行业协会、政策执行机构、专家、社会公众
		政策服务质量的满意度	
		政策结果的满意度	

注：《北京市电影业政策绩效评估指标体系》是在《北京市近十年文化创意产业政策绩效评估指标体系》的基础上，结合北京市电影发展的实际情况进行相应调整和细化制定而成。

我们从政策质量、政策服务质量、政策实施效果三大类别 14 项二级指标 62 个三级指标对近十年来北京市所制定与实施的电影产业政策进行了绩效评估，以此检验我们所制定或出台的电影产业政策是否实现或达到了政策制定者的初衷和预期效果？总体的评估结果显示：虽然近十年来为推动电影产业快速发展，促进电影产业转型升级，北京市先后制定、实施了一系列激励性电影产业政策，而且这些电影产业政策与国家支持的电影产业、动画产业发展政策相互叠加、嵌套，构成了繁杂的政策体系。但是，通过对这些电影产业政策的评估，仍可以发现存在以下突出问题。

其一，政策激励的面过宽，导致政策着力点和重点不够突出。现行政策就激励对象而言，涉及科技特效、专项基金、院线建设、多厅影院建设奖励补贴、投融资办法、影视产业集聚园区等方面。就激励内容而言，有针对特定项目、特定产品的激励，如对有关电影作品给予财政补贴；有针对特定电影制作单位的激励，如对"电影发行放映机构"设立发展资金；有针对某个特定产业的激励，如对地方影视动画企业（中小企业）等产业的专项资助；还有针对某个特定区域的激励，如赋予怀柔"影视产业示范区"的一系列特殊政策；等等。政策触角几乎深入到产业经济的每一个角落，可以说只要有经济行为存在的地方就有政府产业政策的影子。这些政策多而泛、广而散，难以形成推动北京市电影产业快速发展的合力。政府财政和电影基金支持的重点应是新人新作、电影新技术的引进和开发、电影艺术创新等方面。

其二，功能界限模糊。现行的激励政策手段主要包括财政、税收与信贷。由于税收政策是硬约束，信贷政策受商业银行独立性的局限，政府对这两种调控手段的运用空间十分有限，所以财政激励政策就成为各级政府支持产业发展的主要手段。目前主要采取的财政激励手段包括财政经常性无偿投入、专项资助、财政补贴（包括一般性补贴、税收补贴、信贷补贴、电影作品价格补贴等）、财政信用担保、财政奖励等。激励内容涵盖电影创作、产业投融资、税收贴补、知识产权保护等诸多环节与方面。从理论上说，各种财政手段应有明确的功能与司职范围，作用于产业发展链条的不同阶段，形成相互支撑、相互补充的政策体系。但在各种财政手段的实际应用与执行过程中，存在着功能界限模糊、职责范围不清的情况，特别是在一些财政经常性无偿投入与专项资助领域存在着较多交叉重叠资助情况。

其三，激励对象错位。当前电影产业发展面临的最突出问题是电影产品质量参差不齐、电影特效核心技术缺乏、电影原创能力薄弱、票价偏高等问题。因此，支持电影产业发展的着力点和重点应是提高电影作品原创能力，增强自主创新能力，激励电影企业突破关键特效核心技术，大力发展高科技技术与电影产业的融合发展，加快提高电影产品的创作质量，降低电影票价。政策优惠的着力点应该是电影产业的剧本创作与电影观影人群的市场扩大，而不是电影放映环节与高端豪华影厅建设；政策优惠的对象应该是电影产业本身，而不仅仅是某个电影企业或电影集团；支持的环节应该是电影产业链的前端与终端，而不是中端。然而，从对现行优惠政策的梳理可以看出，大多数政策是以单个电影企业为激励对象。这种政策导向也使得一些企业为博取优惠政策不是在电影原创作品质量上下功夫，而是在"研究"政策制定者所认定或者提供的优惠政策等方面下功夫。钻政策的空子，导致有限的政策资源的效能、效率不能得到充分发挥。

其四，政策实施主体分散，存在"以权设事、因权造势"的问题。政策执行主体涉及发改委、文化、科技、教育、广播电影、人事、知识产权等十余个政府职能部门，而其政策资本又都来自有限的财政资金，导致财政政策性资金投入分散、政策协同共振性差、资金运用成本高、使用效率低等弊端。比如，为促进影视动画产业发展，政府设立了多种多样的专项资金项目、基金项目，从其设立目的和支持对象来看，都是扶持（中小微型企业）技术创新、促进产业升级，然而却分别由不同管理部门操纵，由于分工不明确，缺乏统筹规划，所以资金分散、重复投入，投资效率下降。电影产业的相关政策缺乏务实的中小企业政策。

其五，政策执行标准弹性大，执行手续烦琐。一些政策文件只提出了一些原则性意见，缺乏具体贯彻落实措施，或者提出了优惠措施，但附设了宽泛的条件或标准，支持或不支持，支持谁，支持多少，主观随意性较强。有些政策要经过所谓"专家评估"等环节，政策执行成本高、政策执行手续烦琐、效率低下。特别是中央政府部门面对量大面广的地方项目，仅凭申报资料评定项目，其投入的"公正性、公平性"难以保证。在税收方面，办理新产品退税要经过科技、经济、国税、地税、财政等多部门认定、审核，环节多，手续烦琐，减免程序复杂，征纳成本过高；部分先征后返、先征后退等税收措施，在执行过程中仍须由税务机关进行审批，手续冗繁，耗时费劲，人为增加纳税成本。很多税收优惠对于税务机关来说，在增加工作量的同时，带来了减免税审批的执法风险，并且为权力的滥用创造了条件。

其六，运作模式陈旧，缺乏有效的约束监督机制。为鼓励电影产业发展，近十年来政府出台了一系列专项资金、基金项目，包括战略性电影产业发展专项资金、基础设施专项发展专项资金、多影厅建设发展基金、院线建设发展基金、文化创意产业创业投资引导基金、电影企业信贷风险专项资金、中小电影企业担保资金、影视精品创作专项引导基金等。目前这些基金大都是沿用行政管理运作模式，普遍存在法律责任主体不明、产权虚置不清、产权激励机制缺位、约束监督不力等问题。产权虚置、虚化，谁都负责又谁都不负责，必将造成政府财政投入流失和浪费，甚至有可能为腐败构筑理想的温床。

总之，从上述国家和北京市出台的电影产业政策可以看出，在电影的制作、发行放映环节，出台的产业政策比较多，目的在于推动北京市电影产业的快速发展，国家层面的电影产业政策因其权威性而对北京市电影产业发展起到较大的作用，但北京市制定与实施的电影产业政策的侧重点更多在于激发电影市场活力的产业政策比较多，而针对北京市电影产业链条上游与下游的融资政策、国产电影奖励政策和电影观众的产业政策，显然是不足的。

三 北京市电影消费市场（主要环节）政策绩效评估实证研究

任何一项产业政策的实施效果如何？在实践中是否达到政策制定者的预期理想或效果？绝大多数是采取自下而上的考察方法，即从微观到宏观的反推过程。对于北京市近十年来电影产业政策的实施效果到底怎样呢？我们主要抽取电影产业链条环节中的末端——电影放映市场与电影观众市场这两个终端来考察分析北京市电影产业政策绩效情况。

不论电影是作为一项事业或是产业来发展，政府对于电影的管理始终是最重要的，良好的政策环境是电影稳定持续发展的重要保障和推动力，甚至可以说：政策在一定程度上就是中国电影产业的生产力。

（一）针对电影放映市场所制定实施的电影消费政策分析

影院作为电影产业链的终端环节，其经营状况的好坏直接影响北京地区电影市场的发展。长期以来，银幕资源的稀缺、电影终端市场规模过小成为制约北京市电影市场实现长足发展的一个显著瓶颈。相对于投资制片业和发行业而言，影院作为实现电影利润的终端环节，不仅投资风险较低，蕴藏着巨大的市场潜力和获利机会，而且，影院建设的不完善将直接影响北京电影市场的票房收益，伴随着电影产业的不断发展，影院投资建设将成为电影产业新的风向标。

电影放映的竞争是区域性竞争，它只能辐射周边观众，因此从地理分布的角度来考察电影放映市场更具有实际意义。

在 2004 年以前，北京电影市场的多厅影院建设发展速度明显滞后于上海、广州、深圳等地。针对这一现状，2005 年，北京市文化局为推动北京地区多厅影院的建设，以影院多厅化、经营多元化、设施现代化为方向颁布了《支持新建改造多厅影院资金补助办法（试行）》，对北京地区的新建影院实行补助和贴息政策。该政策的颁布实施为北京市的多厅影院建设提供了良好的政策环境，带动了影院投资、建设和改造。从 2005 年至 2007 年，北京地区先后有 23 家影城享受到总额达到 3180 万元的资金支持，其中新建影城 11 家，银幕 62 块；老影院增厅、改造 12 家，新增银幕 22 块。2009 年 8 月至 2010 年 7 月新建的、符合补贴条件的 9 家影院发放补贴总计达 2450 万元。从政策出台至今，北京市受资助影院约占影院总数的 2/3。截至 2014 年底，北京电影市场以 3.86 块/家的平均银幕数量，超过上海（3.17 块/家）和广州（3.61 块/家），以现代化、多厅化的市场特征在全国电影放映市场中逐步获得竞争优势。此外，政府积极鼓励社会资金加速进入北京电影市场，市政府下属的文化创意产业促进中心与北京银行签订 50 亿元授信为主要内容的合作协议，先后为华谊兄弟、光线传媒、保利博纳等娱乐公司提供贷款。北京市的行政主管部门运用经济杠杆，有效调节了市场增量，吸引了大量资金投资注入北京电影放映市场。这一阶段性支持新建、改造多厅影院专项资金补助政策成效显著。这些资金补助对北京的影院建设和改造以及电影市场的繁荣起到了重要的引导和促进作用。

第一，引导和带动了近 6 亿元资金总额投入北京市的影院建设和改造。这笔资金相当于政府提供的补贴经费的 20 倍。政府补贴降低了影院建设和改造的资金风险，也提高了社会资金的投资积极性，帮助影院更快地进入良性运作。北京金逸影城副总经理赵云枫就表示："250 万元的扶持资金起了很大作用。影院的投资回收过程是一个长线回收过程。新建影院的消费品牌形成需要一段时间，观众群也是一个不断壮大的过程；而影院的设备折旧、能源费用、人员工资、场地租金等需要很大一笔开支。新影院头一年的日子都很不好过，资金链上的压力很大。这些扶持资金可以很好地缓解投资人的压力，保证资金链正常运转。""北京目前实行的扶持政策很好，珠江院线在其他城市建设的影院都没有享受到这样的扶持政策。250万可以拿来做很多事情。有了250万元垫底，很多人愿意建影院。"其他获得资助的影院，也都对专项资金的效果给予了积极评价。专项补贴对于北京电影市场的发展起到了重要作用。

第二，影院的新建和改造，使得影院的设备水平和观影环境得到了很大提高和改善。根据《北京市电影市场发展蓝皮书》公布的数据，在对影院消费的评价中，影院观众最满意的就是观影环境。大量新建高档多厅影院的出现，也让高档影院之间开始形成竞争格局。影院在对硬件设备升级的同时，服务观念等软件方面也得到了改善，服务水平迅速提高。而随着服务质量的提升，一些地区的影院消费也被激活。例如，在石景山这样的老工业区，产业工人居多，影院消费相对处于低端。在改造前，该地区最大的影院即古城影院年票房200多万元，改造后上升到300多万元。补贴使不少影院的条件得到升级，观众规模也显著扩大。

第三，通过鼓励增加影院数量、改善影院条件，利用市场调节和竞争，达到了降低票价的目的。许多新建、改建影院面临市场竞争压力，都在周二半价日的基础上，对不同时段、不同观众采取了各种优惠措施，扩大了电影观众人群，提高了观众的观影频率，也让更多的人享受到电影文化。

第四，通过政策激励促进多厅影院的建设，为国产影片的放映留出了更多的空间和时间。北京过去由于影院少，特别是影厅少，国产影片的放映场次受到严重限制。影厅的增加，为更多的国家影院提供了放映机会，北京也成为国产影片放映业绩最突出的大城市。

应该说，支持新建、改造多厅影院专项资金对北京电影市场的繁荣、增加投资者信心起到了显著的催化作用。从2005年开始，随着北京地区新建和改造影院潮流的兴起、多条强势院线的进入以及适应近年北京城市发展规划的一些新型变化，北京电影放映市场的基本影院布局也发生了巨大的变化：北京影院开始从老城区向三环、四环甚至五环外的大型商圈、新型居民社区，这些过去电影消费的空白区域进行扩张。北京电影放映市场的基本格局得到了一定程度的优化，"商圈经济"和"社区文化"的特征在北京影院市场中得到充分彰显。

（1）影院向大型居民社区进行扩展

近年来，由于北京常住人口的激增，在北京四、五环外逐步形成了一批以天通苑、回龙观为代表的新兴大型居民社区。在这些新型社区居住的居民，同样有浓厚的观影需求，于是从 2006 年年底，一系列星级影院纷纷走出老城区，进驻北京周边这些缺少电影院的居民社区：回龙观的星美影城、天通苑的万达龙德国际影城、望京的星美国际影城以及东四环的东都影城等，北京多家影院逐步走向新兴社区。这些影院的进驻，不仅解决了新区居民看电影难的问题，同时也通过市场补缺策略，为影院带来了不菲的票房收入。

（2）影院向商圈集聚地进行扩张

除了向新兴的大型居民聚居区进行渗透外，北京的众多现代化多厅影院同时也将目光锁定在北京 CBD、中关村、西单和王府井这样的大型商圈，展开角逐；北京万达国际电影城和 UME 国际影城双井店先后进入 CBD 核心区域；UME 国际影城华星店、美嘉欢乐影城和北京金逸影城在中关村商圈中展开激战；北京首都华融影院、首都时代影城和西单 4D 影城进入西单商圈。在北京地区，越来越多的影院开始学习国外影院的选址经验，建立了综合生活会馆，用 SHOPPING MALL 的经营宗旨，力争在有效消费群体最为集中的现代商圈中建立影院，通过影院与商圈的良性互动，拉动客流，提高双方聚财能力，实现共赢。

新建多厅影院对北京市影院票房起到了巨大的带动作用。这也说明政府宏观政策的市场调控作用开始显现。

与政策实行前的 2004 年相比，多厅影院由 9 家增加到 35 家，而院线市场票房由 1.81 亿元增加到 3.65 亿元，增幅 101.7%，居全国大城市首位；与政策出台前的 2004 年相比，多厅影院数量增长了 380%，多厅影院银幕数量增长了 396%，多厅影院占全市票房的份额由 54% 增长到 87%。北京地区的票房收益居全国前列，2007 年，北京电影市场首次成为全国最大的城市电影市场。2010 年百亿票房中 11.9 亿由北京贡献，北京地区票房占全国票房总量的 12%，比 2009 年增加了 3.7 亿元，增幅为 46%，连续六年居全国城市票房榜首。而在单家影院票房上，华星影院中关村店 2011 年票房为 9791 万元，位居全国第一。同时，北京市影院分布范围扩大，电影放映服务辐射范围更广。可以说北京市的专业影院建设已形成政府引导、市场调节的良性发展格局，全市影院布局会日趋合理。

（二）针对电影观众市场所制定实施的电影消费政策进行分析

观众是电影市场的需求主体。电影票价与观众之间的关联度到底如何？对于北京市电影产业发展有什么影响？北京市电影票价优惠政策的实际效果怎样？了解这些，对于电影市场的发展具有重要价值。通过问卷调查方法，对观众进行调查与分析。[①]

1. 超过一半的观众因为电影票价太高而不选择影院观影，交通、时间和其他替代渠道也是影响观众不去影院观影的重要原因，仅有 14.9% 的观众因为影片质量不高而不进影院

在所调查的北京观众不去影院看电影的七项原因中，56.1% 的观众认为是票价太高，50.0% 的人是因为没有时间，42.0% 的观众则因为有其他可以替代的观影渠道。因为交通不方便不去影院的占 20.2%。而因为影片质量不高不去影院的比例还不到 15%。目前，由于票价等原因降低了观众的观影频率，影片质量反而不是观众最敏感的问题（见图 4-1）。

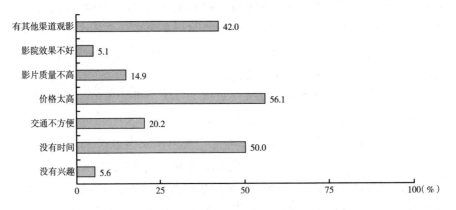

图 4-1 北京观众不到影院看电影的原因占比情况

---

① 本次调查采用的抽样方式为随机抽样，样本的甄别条件为：必须是该城市常住人口（居住 1 年以上）；近几年内去电影院观看过电影，年龄为 12~60 岁；截至本次调查之前，1个月内未接受其他类似调查。本次调查共回收问卷 1685 份，其中有效问卷为 1512 份，问卷有效率为 89.7%。

本问卷调查分析还结合了北京市文化局的《北京市电影市场发展蓝皮书（2008~2009）》相关资料综合分析。

2. 女性、中年以上人群对票价更敏感，36 岁以上人群因影片质量不高而不去电影院的人数比较多

因价格太高而不去影院的女性观众比例比男性高 8.1 个百分点，这表明女性对价格因素更加敏感；而因没有兴趣和没有时间去看电影的人群中，男性比例分别为 7.6%、53.3%，均高于女性（见表 4 - 4）。

表 4 - 4　不同性别之间不去影院观影原因差异分析

单位：%

选项	男	女	总计
没有兴趣	7.6	3.2	5.6
没有时间	53.3	45.9	50.0
交通不方便	17.3	23.8	20.2
价格太高	52.4	60.5	56.1
影片质量不高	16.9	12.4	14.9
影院效果不好	4.4	5.9	5.1
有其他渠道观影	42.7	41.1	42.0

在不同的年龄群中，因价格高而不去影院的比例以 45 ~ 54 岁的人群最高，达 75.0%；36 ~ 44 岁人群除因价格太高外，因有其他观影渠道而不去影院的比例比较高，因为影片质量不高而不去影院的比例也相对较高。这说明现在的影院电影相对年轻人的认可度要高于中年以上的人群（见表 4 - 5）。

表 4 - 5　不同年龄段人群不去影院观影的原因差异分析

单位：%

选项	17 岁及以下	18 ~ 24 岁	25 ~ 35 岁	36 ~ 44 岁	45 ~ 54 岁	55 岁及以上
没有兴趣	—	8.6	4.7	—	8.3	—
没有时间	50.0	50.8	51.7	36.7	50.0	—
交通不方便	16.7	23.4	19.0	13.3	33.3	—
价格太高	16.7	52.3	58.6	56.7	75.0	—
影片质量不高	16.7	10.9	15.5	23.3	16.7	50.0
影院效果不好	—	7.0	3.0	13.3	—	50.0
有其他渠道观影	16.7	41.4	43.1	53.3	8.3	50.0

3. 影片票价降低是吸引观众多去影院的首要因素，影片质量、影院服务水平、影院的便捷性等也是影响观众去影院的重要原因

77%的被调查者认为如果电影票价平均降低10元，会促使他们去影院看电影。此外，也有七成的观众认为影片质量提高、影院服务质量改善、影院更便捷和影片知名度提高等，也会促使他们选择影院观影。而延迟得到该影片的网络或DVD音像品对观众的影院消费行为影响不大（见图4-2）。

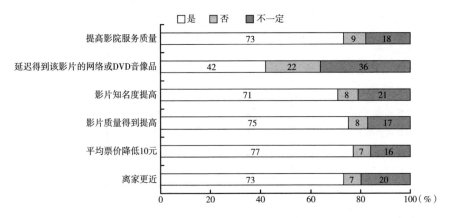

图4-2　影响北京观众去影院看电影的因素

4. 女性观众对价格、交通更敏感，男性观众对影片质量和影院服务更介意

调查显示，对于男性来说，影院的服务质量和影片本身的质量对增加他们观影的次数影响更大；而女性对价格的敏感度则更高，此外，影院地理位置的便利性对女性观影的影响也比较大（见表4-6）。

表4-6　不同性别之间增加去影院观影的原因差异分析

单位：%

题项	选项	男	女	总计
离家更近	是	70.7	75.6	72.8
	否	8.0	5.1	6.7
	不一定	21.3	19.4	20.4

续表

题项	选项	男	女	总计
平均票价降低 10 元	是	73.5	82.5	77.4
	否	8.7	4.6	6.9
	不一定	17.8	12.9	15.7
影片质量 得到提高	是	76.0	73.3	74.8
	否	7.7	8.3	7.9
	不一定	16.4	18.4	17.3
影片知名 度提高	是	70.4	71.9	71.0
	否	10.8	5.1	8.3
	不一定	18.8	23.0	20.6
延迟得到该影片 的网络或 DVD 音像品	是	41.5	42.4	41.9
	否	21.6	23.5	22.4
	不一定	36.9	34.1	35.7
提高影院 服务质量	是	76.3	69.6	73.4
	否	7.3	10.1	8.5
	不一定	16.4	20.3	18.1

5. 被调查观众总数的 61% 月收入水平在 3000 元以下或无收入，一场电影票价，相当于北京职工平均月工资收入的 0.85%

被调查者的月收入水平主要集中在 6000 元以下（占 90%）。收入在 1001 ~ 3000 元最多（占 43%），其次是收入为 3001 ~ 6000 元（占 29%），还有相当一部分（占 11%）是无收入的（这部分人群主要是学生），10000 元以上为 4%（见图 4 - 3）。

月平均收入低于 3000 元或者无收入的观众占总观众的 61%。2007 年北京全市城镇单位职工平均工资为 39867 元，北京城区单张电影票价大约相当于月平均工资的 0.85%。

6. 观众的观影频次增加与收入增加呈正相关，收入状况对观众的观影行为有明显影响

收入更高的观众，观影频次增加的比例也相应更高。1000 元及以下收入的观众观影次数增加的人群为 47.3%，而收入在 10000 元以上的观众增加人群则达到了 77.8%。其中，收入在 1000 元及以下的观众观影次数

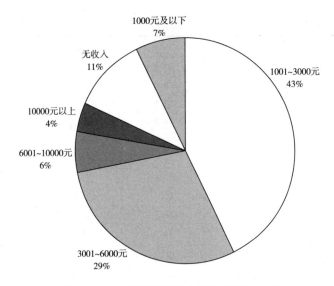

图 4 - 3　北京城区被调查观众的收入构成

"明显增加"的比例较低，仅为 5.6%，"明显减少"的比例显著高于其他人群。收入多少与观影的增减呈明显的正相关（见表 4 - 7）。

表 4 - 7　不同收入水平之间观影次数差异分析

单位：%

题项	选项	无收入	1000 元及以下	1001 ~ 3000 元	3001 ~ 6000 元	6001 ~ 10000 元	10000 元以上
观看电影次数	明显增加	15.1	5.6	15.0	15.0	26.7	16.7
	略有增加	34.0	41.7	35.0	36.1	30.0	61.1
	明显减少	9.4	25.0	15.9	15.0	16.7	11.1
	略有减少	20.8	13.9	12.3	18.4	20.0	—
	没变化	20.8	13.9	21.8	15.6	6.7	11.1

7. 高收入人群看电影频次明显高于中低收入人群

从收入看，高收入人群去影院看电影的频率明显较低收入人群高，收入在 10000 元以上，每月看一次电影的人超过半数。收入 6001 ~ 10000 元的人有新片就去影院的占近三成（26.7%）。收入在 3001 ~ 6000 元的人中，多年不去影院的人最少，仅占 4.8%（见表 4 - 8）。

表 4 - 8　不同收入水平之间观影频率差异分析

单位：%

选项	无收入	1000 元及以下	1001 ~ 3000 元	3001 ~ 6000 元	6001 ~ 10000 元	10000 元以上
有新片就去	9.4	19.4	18.2	17.0	26.7	22.2
每个月 1 次	26.4	22.2	26.4	28.6	30.0	55.6
2 ~ 3 个月 1 次	30.2	27.8	24.5	29.9	23.3	11.1
一年 1 ~ 3 次	18.9	13.9	17.3	19.0	20.0	—
多年不去	11.3	11.1	11.4	4.8	—	11.1
其他	3.8	5.6	2.3	0.7	—	—

8. 近四成观众会选择特价日消费，仍有 25% 的观众不知道周二特价日，价格促销对青少年观影行为影响更明显

票价对北京观众观看电影有明显的影响。调查显示，有近四成观众（36%）会在周二特价日去影院看电影，但也有 25% 的观众并不知道有周二特价日。影院的促销宣传仍然缺乏有效渠道（见图 4 - 4）。

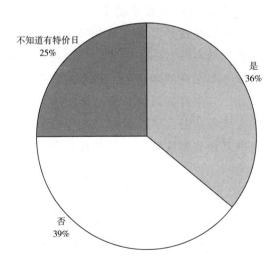

图 4 - 4　北京观众是否特意在周二特价日去影院看电影

25 ~ 35 岁的青年观众中 39.1% 的人会在特价日看电影；45 ~ 54 岁的人群中，仅有 20% 的人会在特价日看电影，有 66.7% 的人表示将不

会在特价日去看电影。价格促销对青少年观众的观影行为影响更明显。但是，25 岁以下观众不知道周二半价日的比例相对比较高（见表 4 - 9）。

表 4 - 9　不同年龄之间周二特价日观影选择的差异分析

单位：%

选项	17 岁及以下	18 ~ 24 岁	25 ~ 35 岁	36 ~ 44 岁	45 ~ 54 岁	55 岁及以上
是	33.3	33.1	39.1	25.8	20.0	—
否	33.3	41.9	37.0	35.5	66.7	50.0
不知道有特价日	33.3	25.0	23.8	38.7	13.3	50.0

从上述调查结果可以看出，电影票价与观众的观影行为之间有密切关联。票价是影响观众影院观影的首要因素。特别是对于女性观众、青少年和中年以上观众影响更加明显。大多数观众由于票价过高，只能选择有限的影片观看。近四成观众会选择周二特价日观影。在北京，由于票价偏高，在校学生进入影院消费的人次还不够多，主要观影者大多为有固定工作收入、家庭负担相对较小的 25 ~ 35 岁的青年观众。时间、交通两大因素也超过了影片质量因素对观众影院消费行为产生影响。目前，北京的影院密度仍然不够，一些影院的位置也不合理。在影院观影的票价成本、时间成本都很高的基础上，观众的其他替代性观影渠道的选择就会增加。因此，合理降低票价，通过影院布局的调整和影院交通服务、订票指南等方面的改善，降低观众影院观影的时间成本和金钱成本，是避免观众流向其他非影院渠道、提升观众影院观影频率的重要手段。

四　北京市促进电影消费市场建设政策绩效评估结果分析

通过上述实证研究结果，我们能够发现，近十年来北京市电影产业政策的制定、实施对于推动北京地区电影产业发展起到了积极的作用。主要体现在如下几点。

（一）政策目标明确，成绩显著

北京已经成为全国第二大票仓，从某种意义上来说，北京四大城区观影习惯已超越韩国，形成了一定的观影习惯和观影规模；北京市院线的电影票房从 2004 年的 1.86 亿元增长到 2007 年的 3.65 亿元，占全国城市院线票房 27.88 亿元的 13.1%，三年来增长了 96%。与前一年相比，北京城区的电影放映场次增加了 28.5%，观众人次增加了 21.5%，票房收入增长了 26%。各项指标都在高速增长。2007 年，北京电影市场首次成为全国最大的城市电影市场。影院的建设和改造、影院服务水平的提高，为北京电影市场持续发展打下了坚实的基础。影院数量快速增长、品质不断提升、排片能力和服务水平不断提升，为电影产业奠定了坚实基础。电影档期常态化趋势明显，影片上映排片趋于更加均衡与合理化。2012 年，北京市电影票房收入 16.12 亿元，比上年增加了 2.62 亿元，增长了 19.4%，占全国总票房收入 170.73 亿元的 9.4%。[①] 在全国省、自治区、直辖市中票房排名第二，连续六年全国城市第一。

（二）搭建服务平台，创造优越环境

各项政策不断创新，逐渐趋于完善。在产业扶持方面，出台了《北京市关于支持影视动画产业发展的实施办法（试行）》（京文创办发〔2009〕4 号）、《北京市多厅影院建设补贴管理办法》（京宣发〔2013〕65 号）、《北京市支持电影作品和活动资助办法》、《北京市支持影视精品创作的实施意见》、《关于促进首都广播影视繁荣发展的实施意见》、《北京市关于加快电影产业发展的实施意见》等产业推进政策和扶持办法。在财政扶持方面，初步制定完成《北京市文化创意产业发展专项资金管理办法（试行）》（京财文〔2006〕2731 号）、《北京市文化创意产业贷款贴息管理办法（试行）》（京文创办发〔2008〕5 号）、《北京市文化创意产业创业投资引导基金管理暂行办法》（京文创办发〔2009〕7 号），确定政府扶持专项资金。在税制改革方面，发布营业税改征增值税试点办法，文化创意企业纳入试点范围，致力于降低企业税负，促进行业分工细化。

---

① 国家新闻出版广电总局电影数字节目管理中心，http：//www.dmcc.gov.cn/publish/main/175/2013/20130618102129890600635/20130618102129890600635_.html。

（三）加强产业集聚，发挥政策引领作用

为加快促进中国（怀柔）影视产业示范区的集聚发展，由北京市和怀柔区每年共同出资 2 亿元出台了"1 + 1"政策，重点用于影视项目购地、购房、建房、工作室租金减免，影视活动、摄影棚、外景地建设等支持。同时，怀柔区《促进区域经济发展若干政策（试行）》对入驻企业给予相应的财政奖励、影视专项资金政策、重大项目资金政策及绿色通道等支持。此外，怀柔区还与工商银行北京支行建立战略合作关系，把工商银行怀柔支行打造成影视特色银行。

但是，我们也不得不承认，到目前为止，我们虽然制定了一些电影产业方面的政策，也对北京市电影产业的发展起到了积极的推动作用，但是总体而言，还存在政策制定主体分散、政策的权威性不强、政策实施的有效性较差、政府支持产业发展的力度不够等问题，这在一定程度上使得北京市电影产业发展难以得到有效的引导、有力的支持和充足的保障。

北京市电影产业政策扶持方面存在的主要问题如下。

1. 电影票价优惠政策有一定成效，但是还有待进一步出台有力措施

电影票价太高已经成为影响电影产业发展的一个重要问题。北京电影票价相对于北京居民的收入水平来说，明显过高，这已经是不争的事实。2007 年，北京电影平均票价为 34. 15 元，居全国城市第二，仅低于人口相对年轻、收入水平相对更高、观众规模也比较小的新兴城市深圳，而明显高于上海、广州等经济水平较高的城市。2007 年北京全市城镇单位职工平均工资为 39867 元，[①] 北京城区单张电影票价大约相当于月平均工资的 0. 85%。而美国 2007 年 6. 88 美元的平均票价则仅相当于美国人月平均工资收入 3100 美元的 0. 22%。北京电影票价占月收入的比例是美国的近 4 倍。

按照国际惯例，一场电影票价应当是国民月均收入的 1/200～1/100。据介绍，美国城市影院票价一般在 7. 89 美元左右，只占普通人均月收入的

---

① 北京统计年鉴网，http://www.tongjinianjian.com/category/beijing - yearbook。

1/200；印度的电影平均票价相当于普通劳动者月薪的 1/400；即使是消费水平很高的日本东京，电影票价也只相当于劳动者月薪的 1/100 左右。而目前我国大部分城市平均票价为 50～60 元，2014 年，北京市民的月均收入即使是 3500 元，票价也高达月收入的 1/70，高于国际惯例。

中国电影产业发展报告的一份资料显示，中国电影票价占居民月收入的比例最高，达到 1.75%，远远高于其他国家水平（见图 4－5），以此衡量标准，中国票价是美国的 8.0 倍、法国的 7.3 倍、日本的 3.6 倍、韩国的 4.2 倍。①

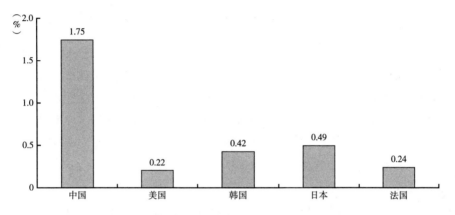

图 4－5 电影票价占月收入的比例（国际比较）

调查结果也显示，尽管对于少量高收入人群来说，电影票价对他们的电影消费行为影响不大，但对于大多数主体观众来说（25～35 岁年龄段、18～24 岁年龄段以及中学生和家庭观众），其多数人的月工资收入都在 3000 元以下，他们对电影票价的反应都相当敏感。根据对北京观众的调查，大多数观众表示自己不去或者减少去影院观影的首要原因都是票价太高；大多数观众都认为如果票价降低 10 元会明显增加他们去影院的观影次数。票价杠杆，对于电影市场很可能具有重要的撬动作用。事实上，无论是近年来的半价日折扣，或是暑期对学生人群的特殊优惠，都的确扩大了电影的观众规模。因此，北京影院的价格竞争还应该更加充分，通过价格的适度下降扩大观众人群，提高观众观影频率，扩大市场规模。

① 中国电影家协会编《中国电影产业发展报告》，中国电影出版社，2014。

价格已经成为制约北京电影消费人群规模和电影消费频次的重要因素。随着电影观众群的扩大，特别是青少年观众群的扩大，电影票价对市场的影响将更加明显。因此，影院票价的适度下调，随着电影市场的变化和影院建设成本压力的降低，将是一种必然的趋势。观影的人群规模太小，电影观众市场开拓的任务十分艰巨，而市场开拓的重中之重就是吸引更多的观众进入电影院，增加观影人次。北京市电影产业政策应当对此问题给予更多的关注，出台鼓励电影低票价的政策措施。从侧重于扶持上游产业链条的电影产业政策向下游终端市场倾斜。

2. 影院布局不合理，远郊区的影院覆盖面窄，亟待发挥产业政策导向引领作用

北京的影院建设取得了明显成就，但观众的方便性还是比较低的。目前，北京的影院密度仍然不够，间隔也不尽合理，观众观影往往需要长途跋涉，空间距离大大增加了观影的时间成本。此外，北京的一些影院地理位置不当、交通不便、停车不便，也会影响观众的观影决定。无论新老影院，目前都比较集中在闹市区，远离生活居住区，交通拥堵、停车困难，影响观众的观影决定。

新建、改建影院的布局还不完全合理。目前，在城八区中，朝阳区拥有 15 家影院 71 块银幕，影院数量和银幕数量都居全市第一；海淀区拥有 13 家影院 59 块银幕，东城区拥有 8 家影院 33 块银幕，分列第二、第三。中关村、王府井地区影院密度相对集中，而北京的东南部、南部、西南部、西部影院建设则相对比较落后。半个北京城的观众观影难的问题仍然没有完全解决。随着多厅影院的新建和改造，这些老影院的市场空间将越来越小。许多影院都需要重新改造或重新定位，业务转型迫在眉睫。

远郊区影院的建设和改造效果不佳。专项资金资助办法规定门头沟区、平谷区、怀柔区、顺义区、昌平区、通州区、大兴区、房山区、密云区、延庆区改造多厅影院，且已加入电影院线公司，可以申请资金补助。在实施中，虽然也有大兴影剧院等个别远郊区的影院建设得到了相应资助，但是，大多数远郊区的影院仍然没有得到改造，即便得到资助，改造以后的效果也不理想。应该说，远郊区的影院建设和改造目前还没有完成，房山、顺义、怀柔、门头沟、通州、密云、延庆等都还仅有单厅影院，平谷也仅有 1 家 2 厅的影院。

因此，在新一轮资助计划中，应该通过政策引导，使北京的影院建设布局更加合理，新建改建效果更加明显，特别是要重点资助远郊区的影院建设和改造，使北京电影市场的各个区域相对平衡，城乡之间的差距有所缩小，形成又快又好的发展局面。

3. 电影产业资金支持政策的思路有待改变

资金问题是产业发展的瓶颈，解决电影产业融资问题应该提到一个战略高度。我国现行税收政策对电影产业的发展起到了一定的促进作用，但电影产业税收政策扶持体系还存在一些不足，这主要表现在：电影服务业税收政策与其他产业促进政策未能很好地衔接，政策效果大打折扣；电影服务业的税收政策不规范、不成体系、实用性不太强；我国促进电影产业发展的税收优惠方式比较单一，税收优惠期较短，没有形成一个完整的体系，激励作用不强；鼓励电影服务业"走出去"和"引进来"的税收政策尚显不足；电影产业税收政策的立法层次不高，缺乏可操作性，税费不分，重复征税的现象严重；税收优惠范围边界模糊；税收负担较重且分配不均衡。在国家宏观层面的税收政策无法调整的现实情况下，北京市地方税务部门应当在自己权限内尽可能用足政策，进一步深化地方税收制度改革，不断完善税收扶持政策，通过科学而合理的税收制度和政策，最大程度上出台推动本地电影产业发展的优惠政策。

4. 高端电影产业人才培养扶持政策缺乏

北京电影生产需要数量，更要质量，提升电影产品质量的关键在于人才培养和观念更新。针对国家筹集的电影基金，北京市应当追加对专门人才培养的资金支持，编制年度计划和中长期计划，培养我国发展影视产业稀缺的各类专门人才，培养电影创作主体、市场意识和对投资负责的责任感。高科技是提升电影竞争力的关键，技术与艺术的结合是电影的出路。当前，北京市电影产业所面临的挑战是缺乏具有高精尖水准的艺术和技术相结合的新型人才，应该考虑从各项资助电影制作的资金中拿出一部分来解决人才培养的问题，资助一部影片解决的是个案问题、一年的产量问题，而人才问题才是战略性问题。

五 北京市电影消费市场建设发展的政策建议

通过对绩效评估结果的理论解释和阐述，本书认为北京市在出台电影产业政策时应遵循以下几项原则并注意以下几点。

（一）完善电影消费市场政策应遵循的基本原则

完善电影产业政策体系，核心是遵循电影产业发展规律，维护市场经济公平竞争秩序，推动产业激励政策的科学化与规范化。北京市电影产业激励政策调整与完善的总体思路可概括为"三个转移一个整合"：一是政策激励的方向由电影产业链的低端向产业链的高端转移，合理配置各种政策资源；二是激励方式由直接激励政策为主向间接激励政策为主转移，减少政策实施环节，简化政策实施手续；三是政策激励的手段由行政运作为主向市场化运作转移，尽可能减少政府部门直接操纵政策性投入；四是科学界定各政府部门的职责、权力，对性质相同或相近、联系密切的政策进行归并整合，提高政策执行效率。

（二）推动北京市电影消费市场发展的政策建议

1. 立足"产业链激励机制创新"，科学有效地配置各种政策资源

依据电影产业发展不同阶段的规律与特征，出台实施不同的财政政策组合策略，实现财政支持政策在电影产业不同创作生产阶段的科学配置。在电影产业创作生产前端阶段，政府政策应当着力于引导社会资本进入，开拓投融资服务平台，通过政策性资金引领拍摄者走出资金困境，同时引入电影精品创作专项资金，扶持重大题材、敏感题材等作品的生产，建议北京市政府每年从财政收入中拿出一定经费，重点支持电影的艺术创作和拍摄，这笔资金以影片的票房收入为基础，以税的方式从影院、电视、录像等相关行业中征收，然后再返还给这些行业，进行奖励性补贴。在电影产业创作生产中端阶段，政府政策着力于引导、鼓励银行及社会其他金融机构（风投机构、担保公司等）向电影生产企业提供贷款与投资，方式主要包括贷款贴息、贷款担保，对风投机构实施奖励

等，同时辅以必要的税收政策及市场培育政策；在电影产业终端环节，政府政策着力点应当转向营销推广，加强基础设施建设，为电影产品的市场投放创造良好的外部环境，出台扩大电影观众市场规模的政策，吸引观众走进影院。

与此同时，通过税收优惠政策鼓励和引导北京市电影产业发展，通过税收政策实现促进北京市电影产业发展的目标。如，通过税种、税目、税率以及税式支出调整的政策技术强化税收杠杆调节，构建起有奖有惩、奖惩并重的电影税收政策体系。既要通过税收优惠政策支持主旋律电影产品的生产和传播，刺激诱导社会主体研究开发、推广使用高新技术电影产品和健康积极的绿色电影产品，也要对污染思想、破坏道德的低级趣味电影企业和产品实行惩罚性的税收政策，限制和禁止低效甚至无效使用电影资源、破坏污染社会道德环境的行为，逐步建立健全有利于北京市电影产业健康发展的税收激励和约束限制并重的机制。

2. 净化优惠政策，提高间接性电影产业激励政策比例

按照"有所为，有所不为"的原则，合理界定政府投入、电影制作企业投入与社会资金投入的边界，政府的归政府，电影拍摄企业的归电影拍摄企业，社会的归社会，引领与促进全社会资本资源的高效、合理利用。政府财政投入应主要集中在市场手段触及不到，需要政府这只"看得见的手"进行支持、调节或激励的领域，主要包括：战略性自主知识产权的电影数字特效技术的研发；电影投融资平台建设，电影政策性资金服务平台建设；电影精品创作引导资金，主要用于重大题材、敏感题材等作品的战略性资本投入；杠杆资金，通过信贷补贴、风投补贴、风险担保等形式引导社会资本、信贷资本投资北京市主旋律电影创作生产，推动北京市电影产业的健康可持续发展。根据产业导向对遴选出的有市场前景的电影项目进行扶持，避免同题材过多，重复消费。具体可采取票房收入担保贷款、资助剧本创作、资助国际合拍片、资助各类影视节等形式。对于北京市电影事业发展专项资金等重点资助的影片，可以通过中介机构对其专项资金的使用情况进行审计，防止申请者滥用资金。在不缺资金的情况下，制片业最大的障碍是核心人才问题，借鉴法国对导演处女作、韩国对商业电影的资助方式，加大对电影创作、制片、导演等方面人才的扶持力度，促进电影艺术的创新和国产影片质量的提升。

3. 整合"事权"，提高优惠政策的行政执行效率

北京作为我国首都和全国的文化中心，电影行业从业单位的设立主体多元化现象十分显著。制片、发行和放映分别由政府的广电部门和文化部门管理的体制环境，加剧了电影资源离散而不能聚合，使电影产业链条呈断裂状态，严重阻碍了将北京市电影产业做大做强。因此，要整合相关职能部门的职能，对相关"事权"进行归并，以提高财政政策执行效率。对分散在相关部门的各类发展基金、专项资金进行整合归并，设立统一的电影产业发展投资基金，依据电影产业发展的不同阶段进行持续跟踪投入和资本经营，提高资金运营效率。

近年来，北京市虽然也成立了广播影视集团，但电影发行、放映部分并没有被整合在集团中，电影资源仍然处于离散状态；既影响了广播影视集团进一步开拓经营、壮大实力，也使电影发行放映失去了制片的支撑，置于孤军奋战的处境。要使北京电影业有长足发展，必须理顺管理体制，实现电影资源整合。这既是一个绕不过去，迟早都要解决的问题，又是一个仅靠各地力量无法解决的大问题。为此，应当创造性地采取变通的方式，冲破现行体制的障碍，实现资源整合。如，可否将文化系统的电影发行放映资产和广电系统的电影制作资产，分别委托给国有资产经营公司管理，使国有资产经营公司可以在资产管理运营的层面上实现电影资源的整合。

4. 合理发挥地方比较优势，出台产业保护性政策时须谨慎

虽然保护主义可以保持地方竞争优势，提高地方产业的利润，但是严重打击外部投资的积极性，关闭资金流通的大门，阻断地区之间的产业交流，造成技术落后、人才缺乏、管理僵化，长此以往，必将严重阻碍地区经济的发展和竞争力的提高。北京地区的电影产业发展规划，需要树立整体观念，把所有在京影视文化企业规划在内，北京市属企业、中央所属在京企业、民营在京影视企业通盘考虑，出台推动首都电影产业的大政策，谋求整体发展，协作共赢。从经济到文化两个角度，中央在京影视企业应该以一种合适的方式纳入北京市的统计范围，它们的规模也应是北京市的规模，北京市应该向引进外资那样为它们的发展提供环境，扩大区域市场开放的范围，规范包括外资和私人投资的准入制度。突破原有的管理框

架，用中央在京企业、北京企业、民营企业整合发展的思路来建构北京市电影产业发展战略，出台地方性产业政策，鼓励这些企业在京投资、在京开展项目，以此拉动北京的文化产业链，刺激消费，扩大就业，尽最大可能减少资金外流、项目外流，塑造北京最佳影视制作服务基地的形象。

5. 加大产业政策的调控力度，推动影院建设合理布局

自北京成功申办 2008 年奥运会以来，城市建设发展速度很快，商住区相继向二环路、三环路、四环路以外发展，居民大量外迁，商业中心转移扩散。然而，由于新建影院发展缓慢，很长一段时期本市电影院仍集中于东四以南、天桥以北、西单（西四）以东、朝阳门以西的较小范围内；许多新兴的商业区、居住小区及 CBD 规划区还是电影娱乐场所的盲区。由于经济发展水平不均衡，北京的南部、西部地区影院建设相对落后，包括通州、昌平这样的新居住小区的聚集地区，影院建设也比较滞后；远郊区影院建设更是明显不足。

影院设置既不宜过分集中也不宜均匀分布，实行"总体分散，相对集中"的原则，形成疏密相间的影院群落比较恰当。对于影院建设，北京市应当强化电影产业政策的调控功能，从全面补贴向重点资助转变，加大对城区影院建设薄弱地区及远郊区影院建设和改造的资助力度，根据影院定位确立不同的资助额度，鼓励利用商业资金参与影院建设和改造。综合考虑影院的空间间隔、交通状况、停车位设计、商业休闲娱乐设施配套、居住和流动人口密度等，制定北京电影市场发展的产业政策指导意见，对影院数量、影厅数量、影院分布、配套设施、财税土地政策等进行宏观调控，在尊重市场规律的前提下，合理调整影院建设布局，兼顾社会公平，满足不同社会群体的电影文化需求，促进影院建设中区域、城乡之间的平衡发展，培育新兴电影市场，共同推动北京电影文化市场健康协调的发展。

6. 用产业政策引导与扶持京味电影创作，展示"电影中的城市魅力"

北京市应该积极鼓励拍摄北京题材的好作品，大力发展京味电影，这是北京电影创作应努力的一个方向。北京电影在近十年的发展中积累了许多宝贵经验。京味电影在北京市场很受欢迎，像《龙须沟》《我这一辈子》等影片记录了 20 世纪四五十年代老北京的状态，《北京你好》《本命年》

等电影反映了 20 世纪八九十年代的北京生活，不仅记录了北京这座历史悠久的城市，而且记录了生活在这座城市中的普通人。透过京味电影，人们可以了解"电影中的城市魅力"以及"在城市中的电影魅力"，可以在老电影中看到近三十年北京的城市变迁。

作为电影城市，北京有得天独厚的优势；当下，世界电影中心正从西方转向东方，而中国正成为亚洲电影崛起的新力量，中国电影工业中心经历了从上海南下至香港，如今又北上来到了北京。北京凝聚了全国 90% 的电影创作人才，堪称"东方影都"。北京作为首都，广电总局的任何改革，立竿见影的效果就在北京，北京一定要抓住这种政策层面的优势，抓住现在改革的良机，大力培养一批具有真知灼见，能够为中国影视产业出谋划策的人才，这正是北京乃至全国影视产业发展的关键。

北京市应当对电影产业采取更为积极的政策和资金扶持，给予电影制作人更宽松的拍摄环境，率先在全国出台扶持电影拍摄的配套措施，为在城市中的电影拍摄者提供一些便利条件或政策，扶持当地电影产业的同时，也为城市发展注入活力。珍惜北京特有的文化特色资源，打造电影文化城市。北京还应当通过京味电影的拍摄与传播，使得世人能够跳脱出中国行政首都的固有印象，突出展示北京传统历史文化以及它所具有的魅力，树立另外一个能凸显电影文化的北京形象。北京作为首都，在吸引国家投资方面具有天然优势，这个优势不能小看，另外北京作为全国高收入城市，吸引民营投资也是很有基础的，当然作为首都在吸引外资方面，北京的优势更是其他城市无法比拟的。北京一定要把握住这些优势，变潜在的机遇为现实的利益，推动城市发展。

参考文献

〔美〕巴里·利特曼：《大电影产业》，尹鸿等译，清华大学出版社，2005。

范周：《中国城市文化消费报告（总卷）》，社会科学文献出版社，2010。

葛红兵、谢尚发等：《大都市文化消费与文化产业发展——以 2012 上海文化消费为考察对象》，《科学发展》2013 年第 4 期。

胡惠林：《我国文化产业政策文献研究综述》，上海人民出版社，2010。

孔雪：《中国各省区文化消费水平综合评价》，硕士学位论文，辽宁大学，2014。

李思屈：《中国文化产业政策研究》，浙江大学出版社，2012。

李洋：《惠民文化消费季消费超百亿元》，《北京日报》2014 年 12 月 7 日，第 1 版。

祁述裕：《中国文化政策研究报告》，社会科学文献出版社，2011。

张晓明：《中国文化产业发展报告》，社会科学文献出版社，2008。

周冲：《北京居民文化消费调查》，《前线》2014 年第 4 期。

朱虹：《广播影视发展政策研究》（上、下），红旗出版社，2010。

调查方法说明

本调查，根据影院分布格局，在北京城区和城郊的影院中选择了 21 家影院发放问卷 500 份，最终回收有效问卷 371 份，有效问卷比例为 74%；调查根据概率与规模成比例选择影院样本，将调查时观看电影的消费者分为青少年和成人作为调查对象，充分考虑院线档期，使数据能够充分反映青少年观众的观点。

为确保样本的有效性，调查对样本进行了严格的筛选，甄别条件为：必须是该城市常住人口（居住 1 年以上）；年龄为 12 ~ 60 岁；截至本次调查之前，1 个月内未接受其他类似调查。

本次调研从 2014 年 7 月初开始设计问卷，8 月 15 日完成问卷修改，10 月 8 日下午正式展开，11 月 15 日下午结束，共到影院发放问卷 33 次；问卷的发放地点根据各个影院的具体情况略有不同，少部分是在影院的售票处发放，大部分是直接进入影院发放给进场的观众，让观众在影片开始前填写。2014 年 11 月 17 日完成了数据整理，11 月 22 日完成了数据的分析。

为保证样本的代表性，本次调查依据北京市统计局公布的北京市人口普查资料中的行政区的人口分布，确定抽样的框架。在充分考虑抽样可行性和科学性的基础上，现场问卷调查采用概率与规模成比例的方式进行影院抽样（PPS），以保证抽中的样本真实地反映北京影院观众的分布结构。

附录1

问卷编号：＿＿＿＿＿＿

北京市电影消费市场政策绩效评估调查问卷

尊敬的从业者：

您好！我们是北京市文化消费政策绩效评估课题组。本调查的目的在于了解现有影厅建设等电影消费市场政策对您企业的影响，希望您能抽出一点宝贵的时间，协助我们回答一些问题。本问卷采用匿名方式，您所提供的信息仅供学术研究之用，我们承诺，您的信息及回答我们将严格保密。填答此问卷大约需要 10 分钟，感谢您的配合！

　　（注：本问卷分为客观题和主观题两部分。客观题，请在您认为符合您情况的答案的数字小标题上划"√"；主观题，写在划线上即可）

Q1. 您目前所从事的工作是否与影视相关？
　　1□是　　　　　　　2□否（结束作答）
Q2. 您目前所从事的具体业务？
　　1□影视制作　　　2□影视发行　　　3□演艺经纪服务
　　4□影视器材租赁　5□影视培训教育　6□影视投融资
　　7□影视衍生品开发 8 其他（可具体列出）_____
Q3. 主要是什么原因促使您选择这个企业，并从事现有工作的？
　　1□兴趣爱好　　　2□行业前景好
　　3□政策支持　　　4 其他_____
Q4. 您所在行业的政策对您从事现有业务是否有重大影响？
　　1□是　　　　　　　2□否
Q5. 您对所在园区、工商注册区域和所在城市的行业政策是否有清晰、准确的了解？
　　1□是　　　　　　　2□否
Q6. 在日常的业务中，这些政策对您的影响，按照重要程度排序是_____。
　　1□产业政策　　　2□金融政策　　　3□财税政策
　　4□就业政策　　　5□进出口政策　　6□版权保护政策
　　7□园区政策　　　8 其他（可具体列出）_____
Q7. 您所能了解的对您现有业务最有影响、最紧密相关的政策都有哪些？（多选题）
　　1□产业政策　　　2□金融政策　　　3□财税政策
　　4□就业政策　　　5□进出口政策　　6□版权保护政策
　　7□园区政策　　　8 其他（可具体列出）_____
Q8. 您的业务处在产业链的哪一环节？
　　1□影视生产制作　　　　　　2□影视作品的传播
　　3□影视发行及衍生产品开发　4□中介服务或产业配套

Q9. 您认为您所在的产业环节中，对您有影响力的政策都有哪些？（多选题）

1□产业政策　　　　2□金融政策　　　　3□财税政策

4□就业政策　　　　5□进出口政策　　　6□版权保护政策

7□园区政策　　　　8 其他（可具体列出）＿＿＿＿＿

Q10. 您所在的区/市中的电影行业政策中，有哪些地方性的电影行业政策对您有所帮助？（多选题）

1□专项基金政策 2□税收优惠政策　3□影院建设资金补贴政策

4□金融支持政策 5□电影发行放映的公共服务政策

6□差别化用地政策　　　　　　　7 其他（可具体列出）＿＿＿＿

Q11. 您认为在您所在的行业或企业所处产业的环节中，哪方面的政策最需要改进？

1□产业政策　　　　2□金融政策　　　　3□财税政策

4□就业政策　　　　5□进出口政策　　　6□版权保护政策

7□园区政策　　　　8 其他＿＿＿＿

Q12. 您认为政府下一步应该重点出台什么样的政策，对更好地引导电影产业发展有所帮助？（多选题）

1□专项基金政策 2□税收优惠政策　3□影院建设资金补贴政策

4□金融支持政策 5□电影发行放映的公共服务政策

6□差别化用地政策　　　　　　　7 其他＿＿＿＿

Q13. 除了政府部门以外，您认为行业组织应该做哪些实际工作，为您的业务提供相关帮助？（多选题）

1□政策解读与引导2□专业咨询服务　3□加强行业交流

4□行业监督　　　　5 其他＿＿＿＿

Q14. 您觉得所在区/市中，哪些事件或活动对您的业务影响重大？（多选题）

1□北京电影节　　　2□文博会　　　　3□首都广播影视推介会

4□京交会　　　　　5 其他＿＿＿＿

Q15. 您所处的行业，或您的业务范围，与哪些相关行业或领域有更直接的资源关系、营收关系或服务关系？

1□旅游　　　　　　2□动漫　　　　　　3□网络

4□科技　　　　　　5 其他＿＿＿＿

Q16. 对于我们的调查，您还有其他补充吗？

＿＿＿＿＿＿＿＿＿＿＿＿＿＿＿＿＿＿＿＿＿＿＿＿＿＿＿＿＿＿＿＿＿

Q17. 您在暑假期间看电影的票价一般是多少？（单选）

1□80 元及以上　　　　2□61～80 元　　　　3□41～60 元

4□21～40 元　　　　　5□20 元及以下

Q18. 您暑假期间不去电影院看电影的原因是什么？（可多选，最多三项）

1□没有感兴趣的电影　　2□没有去电影院的习惯

3□影院交通不便　　　　4□电影票价太高

5□不知道看什么电影　　6□影院设备和环境不好

7□可以通过电视、网络和影碟替代去电影院

8□没有去电影院的时间　9□媒体报道的评价比较差

10□身边认识的人对影片评价不高

11□没人陪伴去影院　　　12□忙着看比赛

13□其他（请注明）＿＿＿＿＿＿

Q19. 什么原因会使您少去影院看电影？（可多选，最多三项）

1□电影票价更高　　　　2□进口影片更少

3□电影选择更少　　　　4□影院设备不够先进

5□影院环境不够舒适　　6□影院交通不便

7□其他（请注明）＿＿＿＿＿＿

Q20. 您是否会特意在周二特价日去影院看电影？（单选）

1□是　　　　　　　　　2□否

3□不知道有特价日

Q21. 您觉得暑假期间的电影票价比平时更优惠吗？（单选）

1□比平时优惠　　　　　2□与平时差不多　　　3□比平时贵

4□不清楚

Q22. 您每一次去影院看电影平均花费是多少？（单选）

1□200 元及以上　　　　2□100～199 元　　　3□50～99 元

4□49 元及以下

Q23. 下列因素，哪些对您到影院看电影有比较重要的影响？（单选）

	非常不重要	不重要	一般	重要	非常重要
同学朋友邀请	1□	2□	3□	4□	5□
恋人邀请	1□	2□	3□	4□	5□
有喜欢看的影片	1□	2□	3□	4□	5□
影院的星级和档次	1□	2□	3□	4□	5□
影院票价	1□	2□	3□	4□	5□
影院交通方便	1□	2□	3□	4□	5□

续表

	非常不重要	不重要	一般	重要	非常重要
影院附近有商业区	1□	2□	3□	4□	5□
多厅影院	1□	2□	3□	4□	5□
影院促销措施	1□	2□	3□	4□	5□
可以买到光盘或网络可以下载	1□	2□	3□	4□	5□

Q24. 下列因素哪些是决定您选择影片的重要因素？（单选）

	非常不重要	不重要	一般	重要	非常重要
同学朋友的评价	1□	2□	3□	4□	5□
是否有自己喜欢的演员	1□	2□	3□	4□	5□
影片的导演是否有名气	1□	2□	3□	4□	5□
影片在国际上是否获奖	1□	2□	3□	4□	5□
影片投入成本	1□	2□	3□	4□	5□
影片知名度	1□	2□	3□	4□	5□
媒体影评	1□	2□	3□	4□	5□
影片故事情节	1□	2□	3□	4□	5□
影片类型（如动作片/言情片/恐怖片等）	1□	2□	3□	4□	5□
国产或其他国家和地区生产	1□	2□	3□	4□	5□

（以下内容为基本信息填写，我们承诺将对您的个人信息严格保密）

基本信息

B1. 您的性别　　1□男　2□女

B2. 您所在企业所属区域：

　　1□朝阳区　　2□海淀区　　3□东城区　　4□西城区

　　5□丰台区　　6□大兴区　　7□通州区　　8□石景山区

B3. 您所在企业的性质：

　　1□国企　　2□民营企业　　3□行业组织　　4□工作室　　5□个人

B4. 您所在企业的主要业务

　　1□制作　　2□发行　　3□院线　　4□演艺经纪服务

　　5□电影基地　　6□孵化器　　7□器材租赁　　8□培训教育

　　9□营销　　10□投资　　11□其他____

B5. 您所在企业的规模：

1□1～20 人   2□21～50 人   3□51～100 人

4□101～200 人   5□200 人及以上

问卷到此结束，再次感谢您的参与和支持！

	访问员编号	一审编号	二审编号	录入员编号
签　　名				
调查时间				
调查地点				
联系方式 （手机/座机或其他）				

问卷最终评定情况：合格（　　）　　　不合格（　　）

非常感谢您接受我们的访问！

附录 2

访谈对象：＿＿＿＿＿＿＿＿

北京市电影消费市场政策绩效评估调研访谈（专家学者）

尊敬的先生/女士：

您好！我们是北京市文化消费政策绩效评估课题组。本调查的目的在于了解现有影厅建设等电影消费市场政策对相关影视企业的影响，希望您能抽出一点宝贵的时间，协助我们回答一些问题。访谈中您所提供的信息仅供学术研究之用，我们承诺，您的信息及回答我们将严格保密，感谢您的配合！

1. 目前国内电影行业主要有哪些政策？

2. 电影行业现有政策的实施情况如何？实施过程中存在哪些问题？

3. 对于电影行业的现有政策，学界研究与业界现状是否存在矛盾？

4. 政府在电影行业中所建立的公共服务体系是什么？

5. 行业协会在电影行业中发挥着怎样的作用？

6. 针对电影行业存在的主要问题，您认为政府下一步应该重点出台什么样的政策，对更好地引导电影产业发展有所帮助？

7. 除了政府部门以外，您认为行业组织应该有什么样的作为？应该做何种实际工作，对您的业务有相关帮助与影响？

8. 您认为目前电影行业存在哪些政策沟通渠道？怎样更好地拓展政策的沟通渠道？

9. 从政策制定的角度来讲，国内外有没有一些宝贵的经验值得北京市借鉴？

10. 对于我们的调查，您还有其他需要补充说明的吗？

附录 3

访谈对象：_____

北京市电影消费市场政策绩效评估调研访谈（行业协会）

尊敬的先生/女士：

　　您好！我们是北京市文化消费政策绩效评估课题组。本调查的目的在于了解现有影厅建设政策对相关影视企业的影响，希望您能抽出一点宝贵的时间，协助我们回答一些问题。访谈中您所提供的信息仅供学术研究之用，我们承诺，您的信息及回答我们将严格保密，感谢您的配合！

1. 目前国内电影行业存在哪些行业协会或组织机构，其中影响力较大的有哪些？

2. 电影行业协会的主要职能有哪些？

3. 目前，电影行业协会在政策对接及导向方面主要扮演着怎样的角色？

4. 在电影行业政策的制定和执行过程中，电影行业协会与政府部门各自的分工是怎样的？

5. 从行业协会的角度来看，目前对电影企业影响最大的政策主要集中在哪些方面？

6. 行业主管部门的产业政策与金融扶持政策、银行贷款政策、劳动就业政策、版权保护政策、园区入驻政策、产品进出口政策等是否相互协调或冲突？

7. 行业协会在政府构建电影行业的公共服务体系中有怎样的表现？

8. 行业主管部门在宣传推广、市场营销和鼓励消费方面有哪些具体的政策或措施？

9. 在政策沟通渠道方面，行业协会还需要做哪些工作？

10. 对于我们的调查，您还有其他需要补充说明的吗？

附录 4

访谈对象：＿＿＿＿＿＿＿＿

北京市电影消费市场政策绩效评估调研访谈（企业高管）

尊敬的先生/女士：

您好！我们是北京市文化消费政策绩效评估课题组。本调查的目的在于了解现有电影消费市场政策对您企业的影响，希望您能抽出一点宝贵的时间，协助我们回答一些问题。本调查中您所提供的信息仅供学术研究之用，我们承诺，您的信息及回答我们将严格保密，感谢您的配合！

1. 您的企业的基本信息：

（请您认真填写以下信息资料，我们承诺将为您的信息严格保密）

企业性质：□国企　□民营企业　□行业组织　□工作室　□个人	
成立时间：	
注册所在地：□朝阳区　□海淀区　□东城区　□西城区 　　　　　　□丰台区　□大兴区　□通州区　□石景山区	
业务范围：□制作　□发行　□院线　□演艺经纪服务 　　　　　□电影基地　□孵化器　□器材租赁　□培训教育 　　　　　□网络　□营销　□投资	
营业额情况：□2012 年＿＿＿　□2013 年＿＿＿　□2014 年（上半年）＿＿＿	
税收情况：□2012 年＿＿＿　□2013 年＿＿＿　□2014 年（上半年）＿＿＿	
主要业绩：□版权作品　□投资并购项目　□演艺人才 　　　　　□主要资产（园区/摄影基地/拍摄制作/器材）	
获奖情况：□国家级　□北京市级　□国外（若您的企业有获奖情况,请具体列出）	

2. 是什么原因促使您组建这个企业，并从事现有业务的？

3. 此行业的政策对您从事现有业务是否有重大影响？

4. 您对所在园区、工商注册区域和所在城市的行业政策是否有清晰、准确的了解，如产业政策、金融政策、财税政策、就业政策、进出口政策、版权保护政策、园区政策等，在日常的业务中，这些政策对贵公司的影响程度如何？

5. 您的业务处在产业链的哪一环节，如上游、中游、下游、中介服务或产业配套，您认为您所在的产业环节有无清晰明确的，对您有影响力的政策？都有哪些？

6. 在您进行工商注册、税务、劳动就业、社保福利、银行贷款、园区入驻、海关清关结算等环节是否有政府行业组织相关人员对您进行过政策的介绍、解释、服务等相关工作?

7. 在您的经营年限范围内,您获得过什么样的实际支持,具体条款及额度?

8. 您所在的区/市中,有无具有地方性、特殊性的电影政策,对您有所帮助?(若有请列出)

9. 您认为在您所在的行业或环节,哪方面的政策最重要,最需要改进?

10. 您认为政府下一步应该重点出台什么样的政策,对更好地引导电影产业发展有所帮助?

11. 除了政府部门以外,您认为行业组织应该有什么样的作为,对您的业务有相关帮助与影响?

12. 您需要什么样的政策沟通渠道?

13. 对于我们的调查,您还有其他需要补充说明的吗?

第五章　北京市文化消费政策的绩效评估实证研究之三：北京市推进演艺业发展的政策绩效评估研究

我国专业的演出场所少、剧院的利用率过低、演出票价过高。文艺演出院线的发展对于我国演艺市场的发展具有极其重要的作用和意义。发展剧院演出联盟，推动演出场所连锁经营，是实现演出市场规模化、集约化发展的新途径。借助剧院演出联盟建设，整合演出市场资源，降低演出交易成本，推动演艺产业规模化、专业化和集约化发展。北京市作为全国文化中心，聚集了全国最优秀的演出剧团与剧场，探索建立以北京市剧场及演出剧团为核心的剧团演出联盟，对于繁荣北京市演出市场、丰富人民群众的文化生活等都具有现实意义；而且，剧院演出联盟建设，能够成为深化北京市文化体制改革的一个新突破口，近年来北京市推动剧场建设及剧院演出联盟发展的政策效果已逐渐显现。

一　北京市剧场及剧场演出联盟发展状况和相关政策概述

（一）北京市剧场基本情况

本调研报告根据相关统计数据，从演出内容分类的角度，对全市105家营业性演出场所进行统计分析。全市演出场所主要集中在东城区（26个）、西城区（26个）、朝阳区（22个）、海淀区（13个）、丰台区（5个）五个区，占全部演出场所的88%，其余各区各有1~3家演出场所。

1. 演出场所分类

演出场所按照主要经营的演出种类可以分为六类：一是综合性多功能演出场所（15个）；二是以戏剧、音乐会、儿童剧为主的专业演出剧场

（17 个）；三是大型演出场馆（9 个）；四是以旅游观众为主，节目相对固定的旅游演出场所（18 个）；五是群众公益性演出场所（12 个）；六是各类小剧场及其他剧场（34 个）（见表 5 - 1）。

表 5 - 1　主要演出场所性质分类及在北京市的分布情况

场所类型	演出种类	场所	数量	合计
综合性多功能演出场所	歌舞、音乐会、话剧等	国家大剧院歌剧院、国家大剧院音乐厅、国家大剧院戏剧场及小剧场、水立方游泳馆、北大演讲堂、海淀剧院、国安剧院、八一剧院、解放军歌剧院、中国剧院、民族宫大剧院、北展剧场、世纪剧院、天桥剧场、保利剧院	15	15
专业演出剧场	话剧	首都剧场、人艺实验小剧场、国家话剧场、海淀区工人文化宫动漫剧场	4	17
	曲艺	东城区相声剧场	1	
	音乐会	国图音乐厅、北京音乐厅、中山公园音乐堂、金帆音乐厅、中央音乐学院音乐厅	5	
	儿童剧	中国儿童艺术剧院、中国儿童小剧院、中国木偶剧院	3	
	戏曲	梅兰芳大剧院、长安大戏院、中国评剧大剧院、京剧院实验剧场	4	
大型演出场馆	演唱会、音乐会	首都体育馆、工人体育馆、工人体育场、朝阳公园、五棵松体育馆、人民大会堂、国家体育场（鸟巢）、国家体育馆、丰台体育场	9	9
旅游演出场所	戏曲、曲艺	恭王府大戏楼、大观园戏楼、湖广会馆、天桥乐茶园、梨园剧场、老舍茶馆、刘老根大舞台剧场、北京梨园大戏楼剧场	9	18
	歌舞、杂技	欢乐谷剧场、北京之夜剧场、天地剧场、朝阳剧场、市工人俱乐部、万盛剧场、崇文区工人文化宫、北京剧院、北京天龙源温泉剧场、北京鑫融文化俱乐部	9	
群众公益性演出场所	综艺、戏曲、歌舞、儿童剧	通州影剧院、平谷影剧院、怀柔剧场、密云大剧院、大兴剧院、延庆影剧院、良乡影剧院、燕山影剧院、顺义影剧院、门头沟影剧院、石景山游乐园 CRD 剧场、丰台区文化馆	12	12
各类小剧场及其他剧场	话剧、曲艺	广德楼戏楼、东苑戏楼、东方先锋小剧场、北京戏曲艺术职业学院排演场、繁星戏剧村剧场、地质礼堂剧场、张一元天桥茶馆剧场、北青盈之宝剧场、枫蓝国际小剧场、雷剧场、木马剧场、金萍萍二人转剧场、魔山剧场、广茗阁茶楼、中华皮影文化城剧场、46 号剧场、麻雀瓦舍剧场、风尚剧场、嘻哈包袱铺东四环剧场、皇家粮仓剧场、东创蜂巢剧场、蓬蒿人剧场、北京聚敞现代艺术中心、朝阳文化馆行动剧场、TNT 剧场、后SARS 小剧场、凹剧场、东图会议中心剧场、北大演讲堂小厅剧场、北京华侨城大剧院、星光现场音乐厅、中央戏剧学院实验剧场、东城丑小鸭动漫剧场、东北二人转剧场	34	34
总计		105		

2. 各类演出场所特点分析

第一，综合性多功能演出场所承载高端演出。综合性多功能演出场所15个，占本市演出场所总数的14％。综合性多功能演出场所拥有优质的舞台、灯光、音响等硬件设施，同时具有先进的节目制作、演出运营、舞台技术、品牌推广等多方面的剧院管理经验，吸引并承接了大量歌舞、音乐会、话剧等各种形式的高端演出活动。2007年12月22日正式开始运营的国家大剧院的三个剧场，对于北京演出市场的影响是巨大而深远的。国家大剧院歌剧院、国家大剧院音乐厅、国家大剧院戏剧场在歌舞、音乐、戏曲领域都达到了国际一流水准。这三个剧场在运营第一年的2008年共演出567场，彻底改变了北京演出场所的竞争格局；2011年共演出698场，上座率达到90％以上，演出收入2.9亿元，占艺术剧场收入的45％。保利剧院、世纪剧院、水立方（国家游泳中心）、北展剧场等演出场所也在演出项目、票房、上座率等方面表现出色（见表5-2）。

表5-2　部分综合性多功能演出场所演出类型占比

演出场馆	演出类型及占比
国家大剧院音乐厅	80.6％演奏；14.3％合唱；1.8％演唱会；1.8％歌剧
国家大剧院歌剧院	100％歌剧
国家大剧院戏剧场	46％话剧；18.1％歌舞；13.6％戏曲、曲艺；18.1％综合
水立方（国家游泳中心）	50％歌剧；33.3％演唱会；16.7％演奏
保利剧院	38.0％综合；26.1％歌舞；22.3％话剧；9.3％音乐；2.9％音乐剧；0.4％杂技；0.4％戏曲、曲艺
世纪剧院	70％音乐剧；12％话剧；演奏；6％；5％演唱会；3％歌剧
北大演讲堂	33.3％综合；23.3％话剧；21.1％歌舞；16.6％戏曲、曲艺；5.6％音乐
海淀剧院	67.8％话剧；15.6％儿童剧；10.4％综合；6.3％歌舞
民族宫大剧院	38.2％歌舞；29.2％戏曲、曲艺；20.2％综合；12.3％话剧
北展剧场	52.0％综合；31.6％歌舞；10.5％戏曲、曲艺；3.9％杂技；1.3％儿童剧；0.7％音乐
天桥剧场	100％歌舞

第二，专业演出剧场定位明确，演出内容更趋专业化。专业演出剧场17个，占本市演出场所总数的16％。专业性演出场馆定位明确，在

演出内容上更趋专业化，按专业性演出场馆的演出内容可以分为 5 个类别（该类别的演出场次占该场馆全年演出场次的 60% 以上）：话剧、曲艺、音乐会、儿童剧和戏曲。主要演出话剧的专业剧场有 4 家（首都剧场、人艺实验剧场、中国国家话剧院、中国国家话剧院小剧场）；演出戏曲的也有 4 家（长安大戏院、梅兰芳大剧院、中国评剧大剧院、国家京剧院实验剧场·畅和园）。演出相声的专业剧场只有 1 家，即东城区相声剧场；此外在旅游演出场所和小剧场中有 7 家也常见相声演出形式，如旅游演出场所中的老舍茶馆、天桥乐茶园、北京鑫融文化俱乐部，小剧场中的广德楼戏楼、广茗阁茶楼、嘻哈包袱铺东四环剧场、张一元天桥茶馆剧场等。演出儿童剧的有 3 家（中国木偶剧院·酷宝宝剧场、中国儿童小剧院、中国儿童艺术剧院）。演出音乐会的有 2 家（北京音乐厅、中山音乐堂）（见表 5 - 3）。从 2011 年北京各演出场馆的市场表现来看，大多数专业性演出场馆已经找到了自己的定位，北京专业性演出场馆在演出内容上越来越专一。

表 5 - 3　部分专业演出场所演出类型占比

类型	剧场名称	演出类型及占比
话剧	中国国家话剧院小剧场	99% 话剧；1% 演奏
	首都剧场	97% 话剧；2% 戏曲
	人艺实验剧场	96.8% 话剧；0.8% 歌剧；0.9% 音乐剧
	中国国家话剧院	96.2% 话剧
戏曲	长安大戏院	100% 戏曲
	中国评剧大剧院	
	国家京剧院实验剧场·畅和园	
	梅兰芳大剧院	92% 京剧；其余（话剧；舞蹈；儿童剧）
曲艺	东城区相声剧场	100% 相声
儿童剧	中国木偶剧院·酷宝宝剧场	100% 儿童剧
	中国儿童小剧院	
	中国儿童艺术剧院	
音乐会	北京音乐厅	100% 演唱会
	中山音乐堂	80.6% 演奏；14.3% 合唱；1.8% 演唱会；1.8% 歌剧

　　第三，奥运场馆增加了大型演出场所的供给（见表5-4），演出内容日益丰富。大型演出场所9家，占本市演出场所数量的9%。2008年奥运会后，除原来专长于演出的工体、首体之外，国家游泳中心、国家体育馆、五棵松体育馆、奥体中心体育馆4个场馆开始用于大型演出。这些奥运场馆都是能容纳上万人的大型场馆，对于举办大型演出的演出商就有了更多的场馆选择余地，增加了大型演出场馆供给。相对于北京已有的演出场馆，新建奥运场馆在硬件设备、交通条件、服务质量等各个方面都具有优势，增加了演出行业内部的竞争。近年来，大型演出场所从原来单一的举办演唱会开始向歌剧、音乐剧、杂技魔术等演出类型转变。北京各大演出团体尝试制作出适合这些场馆的作品并长期驻演，大型体育场馆的演出类型日益丰富。比如2011年8月中国杂技团尝试在国家体育馆驻场演出杂技秀坊《杂技梦工厂》，持续近一月时间；大型音乐舞台剧《天龙八部》于2011年12月在国家体育馆驻演。

表5-4　部分大型演出场所数量及演出类型占比

演出场馆	演出类型及占比
人民大会堂	21.7%演奏；18.3%演唱会；15%舞蹈；5%歌剧
北京工人体育馆	72.4%演唱会；24.1%儿童剧；3.5%杂技魔术
五棵松体育馆	85.7%演唱会；11.4%演奏
首都体育馆	84.6%演唱会
国家体育馆	45.7%杂技魔术；42.9%音乐剧；8.6%演唱会
北京工人体育场	100%演唱会
国家体育场	60%演唱会；20%儿童剧

　　第四，旅游演出场所市场占有率呈上升趋势。旅游演出场所是以旅游观光客为主要观众群体的营业性演出场所，能够聚集最具活力的青年艺术家，展示丰富多彩的文化元素，能够满足不同国家和地区、不同年龄层次游客的需求。18家主要旅游演出场所占全市演出场所的17%，2011年共演出6216场，占全年总演出场次的30%。为了打造首都旅游形象新名片，本市重点推介了首批15家旅游演出场所（见表5-5）和16个旅游常演节目。15家重点旅游演出场所中，12家分布在东城区、西城区首都城市核心区域。

表 5 – 5　15 家重点推介旅游演出场所

单位：个

剧场名称	所在区域	场馆数量
国家大剧院		
解放军歌剧院		
梅兰芳大剧院		
天桥剧场	西城区	7
北京音乐厅		
北京展览馆剧场		
民族文化宫大剧院		
中国国家话剧院		
保利剧院		
长安大戏院	东城区	5
中山公园音乐堂		
首都剧场		
世纪剧院	朝阳区	2
中国木偶剧院		
海淀剧场	海淀区	1

16 个推介节目中有 14 个节目每天进行演出，内容包括戏曲、曲艺、杂技、动作、综合五大类型（见表 5 –6）。

表 5 – 6　2011 年 16 个推介剧目

推介剧目	演出场所
京剧《菊苑撷芳》	梨园剧场
京剧荟萃	湖广会馆
厅堂版《牡丹园》	皇家粮仓
综艺、曲艺	老舍茶馆
曲艺《北京相声大会》	广德楼
杂技《飞翔》	朝阳剧场
冰上杂技《环境极光》	东方凤凰剧场
杂技《天地宝藏》	天地剧场
杂技《魔幻音乐盒》	天桥杂技剧场
动作剧《神话武林》	中国木偶剧院
风情动作剧《什刹海》	什刹海体校比赛表演综合馆
动作剧《功夫传奇》	红剧场
情景乐舞《龙舞天下》	北京之夜晚宴剧场
音乐剧《爱上邓丽君》	东方松雷剧院
舞台剧《金面王朝》	欢乐谷剧场
舞台剧《观音》	天龙源温泉剧场

第五，群众公益性演出场所积极提供公共文化服务。群众公益性演出场所是区人民政府为了满足群众日常文化活动的需要而建设的，可供演出活动使用的场所，如区影剧院、区文化馆等。群众公益性演出场所数量具有一定的固定性，近几年变化不大。本市现有群众性演出场所12家，分布在东城区、西城区、朝阳区、海淀区、昌平区等11个区（见表5－7）。其中，区影剧院10家，占83%。主要演出综艺、戏曲、歌舞、儿童剧等对舞台的规模、设备设施等要求不高的剧目类型。这类演出场所的演出内容较为复杂，一般没有明确的定位。2011年，共完成"周末场演出计划"704场，平均每台演出观众600人左右。群众公益性演出场所除了进行演出外，日常还进行其他文化体育活动，利用率较高。

表5－7 群众性演出场馆演出类型情况

演出类型	演出场馆	演出类型占比
戏曲	湖广会馆	100%京剧
	恭王府大戏楼	
	北京梨园大戏楼	
	北京梨园剧场	
	大观园戏楼	100%昆曲
	中华皮影文化城	100%皮影戏
相声	张一元天桥茶馆	100%相声
	北京鑫融文化俱乐部	
杂技	天地剧场	100%杂技
	朝阳剧场	
	红剧场	
	工人俱乐部	

第六，小剧场演出类型以话剧为主，上座率高（见表5－8）。小剧场及其他各类剧场34家，占本市演出场所的33%。小剧场没有传统大剧场舞台的台口、台唇、主附台等剧场规制，具有独特的观演关系。小剧场的演出十分火爆，许多剧场上座率很高。2011年，在300~600座席的剧场中，北京蜂巢剧场的上座率为87%，朝阳文化馆TNT剧场的上座率为77%。在300座席以下的剧场中，上座率排名前十的剧场均可达到80%以上，排名第一的北京蓬蒿人剧场平均上座率达99%，排名第二至第四的朝阳文化馆梨园小剧场、北青盈之宝剧场、东方先锋小剧场平

均上座率分别为97%、95%、93%。小剧场演出类型主要以话剧为主，第一届北京青年戏剧节全部在小剧场演出，首季"小剧场建设与艺术发展"论坛在北青剧场举行。

表5-8 部分专业小剧场话剧演出占比

剧场名称	演出类型及占比
朝阳9剧场·非非小剧场	100%话剧
繁星戏剧村·五剧场	
朝阳9个剧场·TNT剧场	
戏逍堂嘻哈小剧场	
雷剧场	99%话剧；1%现代舞
繁星戏剧村·二剧场	94.4%话剧；5.6%舞蹈
繁星戏剧村·一剧场	92.7%话剧；7.3%现代舞
朝阳9个剧场·凹剧场	90%话剧；8%演唱会；2%现代舞
北青盈之宝剧场	90%话剧
蜂巢剧场	90%话剧；10%音乐剧
木马剧场	89%话剧；4.8%音乐剧；3.4%儿童剧；2%演奏
蓬蒿人剧场	61.6%话剧；17%音乐剧；11.2%默剧；6.9%现代舞

在小剧场及其他剧场类别的演出场所中，民营资本日益成为主要力量，并推动剧场经营模式的创新。华侨城大剧院是华侨城集团投资2亿元为舞剧《金面王朝》专门打造的剧院，开创了国内剧院为剧本量身定做的先河。北青盈之宝剧场是媒体联合投资、汽车经销企业投资的高端时尚剧场。蜂巢剧场则是导演孟京辉为其话剧《恋爱的犀牛》演出而专门改造的。

第七，剧院演出联盟初具规模，有利于降低演出成本。众所周知，我国的不少剧场、院团曾经经营惨淡，困难重重。有调查显示，全国十几万个剧场中约有85%处于闲置状态，很多剧场一年演出场次不到10场，大多数剧场靠放电影、开游戏厅、网吧、台球室生存，且80%以上处于亏损状态，职工工资待遇和福利可想而知。面对如此困难局面，在电影产业的启发下，我国一些城市文艺剧院（院团）有识之士从电影院线制的成功运作中看到了希望，也开始借助"院线制"这一模式，尝试走一条演出院线协作联合发展之路，这一演出运营模式被称为"演出院线协作联合体""剧院联盟"（见表5-9）等。以解决剧场演出节目不足、利用效率低下甚至常年大部分时间闲置问题，激发演出市场的活力。

表5-9　国内部分剧院演出联盟数量及组成

剧院联盟名称	组成及时间
东方百老汇	2006年3月,由北京时代新纪元文化传播有限公司和美国尼德兰德环球娱乐有限公司合作建立的北京东方百老汇国际剧院管理有限公司成立
北京市首都剧院联盟	2011年12月17日,由首都地区剧院、剧场自愿联合发起成立,目前联盟共有成员单位104家,包括国家大剧院、保利剧院等在北京乃至全国具有行业影响力的重点单位
中国国际演出剧院联盟	2012年9月11日,国内首个国际演出剧院联盟,也是首个民间自发组织的全国性演出剧院联盟,全国70家剧院和剧场成为首批会员,实现了25个省会城市的剧院对接,在全国范围内共享演出资源
中演演出院线	2010年5月,由中国对外文化集团公司发起成立35家加盟剧院
中国北方剧院(场)联盟	2005年9月,北京天桥剧场、辽宁大剧院、营口辽河大剧院等剧院联手建立
大隐院线	2010年7月,有30家剧院加盟,分布在北京、天津、广州等地
保利院线	2010年3月,由北京保利剧院、中山公园音乐堂、上海东方艺术中心等25家组成

（二）北京市剧场演出联盟发展基本情况

从"自主谋求生存发展"到"国家政策引导助推"，经过短短几年的发展，北京的剧院演出联盟已经取得了长足的进步和发展，具备广阔的发展空间。

1. 北京剧院演出联盟初具规模

据不完全统计，全国现有剧院演出联盟20余家，初具规模的有10家左右，运营超过150家剧场。目前在国内已形成保利院线、中演演出院线、长三角演艺联盟等近10个剧院演出联盟。这些剧院演出联盟大多数集中在北京或者以北京为中心辐射全国，其中，最重要的两大联盟，中演演出院线与保利院线均在北京。一是以中演演出院线为代表的松散加盟，迅速占据市场，形成规模。作为中国对外文化集团公司跨地域连锁经营战略的第一步，中演演出院线于2009年开始组建，2010年5月正式启动，目前成员单位已发展至16个省区市35家加盟剧院，共拥有座席41181个，年演出场次超过3000场，年度观众总量将达330万人次。初步形成了北上广三大演艺中心城市的市场战略布局，并基本形成了贯穿东中西部的全国性演出院线雏形。二是以保利院线为代表的院线形式，对加盟垂直管理、人力物力重新分配，管理严格。目前保利院线已经完成了对"珠三角"、"长三角"和"华中、华北地区"三大区域演出平台的布局，"西南院线"区域演出平台也在紧锣密鼓地筹建中。一个全国性的演出院线网络已基本形成。去年，保利院线在各地组织演出共1500余场，接待观众超过120万人次。预计今年组织演出场次将达到1800场左右，接待观众将达到150万人次以上。目前，从电影院线角度切入文化的万达集团，也成立了万达演出院线。大型国有集团——北京歌华文化发展集团，联手中国对外文化集团、中体产业集团等，分别推出小剧场院线和大剧场院线。这些全国性剧院演出联盟和区域性剧院演出联盟运营状况较好，实现了快速扩张和良性发展，同时带动了北京市演出市场的繁荣。

2. 剧院演出联盟的运营模式初步形成

目前国内已经探索出适应我国演出行业特点且卓有成效的演出院线经营模式，主要有三种（见表5-10）。一是保利直营模式，一种严格意义上的专业化院线管理模式。企业对剧院具有自主经营权，有利于形成统一有序的管理机制和经营秩序。其产业收入不仅来自演出，还来自产业链，但需要维持剧场运转和节目购买，投资是巨大的；目前这种跨区域经营的模式仍处在探索阶段。二是联盟模式，如中演模式，建立标准化、专业化的运作流程，在全国范围内配送演出产品，即剧场网络、节目购买和运作，实现一条龙管理。这种产业链延伸的模式，节约了成本，也让许多缺少演出资源的剧院获益。三是以"我"为主的自营模式，如刘老根模式，拥有自己的知识产权剧目，不断打造一批批明星，成为一个文化符号，不断提升文化的附加值。

表 5-10　保利院线、中演演出院线与国话演出院线

单位：个

院线名称＼院线情况	成立时间	参加院线剧院	覆盖省区市	营销模式
保利院线	2010年7月	23	10	直营
中演演出院线	2010年5月	35	16	联盟
国话演出院线	2009年9月	9	8	自营

资料来源：根据各自相关官方网站与公开研究资料整理。

3. 民营演出院线发展迅速

保利、中演等国有演出院线迅速发展的同时，一些有实力的民营剧院以差异化为竞争策略，通过准确把握各地市场差异与市场规模预测，成立演出院线，民营剧院通过连锁经营，以多种方式规避市场风险，收到良好效果。北京贯辰传媒打造的大隐院线——首家以话剧演出为主体的民营话剧院线，在全国各地省会城市大约有 30 个剧场（见表 5－11），2012 年舞台剧演出超过 1000 场。杭州金海岸演艺院线以设立分公司和租赁剧场的方式经营 14 家剧院。由本山传媒投资运营的刘老根大舞台已经逐步发展到北京、天津、哈尔滨等城市，拥有 9 家连锁剧场，年票房总收入 2 亿多元，演出约 3000 场。在扩张速度上虽不及国有剧院演出院线模式，但经济效益相当可观。

表 5－11　部分民营剧院演出联盟

单位：个

院线名称 ＼ 院线情况	成立时间	参加院线剧院	覆盖省区市	营销模式
大隐院线	2010 年 7 月	30	北京、天津、广州、石家庄、郑州、合肥	直营
刘老根大舞台	2005 年	9	北京、天津、哈尔滨	连锁

资料来源：根据各自相关官方网站整理。

4. 剧院演出联盟已开始进军国际市场

演出院线的开拓经营，既可以提高中国市场对于外来演出的议价能力，同时也可以通过渠道合作与交换的方式，推动中国演出产品在国外的高端平台上走出去。"原来引进一个剧目国际差旅费要花 2000 万元，只能在一个城市演几场，现在可以通过院线把这个国际运输成本稀释掉；原来几家代理商相互哄抬价格，导致引进个大腕要花天文数字，现在可以理直气壮地按照国际价格去谈判；原来推出一部剧到海外市场，没办法进入主流剧场，现在你可以通过国际剧院联盟拿自己的资源换别人的剧场资源，增强产品输出能力"，中演演出院线总经理王洪波介绍说。①"走出去"将由政府交流模式向相对商业化模式转型，品牌化输出、版权输出都将成为主要形式。目前，国内外演出院线共同制作、运营大型剧目将成为中国演出企业"走出去"的主流方式。目前，北京也开始尝试在政府对外文化交流项目中引入商业化运作模式，比如中国杂技团杂技晚会"梦幻北京"在约翰内斯堡的演出首次以票房分账方式与海外演出商合作，共演出 18 场，引起强烈反响。北京市将更加重视对外文化贸易在文化"走出去"中的作用，加强对外文化产品和服务的输出，进一步鼓励国内文化企业参与国际文化市场竞争，掌握国际文化市场分工的话语权。

（三）北京市剧场及剧场演出联盟主要政策梳理

按照行政职能管理权限划分，北京市的剧场演出基本上由北京市文化局负责管理，因此政策梳理以北京市文化局出台的相关政策为主。同时由于剧场文艺演出行业自身的特殊性，如果要达到较为全面公正地衡量文艺演出产业政策的影响力，那么部分具有促进公益演出性质和演出市场管理的政策也需要将其纳入考察范围，现将北京市与剧场及剧场演出联盟发展相关的一些政策文件梳理如下（见表 5 - 12）。

表 5 - 12　北京市与剧场及剧院演出联盟发展相关的文化消费政策文件

序号	政策文件名称	主要内容
1	《北京市小剧场建设补贴资金管理办法》	鼓励支持新建改造小型营业性演出剧场，提升演出功能，改善观剧环境
2	《北京市舞台剧精品剧目演出奖励补贴办法》（2014 年修订完善《北京市舞台艺术创作生产奖励扶持专项资金管理办法》，对优秀剧目的创作生产、演出进行扶持奖励）	鼓励、引导文艺院团加强精品创作，繁荣首都文艺舞台，管理范围为市属专业文艺院团、在京注册的优秀民营文艺院团
3	《北京市民营文艺表演团体发展扶持管理办法》	进一步促进民营文艺表演团体创作与演出繁荣发展，管理范围为在京注册并持有《营业性演出许可证》的民营文艺表演团体

---

① 资料来自中国对外文化集团公司新闻总监王洪波在第七届中国文化产业新年论坛上的演讲，http://www.icipku.org/。

续表

序号	政策文件名称	主要内容
4	《北京市小剧场扶持管理办法》	引导小剧场剧目创作的方向,提升小剧场剧目艺术水准,拟扶持范围为在京注册并持有《营业性演出许可证》的民营文艺表演团体
5	《北京市"公益演出下基层"活动专项资金管理暂行办法》	整合现有公益惠民演出项目,加强演出管理,提升补贴标准,提高演出质量,管理范围为各区参与"公益演出下基层"的文艺表演团体
6	《北京市文化局关于支持在京剧场建设、改造资助补助办法》	提升我市现有剧场硬件、软件水平,吸引社会资金加入剧场建设、改造,管理范围是在京备案的营业性专业剧场
7	《北京市文化局关于低价票补贴管理办法》(2014年已经推出《北京市惠民低价票补贴专项资金管理办法》)	培养市民文化消费习惯,拉动文化消费,让更多普通市民能够买票走进剧场,管理范围为达到低价票补贴标准,并经市文化局认可的首都剧院联盟成员单位
8	《北京市剧场标准化管理实施办法》	提高全市营业性演出场所硬件设施、经营管理和服务水平,尽快实现科学化、标准化、专业化的行业规范管理,管理范围为我市行政区域内取得工商、文化、公安消防、卫生等部门合法经营资质的,具有舞台和观众座席及配套设施并正式营业的剧场
9	《北京市演出市场监管办法》	在《营业性演出管理条例》和文化部《营业性演出管理实施细则》的基础上,与市文化执法总队等部门联合制定《北京市演出市场监管办法》,以解决演出活动中涉及的监管内容、监管方法、监管主体、监管规程性问题
10	《北京市关于落实〈文化部、中央组织部、中央宣传部、中央编办、发展改革委、财政部、人力资源社会保障部、税务总局、工商总局关于支持转企改制国有文艺院团改革发展的指导意见〉的实施方案》(为进一步落实对国有院团的扶持,2014年出台《北京市文化局所属艺术表演团体财政补助资金管理办法》,按照演出场次、演出收入对院团演出进行补贴奖励;起草《北京市文化局关于支持北京市属地方戏曲院团创作、演出的扶持办法》,对三家新转企改制单位的创作、演出给予经费支持)	主要是为推动文化部等九部委对于支持转企改制国有文艺院团改革发展的指导意见在北京落地,目前已形成相关文件上报市委宣传部

序号	政策文件名称	主要内容
11	《北京市文化局舞台艺术展演补贴办法》	对各类院团参加舞台艺术展演活动给予资金补贴
12	《北京市文化局关于因公观看演出购票管理办法》	《演出购票办法》对于因公观看演出的范围、购票服务对象、因公观看演出购票审批流程等方面均有详细规定

过去，剧场演出行业基本是由政府主导，从性质上看偏向于文化事业而非文化产业，而随着文化体制改革的推行和文艺演出市场的发展，近年来，虽然政府仍扮演着管理者的角色，负责演出项目和演出市场主体资格的审批以及演出市场的监管，但演出团体的体制和类型都有了转变。文化部于 2002 年修订了《营业性演出管理条例实施细则》，大幅度调整了演出市场准入政策，取消了演出单位主体资格的所有制限制，只要是符合规定的单位或个人，均可依法投资兴办演出单位，举办演出活动。因此，目前从整体上看，北京的剧场演出市场是多种所有制主体并存，行业发展形态也由过去传统的以计划形式的政府演出为主渐渐转变为以营业性演出为主的文化事业与文化产业并重。据统计，截至 2012 年年底，北京市所拥有的530 家艺术表演团体中，中央及其他部委所属团体 17 家，部队院校所属团体 17 家，市属院团 11 家，区院团 7 家，其余 478 家全部是民营艺术院团，约占全部院团数量的 90%，2013 年 1~6 月，北京地区经许可新增表演团体 13 个。2013 年 1~6 月，全市经许可新增演出经纪机构 122 个，截至 2013 年 6 月 30 日，北京的演出经纪机构数量达 1465 家，占全国演出经纪机构总数的一半，其中近 90% 是民营机构。

由于剧场演出自身的特殊性和主体的复杂性，因此所涉及的政策范围非常广泛，大体上可以分为创作扶持类、公益补贴类、市场管理类、改革扶持类，不同类型的主体对于不同政策的敏感程度不一。根据近年来北京剧场演出市场的总体收入统计经验，演出收入的来源不仅包括完全走市场化道路的营利性演出，而且很可能包括涉及保障公民基本文化权益的公益性演出，如国有文艺院团常常要承担政府的公益演出任务，特别是一些以传统剧目为主的文艺表演团体，公益演出收入是其总体收入的重要构成部分，这部分收入一般都会纳入统计范围，因此这些文艺表演团体对公益性演出的政策规定比较敏感。而对于产业化程度较高的民营文艺团体和演出公司而言，基本上不涉及公益演出政策，完全走市场化道路，对于市场监管的政策规定更为敏感，因此在评估政策时要严格区分调研对象，针对不同调研对象进行不同内容的数据采集和调查问卷设计。

尽管北京市剧场及剧院演出联盟的运营模式已经初具规模，但是仍然面临诸多问题，如联盟与剧院之间是"给与要"的供给关系，节目资源共享的合作方式可能会使剧院看不到联盟的整体品牌价值、衍生渠道价值和多元经营价值，难以形成利益共同体，有时甚至会发生利益冲突；但是，稳定的节目源、整体议价能力的提升，是许多剧院加盟院线的主要动机。此外，当前剧院演出联盟的建设依然面临着演出行业二元体制并存、转型并未到位、现代演出市场体系尚未形成等问题的困扰，加之所有制壁垒、地区壁垒和部门壁垒等问题依然存在，地区之间的行政壁垒、行业垄断、区域封锁等诸多藩篱阻碍着全国性的剧院演出联盟的建设，加之我国文化体制改革的滞后性，各地剧院的地方保护心态严重，担心全国性剧院演出联盟的推广会影响地方利益，制约地方本土特色文艺发展，对具有浓厚地方色彩的演出剧种造成冲击，因此，盲目地排斥外来剧目；也有某些地方领导认为以北京剧院为中心的全国性剧院演出联盟会造成当地的演出项目品种单一、部分剧目票价过高、地方收益外流，而使本地区利益受损。这些都成为跨地区的全国性文艺演出院线发展的障碍，使得剧院演出联盟建设的步伐大大减缓。因此，如何在政策引导下探索全新的剧院联盟经营模式的研究与改革有待进一步深化或完善。

二 北京市剧场演出联盟政策绩效评估指标体系建立

近年来北京市出台的演艺业政策在鼓励舞台创作生产、繁荣舞台演出、规范演出市场等方面起到了积极的作用。那么，这些政策的实际效果怎么样，或者说我们怎样去衡量判断政策的成效呢？围绕这一中心问题，我们设计了北京市剧场及剧院演出联盟政策绩效评估的指标体系，以期对剧院演出联盟发展政策绩效进行科学、客观的评价。

（一）评价体系构建原则

构建剧院演出联盟政策绩效评价体系的目的是考核近年来北京市出台

的促进演艺业发展的政策绩效，评价体系应该做到全面、客观、真实、可信和可操作。评价体系构建应该遵循以下基本原则。

全面性原则。政策绩效评估既要看政策本身的科学性，又要看政策产生的成效如何；既要看政策产生的经济效益，又要看其带来的社会效益；既要着眼于政策受众利益，又要考虑政策制定方的角色。所以指标体系构建的一个重要原则就是全面性。

目标性原则。建立评价体系的目的是更加有效地评价演艺业政策对于演艺业发展带来的成效，了解现有政策在制定、实施中存在的问题，发现问题，及时纠正，提高政策质量。因此，该评价体系要具有一定的目标导向性。

可操作性原则。可操作性具体可从三方面考量。一是数据的可获得性。所选指标可以通过现有资料整理加工获得，或者可以通过问卷调查获得。二是指标的可量化性。指标数据可量化才能更加客观公正地反映问题，因此尽可能多地利用量化数据，尽量少地利用主观评判性指标。三是指标体系建立应该层次清晰、分明，避免庞杂无序。

排他性原则。政策绩效的评估是一项极具挑战性的工作，很重要的一个原因就是政策之间的错综复杂性，往往是多因多果，很难将某一项政策所产生的效果从事物发展结果中剥离出来，难以找出政策与成效之间的一一对应关系。因此在评价指标体系的建立过程中，指标的选择尽量立足于近十年来北京市出台的演艺业政策，从出台政策的内容中确立政策想要实现的目标，根据政策所指向的目标来确立评价指标体系中的指标，这样就可以最大限度地排除政策以外因素对政策成效的影响。所以，评价指标体系建立的一个重要原则就是排他性。

（二）评价指标体系的构建

衡量一项政策的好坏涉及多个方面，并且评价机理比较复杂，在错综复杂的影响因素和衡量标准之间，梳理脉络，综合考虑，最后我们主要从政策质量、政策实施过程当中的服务质量、政策成效3个一级指标，合规性、适应性等12个二级指标，政策与其他相关法律政策的符合程度等36个三级指标来对北京市近年来演艺业政策绩效进行评估。具体评估指标体系见表5–13。

该评估指标体系包括三个部分，一是政策质量。科学的政策是产生良

表 5 – 13　北京市近年来剧场及剧院联盟发展政策绩效评估指标体系

评估目标	一级指标	二级指标	三级指标
北京市近年来剧场及剧院演出联盟发展政策	政策质量	合规性	政策与其他相关法律政策的符合程度
		适应性	与北京市经济文化发展状况的适应程度
			与北京市文化创意产业政策的适应程度
			政策调整是否及时
		协调性	演艺政策与北京市文化创意产业的协调程度
			演艺政策与北京市产业政策的协调程度
		前瞻性	对演艺业的引导作用
		配套性	配套政策是否齐全
		可操作性	具体实施细则的出台
			分阶段检查程序情况
	政策服务质量	服务保障	政策执行人员的服务态度
			保证政策执行的机构、人员保障程度
		享受政策的目标群体的参与性	政策知晓程度
			政策利用程度
		政策执行	政策执行是否有利
	政策成效	经济效益	实际演出场次
			观众人次
			演出收入
			文艺院团的数量
			规模以上文化企业收入占当年文化创意产业收入的比重
			演艺业吸纳就业人数
			北京市演出经纪机构数量
			北京市取得演出经纪人资格认证数
		社会效益	获得中宣部"五个一工程"奖、中国艺术节"文华大奖"、文化部优秀保留剧目奖和入选国家舞台艺术精品工程的剧目数
			享受北京市文化惠民低价票补贴票张数
			北京市文化惠民低价票补贴票资金(万元)
			大型演出场馆平均票价(元)
			多功能综合剧场平均票价(元)
			"文艺演出星火工程"专项资金资助场次
			"文艺演出星火工程"专项资金资助金额
			"周末场演出计划"演出场次
			"周末场演出计划"投入资金(万元)
			入选全国文化企业三十强的数量
			取得演出经纪人资格认证数
		政策目标对象满意度	政策质量满意度
			政策服务质量满意度
			政策成效满意度

好绩效的前提，只有好的政策，才有能力产生好的绩效。如果政策本身存在不合规、不合法，与其他相关政策不协调等，必然对政策绩效产生负面影响。因此，指标体系中的第一个问题也是政策绩效评估的首要条件就是衡量政策本身的质量。这一部分又可从合规性、适应性、协调性、前瞻性、配套性、可操作性六个方面进行评估。二是政策服务质量。制定出好的政策后，政策的服务质量的高低也是影响政策成效的重要一环，所以，从政策的保障程度、享受政策的目标群体的参与性、执行情况三个方面对政策服务质量进行评估也是必要的。三是政策成效。评价政策绩效的核心是看政策出台后所产生的效果如何，因此这一部分是对演艺业发展政策绩效评估的重点。演艺业一方面要陶冶情操，丰富人们的精神文化生活，提升文化品位，另一方面也要为社会创造明显的经济价值。所以，政策成效的评估可从经济效益和社会效益两个方面来衡量。

（三）指标体系评价方法概述

指标体系的三个部分分别具有不同的特点，总的来说，第一部分政策质量和第二部分政策服务质量属于定性指标，第三部分政策成效属于定量指标。对于定性指标，我们以定性分析研究的方法为主，主要包括调查问卷、专家访谈、召开座谈会等。对于定量指标，我们主要是在搜集整理相关数据的基础上归纳推理，进行横向、纵向的比较分析。整个评价过程要做到定性与定量相结合，数据和事实相结合，主观评判和客观分析相结合。

三 北京市剧场及剧院演出联盟发展政策
绩效评估分析

（一）政策质量与政策服务质量的评估

政策质量在本课题研究中是从政策的合规性、适应性、协调性、前瞻性、配套性和可操作性六个方面来考量的。政策的合规性是指北京市近年来出台的推进剧场及剧院演出联盟发展的相关政策是否符合国家的相关法律规定，是否符合国家相关制度的规定，是否与北京市出台的演艺业和文化政策相一致，是否和国家出台的演艺业和文化政策相一致等。政策的适应性是指北京市近年来出台的推进剧场建设及剧院演出联盟发展的演艺政策是否与北京市和国家大的文化思想相适应，是否与北京市的文化需求相适应，政策的调整是否及时等。政策协调性是指北京市近年来推进剧场建设及剧院演出联盟发展的演艺政策在政策内容的制定、政策出台的时机等方面与北京市和国家的相关政策是否相冲突。政策的前瞻性是指北京市近年来出台的推进剧场建设及剧院演出联盟发展的演艺政策是否能与国家和北京市大的演艺业以及文化发展趋势相吻合。政策的配套性是指北京市近年来出台的推进剧场建设及剧院演出联盟发展的演艺政策是否有一系列相关配套政策的出台，是否有与政策相配套的各种支持条件。政策的可操作性是指北京市近年来出台的演艺业政策目标是否清晰可行、工作流程是否明确便于操作、政策执行是否有有效抓手等。

政策服务质量主要从服务保障、享受政策的目标群体的参与性、政策执行三个方面来考量。政策的服务保障主要是指政策执行人员的服务态度以及保证政策执行的机构和人员保障程度。享受政策的目标群体的参与性是指政策受众对相关政策的知晓程度和利用程度。政策执行是指政策在执行中是否有利、有效。政策质量与政策服务质量的评价难以找到已有的统计数据进行分析，主要是依靠人们的主观感受和经验判断。因此对这两个部分进行评价主要是以定性分析为主，定量分析为辅。常用的定性分析方法有专家会议评价法，定量分析法有专家打分法、层次分析法等。根据北京市推进剧场建设及剧院演出联盟发展的特点以及本课题调研的现实条件，本研究主要采用了专家打分法、专家会议评价法。围绕近年来北京市出台的推进剧场建设及剧院演出联盟发展的演艺政策，课题组精心设计了相关的调查问卷，召开了专家座谈会，听取了专家的意见，并就个别问题进行了专家访谈，形成了如下结果。

（1）政策质量的评价

在对政策质量的评价过程中，针对合规性、适应性、协调性、前瞻性、配套性、可操作性进行了调查，人们对于政策的合规性没有提出异议。可见，影响北京市近年来推进剧场建设及剧院演出联盟发展的演艺政策质量的主要因素是政策的配套性和可操作性。

从政策的配套性上看：有的政策出台后，没有相关配套的和后续的政策支持使得政策难以落实，如演出经纪人制度。北京市出台了《演出经纪人员管理办法》，该政策在经纪人的考试、从业等方面做了相关规定。但是演出经纪人具体的经纪制度没有建立，经纪市场有待进一步完善政策。

衡量一个地区的演艺业是否成熟，其中一项重要的指标就是看其经纪人制度是否完善，经纪人运营是否活跃和成功。而我们现在的演出往往还是剧院、剧团在信息不对称情况下的协商，还没有形成一套完备的经纪人制度和市场。经纪人属于市场行为，应当由中介机构负责统筹协调，但是在市场发育不完全的情况下，政府应该为中介机构的发展和经纪制度的建立提供辅助性政策。再比如，北京市出台的《北京市舞台艺术创作生产专项扶持资金管理暂行办法》，规定专项资金的使用范围、资助金额、管理主体等，但是，对于申报作品的创作机制没有做出相关的配套规定，造成一系列的问题，诸如创作人才以请大腕为主、本土创造人才被湮灭、人才流失、创作环境不佳等问题，同时，对于创作资金的使用也没有建立相应的跟踪监督机制，过于重视前期评审，而忽视绩效评估，对于受惠主体在取得相应的扶持资金后是否按照规定合理使用，受扶持作品的社会效益和经济效益究竟如何也缺乏相应的评估检验和信息公开机制。

从政策的可操作性上看，有些政策的初衷是好的，但是政策出台以后，政策目标群体感受不到政策的存在，其中一个原因就是政策的可操作性差，没有有力的抓手，政策难以落实。落实较好的往往是扶持资金拨付的相关内容，而对于院团长远发展有利的政策内容，如现代企业制度的建立，高效公平的治理结构和机制、人才激励和培养制度等相关政策由于缺乏可操作的具体内容，往往存在落实困难的情况。特别是北京市正处于转型发展时期，资源人口环境约束较强，而演艺产业发展的核心——人才引进往往要受整体城市发展政策的限制，能够实施与相应兄弟省市相比有竞争力的人才引进政策是比较困难的。

（2）政策服务质量的评价

对政策服务质量的评价，从服务保障、享受政策的目标群体的参与性、政策执行力三个方面进行了调查。政策目标群体的参与性不强成为最突出的问题，次之的是政策执行不力。政策目标群体的参与性不强，主要体现在一些普惠类的剧场扶持政策上，如获得扶持资金的数额以及受惠群体都较为有限，一般能够获得扶持资金的都是国有剧场及院团或市属重点转制院团，民营剧场受惠较少。加上政策宣传力度不够，往往知晓群体限于国有演艺院团和转制院团，民营院团在信息资源占有上与国有文化单位的不对等，导致对政策了解不够，往往错过申报机会。从政策执行力不强来看，执行力问题是政策制定出台主要由宣传文化系统负责，而很多政策落实往往需要经济部门、人事部门以及区政府的统一配合，但是"小文化"的文化管理体制使得宣传文化部门一方面在工作程序上很难协调相应部门，简单地说就是没法为相应单位派活；另一方面在执行监督上，宣传文化单位也无权对相关部门的执行行为予以监督考核。这些都是导致执行力不强的原因。

（二）政策成效的评估

政策成效是衡量政策绩效的主要标准，基于北京市近年来出台的推进剧场建设及剧院演出联盟发展的演艺政策内容和相关数据的可获得性，确定了经济效益和社会效益两大部分的一级评价指标。在经济效益中确定了实际演出场次、观众人次、演出收入、文艺院团的数量、规模以上文化企业收入占当年文化创意产业收入比重、演艺业吸纳就业人数、北京市演出经纪机构数量、北京市取得演出经纪人资格认证数等指标。在社会效益中确定了获得"五个一工程"奖、"文华大奖"等奖项数，享受北京市文化惠民低价票补贴张数，北京市文化惠民低价票补贴票资金，大型演出场馆平均票价，多功能综合剧场平均票价，"文艺演出星火工程"专项资金资助场次，"文艺演出星火工程"专项资金资助金额，"周末场演出计划"演出场次，"周末场演出计划"投入资金等指标。

1. 经济效益指标

（1）艺术演出场次

2006年以来，北京市的艺术演出场次呈现明显增长趋势，从2006年的9280场到2013年的23155场，实现了稳步增长。2014年1~6月，52家主要艺术演出场所共有艺术演出7014场，这得益于北京市出台的鼓励艺术演出的相关政策，例如北京市文化局关于进一步完善"百姓周末大舞台"、"周末场演出计划"、农村"文艺演出星火工程"等公益惠民演出政策。但是与全国文艺演出情况相比，北京市文艺演出场次并没有明显优势，所占全国演出场次的比重变化较小。数据显示北京市演出场次在自身稳步提升的同时，并没有在发展速度上处于全国领先水平。这也从侧面反映出近些年来全国其他地区在演出场次上的优势。

（2）实际演出场所个数

演出场所是演艺业蓬勃发展的必要条件之一，良好的演出场所是良好演出效果的保障，北京演出场所的发展一是建立在北京演艺资源丰富、文化氛围浓厚的基础之上，很多机构乐于投资发展剧场，如北京的蓬蒿人剧场就是私人出于对戏剧的热爱而投资建立的，再如文化创意集聚区的人气吸引效应，如在中央戏剧学院周边的锣鼓巷地区、人艺的首都剧场附近自然形成了演艺核心区，北京地区还有全国独一无二的中央单位资源以及院校资源优势，如北大百年讲堂、解放军歌剧院等。二是北京的"科技创新"和"文化创新"的双轮驱动使北京将文化产业作为转型发展的主要驱动力，各区大力支持发展文化创意产业，北京市在 2011 年左右出台建设天坛和天桥演艺核心区的发展战略，打造首都功能核心区的剧场群。三是北京的联盟组织建设处于全国前列，如 2011 年成立的首都剧院联盟，到目前为止已有 100 多家北京地区的剧院加盟，极大地盘活了剧院资源，对剧场的整体发展起到了重要的支撑作用。

（3）观众人次

推进剧场建设及剧院演出联盟发展的演艺政策的主要目的之一就是为大众创造良好的演出环境，丰富和满足大众的精神文化需求，让更多的人能够进行文化消费，愿意进行文化消费。从 2006 年到 2013 年北京市文艺演出观众人次统计数据来看，观众人次并没有呈现不断上升的趋势，从 2009 年以后，反而略有下降的态势，2014 年 1～6 月份，观众人数 247 万人。2009 年之后，观众人次略有下降，中央政策的调整使演艺产业进入了整体盘整期。过去文艺福利观念下的免费观演为市场条件下的文化消费所取代，而民众相应的文化消费观念尚未完全建立，有关的演艺消费硬件设施条件有限，相应的配套服务如餐饮、停车等均受市政总体发展的限制，因此观演人次有所下降。北京市正在努力出台政策鼓励文化消费，如从 2013 年开始由市文资办牵头的北京文化消费季，整合全市文化资源，演出也在其中，在消费季，观众可以打折购买演出票，2014 年有 200 场左右可以提供 4～5 折的折扣，增加了观演人次，对演艺消费是极大的鼓励和推动。

（4）演出收入

2006 年北京市演出业收入为 4 亿元，2007～2013 年依次是 4.16 亿元、6.27 亿元、9.33 亿元、10.90 亿元、14.05 亿元、15.27 亿元、14.42 亿元，2013 年演出业收入是 2006 年演出业收入的 3.6 倍，取得了可喜的成绩。但是与全国范围内近些年演出业收入相比，北京市所占的比重呈现下滑趋势。2007 年，北京市演出业收入占全国演出业收入的比重为 20.42%。以后依次是 30.61%、32.37%、31.81%、26.67%、23.80%、19.60%。2009 年达到峰值之后，所占比重呈下降趋势。之所以出现该现象一方面是由于北京市演出扶持政策和文艺院团改制所释放的"改革"和"政策"红利效应；另一方面则是北京奥运会带来的文化消费高峰。而在 2008 年之后，恰逢经济危机，演出行业也受到整体宏观经济环境的影响进入了震荡调整期，同时从 2003 年开始的文化体制改革政策持续到 2008 年也需要对现实中出现的新问题进行调整，所以从整体上看，演出行业的发展在经历爆发期后进入平稳期。2011 年党的十七届六中全会对文化产业整体的政策利好带来了产业整体的快速投入，一些非理性的热钱也随之流入演艺产业，带来了表面上的产业繁荣。但 2013 年之后中央新的政策规定则引发了过去演出行业虚假繁荣的泡沫效应，演艺产业也需要经历这样的"阵痛期"，方能实现健康持续发展。

（5）剧院数量

2008 年北京市的文艺院团数目为 202 个，2009 年为 313 个，2010 年为 338 个，2011 年为 504 个，2012 年为 562 个，2013 年为 620 个，文艺院团数量稳步增长。2009 年出台的《关于构建合理演出市场供应体系、促进演出市场繁荣发展的若干意见》鼓励民营院团建设，降低院团准入门槛，全国艺术表演机构数也呈现了快速增长的势头，2008 年全国艺术表演机构数为 5114 个，2009 年为 6139 个，2010 年为 6864 个，2011 年为 7055 个，2012 年 7321 个，2013 年为 8180 个。在艺术演出机构绝对数量增长的前提下，北京市文艺院团数占全国艺术表演机构数的比重也呈现增长的趋势。北京市文艺院团数量的快速增长一方面得益于北京这个全国文化中心得天独厚的优势，另一方面得益于北京市关于支持院团建设的政策。如在北京市舞台艺术专项扶持资金等政策的实施执行过程中，对国有和民营文艺院团一视同仁，甚至更多地支持民营院团的发展，自 2009 年资金设立以来，每年获得扶持的民营院团数量占获得扶持的文艺院团数量的半壁江山，近年来更有年份达到 75% 以上，政策环境的优化促使民营文艺院团数量不断增长。

（6）演出经纪机构和演出经纪人资格认证数量

演出经纪人制度的完善或者演出经纪机构的数量是衡量演艺业发展水平的一项重要标准。北京市出台的《演出经纪人管理办法》进一步促进了经纪人制度的建立和完善。2008～2013年，北京市演出经纪机构数有了较快速的增长，从2008年的581个，到2009年的698个，到2010年的855个，到2011年的1150个，到2012年的1540个，再到2013年的1646个，年年攀升。从2006年设立演出经纪人资格认证以来，每年取得演出经纪人资格的人数稳步提高，2006～2013年依次是670人、703人、784人、820人、885人、1177人、1295人、1371人。这说明北京市出台的支持演出经纪人制度发展的辅助性政策取得了可喜的成绩。

2. 社会效益指标

(1) 惠民票价补贴效果

受经济收入水平和文化消费习惯的影响，大众对于演艺业消费的热情不足，同时，演艺业成本固化和演艺经营运作机制不佳等原因使得演艺票价居高不下。票价也成为影响大众演艺业消费的主要因素。基于此，北京市出台了一系列政策给予更多的票价优惠，以期带动演艺业消费，丰富大众的精神文化生活。例如，北京市出台的《北京市文化局关于低价票补贴管理办法》《北京市文化局演出活动经费补贴办法》等。这些政策取得了一定的成效。剧院拿出30%的座位，票价在100元以下的，对于高端演出，政府给予每张200元的补贴，资金是由文化局和财政局合作解决的，由首都剧院联盟来执行。2012年出台北京市文化惠民低价票补贴政策，2012年低价票补贴51262张，2013年低价票补贴105762张，2012年低价票补贴资金536万元，2013年低价票补贴资金1333万元。在低价票补贴政策的作用下，在人们收入水平不断增加和通货膨胀因素的影响下，2013年与2007年相比较，平均票价不升反而有所降低。其中，大型演出场馆平均票价和多功能剧场平均票价均有了一定幅度的降低，可见北京市出台的文化惠民票价补贴政策取得了一定的成效。

2014年，为了进一步规范低价票惠民补贴工作，北京市文化局出台了《北京市惠民低价票补贴专项资金管理办法》，新办法在以下三方面有所推进：一是将补贴适用范围扩大到全市所有符合条件的剧场，范围更广；二是常规演出每张票补贴100元，大型歌剧、舞剧、交响乐等高成本演出每张补贴200元，标准更高；三是由阶梯式改为按实际售出张数补贴，方式更科学。2014年全年共补贴768场12万张，补贴金额1480万元，受益观众达30余万人次。

（2）作品获奖情况

好的作品是演艺业发展的核心，只有创作出符合大众精神文化需求的精品力作，才能充分发挥舞台艺术的魅力，调动观众的欣赏兴趣，提升文化素养，丰富文化生活。北京市近些年来在鼓励创作精品剧目方面出台了一些有力的政策，比如《北京市舞台剧精品剧目演出奖励补贴办法》《北京市文化局关于〈北京市舞台艺术创作生产专项扶持资金管理暂行办法〉奖励部分实施说明的通知》等。在政策引领下，北京市演艺业不断创作优秀作品，创造了较大的社会价值。

北京市在中宣部精神文明建设"五个一工程"评选中取得了优异的成绩，历年获奖作品有：第一届评剧《黑头与四大名蛋》，第二届京剧《水龙吟》（获提名），第三届话剧《旮旯胡同》（组织工作奖），第四届儿童剧《山那边》（获提名），第五届话剧《阮玲玉》（组织工作奖）、曲剧《烟壶》（组织工作奖），第六届儿童音乐剧《雪童》（组织工作奖），第七届话剧《古玩》（组织工作奖）、京剧《风雨同仁堂》（组织工作奖），第八届京剧《宰相刘罗锅》（第二本），第九届话剧《万家灯火》（优秀作品奖、组织工作奖），第十届戏剧《北街南院》（优秀作品奖、一等组织工作奖）、戏剧《红领巾》（入选作品奖、一等组织工作奖），第十一届儿童剧《红孩子》（组织工作奖）、人偶奇幻剧《猴王·花果山》（组织工作奖），第十二届评剧《马本仓当官记》（组织工作奖），第十三届儿童剧《想飞的孩子》。

在国家舞台艺术精品工程精品剧目中，北京市也取得了良好的成绩，涌现出一批好的作品。比如，2002～2003 年度，北京京剧院的《宰相刘罗锅》；2003～2004 年度，北京人民艺术剧院的《万家灯火》；2004～2005年度，北京儿童艺术剧院股份有限公司的《红领巾》；2010～2011 年度，北方昆曲剧院的《红楼梦》以及国家话剧院、北京儿童艺术剧院股份有限公司的《四世同堂》等。

文华奖是为了促进中国戏剧事业的发展，鼓励舞台艺术创作繁荣，由政府设立的奖励专业舞台表演艺术的最高政府奖项。北京市在近些年的文华奖评选中，取得了较好成绩，比如，第十届"文华奖"（2002）评选中，北京市儿童艺术剧院股份有限公司的《红领巾》获得文华大奖，北京京剧院《宰相刘罗锅》（二本）获得文化新剧目奖；第十一届"文华奖"（2004）评选中，北方昆曲剧院的《宦门子弟错立身》和北京人民艺术剧院的《北街南院》获得文华新剧目奖；第十二届"文华奖"（2007）评选中，北京京剧院的《梅兰芳》和北京人民艺术剧院的《全家福》获得文华剧目奖；第十三届"文华奖"（2010）评选中，北京京剧院的《下鲁城》获得文华优秀剧目奖；第十四届"文华奖"（2013）评选中，北方昆曲剧院的《红楼梦》（上下本）获得文华大奖，北京儿童艺术剧院股份有限公司的儿童剧《想飞的孩子》获得文华优秀剧目奖。

（3）政策支持重点项目情况

近十年来，北京市出台了一些政策支持重点演艺业项目发展。《北京市"公益演出下基层"活动专项资金管理暂行办法》《北京市文化局关于进一步完善"百姓周末大舞台"、"周末场演出计划"、农村"文艺演出星火工程"公益惠民演出管理工作的通知》《北京市文化局关于印发北京市农村文艺演出星火工程专项资金管理暂行办法的通知》等政策有力地支持了"百姓周末大舞台"和"周末场演出计划"以及农村"文艺演出星火工程"（见表5 - 14）。政策的实施效果在项目的投资金额和演出场次上有所体现。

表 5 - 14　2006～2013 年"文艺演出星火工程"与"周末场演出计划"
演出场次、投入金额

单位：场，万元

年份	2006	2007	2008	2009	2010	2011	2012	2013
"文艺演出星火工程"演出场次	4852	9699	11545	7910	8805	11748	10000	9000
"文艺演出星火工程"专项资金资助金额	2014	2299	3659	4462	4462	4462	4462	4462
"周末场演出计划"演出场次	89	736	731	700	700	714	712	700
"周末场演出计划"投入资金	178	1472	2174	1750	2100	2100	2100	2100

四　北京市剧场及剧院演出联盟政策的主要成绩与问题

通过对北京市近年来推进剧场建设及剧院演出联盟发展的演艺政策的梳理、相关数据的分析、调查问卷的总结以及与专家的交流，我们可以看到近些年北京市出台的这些发展政策确实取得了一定的成效，同时也仍然存在着一些问题。

（一）主要成绩

1. 政策带来较好的经济效益

在北京市出台的鼓励支持剧场建设及剧院演出联盟发展的演艺政策引领下，北京市演出市场健康运转，取得了较为乐观的经济效益，主要表现如下。一是演出场次。2006 年北京市的艺术演出场次为 9280 场，后逐年增加，依次是 13240 场、13842 场、16397 场、19095 场、21075 场、21716 场，2013 年达到 23155 场，演出场次有了大幅度提升。二是实际演出场所。北京市出台相关政策支持剧场建设，实际演出场所数量稳步提升，2006 年至 2013 年依次是 74 个、80 个、81 个、88 个、93 个、94 个、113 个、123 个。演出场所数量的提升和演出环境的改善为促进大众文化消费创造了良好的消费环境。三是观众人次。2006 年北京市的观众人次为 518 万人，2007 年为 805.1 万人，2008 年为 808.9 万人，2009 年为 1167 万人，之后并没有明显增加，2010 年至 2013 年依次是 1096 万人、1026 万人、1100 万人、1014 万人。可见，虽然近些年观众人次总体上有所上升，但是上升幅度不大，一方面受中央相关政策的影响，另一方面说明人们的文化消费习惯还未养成，鼓励文化消费的相关政策有待加强。四是演出收入。近些年来北京市演出收入增长较快，2006 年仅为 4 亿元，2013 年达到 14.42 亿元，增效明显。五是演出经纪机构数和演出经纪人资格认证数。从 2008 年开始，北京市演出经纪机构数逐年增加，到 2013 年达到 1646 个。演出经纪人资格认证数从 2008 年的 703 人增长到 2013 年的 1371 人，有效地加深了演出市场化程度，一定程度上得益于出台的鼓励演出经纪机构发展的政策。六是中介机构的有序发展，首都剧院联盟和北京演出行业协会作为全市整体的行业中介机构发展良好，如首都剧院联盟行业影响力不断扩大，联盟成员单位涵盖全市主要大型演出场所，联盟组织剧院实施低价票惠民政策，鼓励市民走进剧场，对于培育市民演艺消费习惯产生了极大的促进效应。在引导行业自律方面，首都剧院联盟制定《北京市营业性演出场所资质标准》及评定方案，推动实现全市营业性演出场所硬件设施、经营、管理、服务的科学化、专业化、标准化、规模化管理。

北京演出行业协会则在行业标准设立、主体沟通协调等方面积极发挥桥梁作用，每年北京演出市场的统计数据也是由北京演出行业协会和北京市文化局合作完成，为北京演出政策的制定奠定了坚实的数据基础，各区，如海淀区，也积极发展区内的行业联盟组织。

2. 政策带来较好的社会效益

社会效益是演艺业追求的主要目标，近年来，北京市演出市场的发展在陶冶情操、引领社会风尚、创作精品力作、培育文化消费等方面取得了较好成效。一是惠民低价补贴政策初见成效。惠民低价补贴的力度不断加强，补贴范围不断扩大，享受优惠政策的受众更加广泛，文化消费的环境得到改善，文化消费欲望得到一定程度的激发，文化消费习惯逐渐养成。二是优秀作品不断推陈出新。在北京市出台的鼓励舞台艺术创作相关政策的引导下，北京市演艺业不断创作出具有较高艺术价值的好产品，在"文华奖"、"五个一工程"奖等国家重量级评奖中取得良好的成绩，评奖不是目的，目的是在奖励政策的引导下使得鼓励创作生产常态化，更大效度地满足大众日常消费需求。三是重点项目实施运行良好。截至 2014 年 6 月底，115 家专业文艺表演团体已完成下基层演出 4700 余场，吸引观众近200 万人次，北京市出台的"百姓周末大舞台"和"文艺演出星火计划"的演出场次和演出质量受到观众的一致认可。

3. 培育演艺市场主体

谈及文艺演出产业发展不得不提的就是行业主体的改革深化。北京市作为首批文化体制改革试点，在国有文艺院团转企改制方面投入力度不断加大，北京市的多家转企改制文艺院团每年会有固定的转企改制经费投入，2003 年转制的北京儿艺每年改制经费为 492 万元；2006 年转制的中国杂技团每年改制经费为 1604 万元、中国木偶剧院每年改制经费为 559 万元；2012 年转制的三家院团，除一次性拨付给每家院团 5000 万元的注册资金外，三家院团每年的改制经费分别为河北梆子剧团 1415 万元、北京市曲剧团 1487 万元、中国评剧院 2605 万元，这些资金投入为国有文艺院团向合格市场主体转变、稳定推进文化体制改革做出了重要贡献。同时对于保留事业单位体制的北京京剧院、北方昆曲剧院、北京交响乐团，也给予体制改革上的大力支持，如北京京剧院的项目制运作、北方昆曲剧院建立理事会治理制度的试点推进、北京交响乐团国外巡演商业化运作探索等。在改革扶持政策的具体支持模式上也不断推陈出新，激发院团自身的发展活力。如 2014 年研究出台的《北京市文化局所属艺术表演团体财政补助资金管理办法》，按照演出场次、演出收入对院团演出进行补贴奖励；起草《北京市文化局关于支持北京市属地方戏曲院团创作、演出的扶持办法》，对三家新转企改制单位的创作、演出给予经费支持。积极鼓励转制院团响应党的十八届三中全会文化体制改革部署要求，北京市曲剧团推进筹备混合所有制的北京老舍艺术剧院。

除直接的资金投入支持之外，北京市还积极做好转制院团的服务保障，每家转制院团所享受的每年固定的扶持经费中不包括离退休人员经费支持数额，这些经费均统一划拨至北京市文化局院团服务中心，由其做好转制院团离退休人员的服务工作。2013 年，服务中心正式运营后已接手北京市曲剧团、中国评剧院、河北梆子剧团三家院团的改制后相关管理服务工作，2013 年下半年继续推进北歌、儿艺、中杂、木偶四家院团转接工作，积极为转制院团减轻负担。

文化体制改革为转制单位带来了活力与机遇，儿艺与北歌改制前一年（2003 年）的演出收入分别为 87 万元和 386 万元；中杂和木偶改制前一年（2005 年）的演出收入分别为 1500 万元和 500 万元，而 2012 年四家院团实现演出 6187 场，营业收入 1.15 亿元。[①] 以转制院团为主要组成单位的北京演艺集团，连续多年入选全国文化企业三十强，2012 年集团实现营业收入 3.28 亿元，净利润 2691.95 万元，资产总量近 14 亿元，比组建时翻了近三番。各文艺院团注重发挥国有艺术院团的主力军作用，把社会效益放在首位，不断提升面向市场的能力，2014 年，12 家市属文艺院团（含国家大剧院）共完成演出 9804 场，观众 481.3 万人次，演出收入 4.2557 亿元，和去年同期相比，演出场次增长 13.2%，观众人次增长 21.2%，演出收入增长 111%。[②]

在经济效益之外，转制院团在社会效益上也取得了丰硕成果，近年来，四家院团共计荣获 7 项"全国文化体制改革先进单位"和"全国文化

---

① 根据文化局统计中心数据，2012 年四家单位的演出收入分别为中国杂技团 2355 万元、中国木偶剧院 2454 万元、北京歌舞剧院 2548 万元、北京儿童艺术剧院 1267 万元，演出收入总计约 9000 万元。北京市演艺集团 2012 年申报全国文化企业三十强时使用的是四家的总数据，表述为 2011 年中国杂技团、北京歌舞剧院、北京儿童艺术剧院、中国木偶剧院四院团共实现演出 4627 场，主营收入 1.04 亿元。

② 2013 年统计数据不包括国家大剧院。

体制改革先进企业"称号。北京歌舞剧院在北京旅游演出市场推出经典品牌"北京之夜"活动；2013 年中国杂技团的《圣斗地圈》和《俏花旦空竹》节目在第 37 届蒙特卡洛国际马戏艺术节上，荣获艺术节最高奖——金小丑奖；2012 年底中国木偶剧院在创业板首次公开发行（IPO）申请正式获证监会受理，是中国演艺院团冲刺资本市场的先锋代表。

4. 稳定演出市场

北京作为首都，文化市场的安全与稳定是文艺演出产业发展的重要环境保障，在演出法尚未推出的政策环境约束下，北京市作为思想意识形态交锋的首要阵地，推出多项市场规范管理类政策措施稳定文化市场。一方面在事前的关口把控上，积极落实中央关于演出市场规范管理的各项规定，严格日常审批，把好准入关口，建立受理、初审、审核、审定之间的协调机制，加强对演员、表演团体、节目剧本的审查，对多次报批的语言类节目主办方须提交演出内容无变化的声明；舞蹈等肢体动作类表演要提交演出完整视频；演唱会须提交现场大屏幕播放视频。同时，也推出各类措施强化对市场主体的服务，如优化审批流程，实行"受理、审核、审定、告知"审批流程和"一处制"审批工作模式，将受理环节从 6 个减少到 4 个。提高工作效率，平均审批所需时间缩短为 5 ~ 10 个工作日。创新审批服务方式，利用网络交流平台建立了北京市互联网文化经营单位 QQ 群和北京市文化市场审批 QQ 群、"北京演出" QQ 群，为文化企业提供即时的许可事项咨询、交流告知、工作提示等服务。另一方面在事中监督上，强化文化底线安全意识，加强演出活动的监管力度，注重事前审查，通过聘请审读专家、提交演出行业协会专家评审等方式，加强对演出内容的专业性审查；对监管中发现的可能存在隐患的演出活动，采取演出前约谈主办方的方式，确保演出活动内容安全。注重市区联动，定期向区文委发布审批的涉外及涉港澳台演出信息，提示敏感演出及工作重点，做到市区两级信息共享、联动配合，强化守土有责意识。注重现场监管，加强对重点演出活动的现场监管力度，加强重点演出艺术门类的安全引导。如 2014 年北京市文化局共组织监管人员和小剧场义务监督员对 1221 个场次的小剧场演出进行了现场暗访和监管，及时对 9 场演出内容进行整改。举办小剧场义务监督员培训班，提升相关人员监管能力。

（二）主要问题

1. 政策的配套性和可操作性有待提升

目前出台的政策在相关性研究和系统性研究上存在短板，导致政策的出台往往是"单枪匹马"，缺乏系统性和配套性的政策，致使政策在执行上受阻，可操作性差，影响政策成效。政策的配套性不强主要表现如下。一是政策横向上缺少整合研究。演出行业的发展是全产业链的发展，演出改编影视作品、动漫舞台剧等，演出票务、舞美设计、剧本创作、演员管理等均涉及多部门的管辖职能，单纯依靠宣传文化部门的力量很难实现对整体产业的扶持发展，同时也不利于政策的落实推进。二是配套服务政策难以实现。演艺产业发展很大程度上依赖市政、建设、交通的配合，如观众观演意愿很大程度上取决于剧场所在地的交通便利性、配套餐饮服务是否完善、购票服务方便与否，这些都需要相应政策的配套落实。再比如演艺人才引进，在子女落户等方面也需要全市整体政策的配合。类似的政策配套问题有待进一步研究和加强。

2. 支持民营院团发展政策与民营院团发展需求有差距

在现有政策当中，倾向于国有院团的支持政策较多，对于民营院团的支持政策相对较少，不利于市场主体的公平性，降低了演艺业市场的效率。近年来，中央出台的关于支持民营院团发展的政策主要有两个，即《文化部、财政部、人事部、税务总局关于鼓励发展民营文艺表演团体的意见》（2005）与《文化部关于促进民营文艺表演团体发展的若干意见》（2009），北京市在扶持民营院团方面系统化的政策不多，对民营院团发展的支持主要体现在项目申报类政策执行过程中的"一视同仁"，如前所述的舞台艺术创作扶持资金。2014年北京市文化局更是创新机制，通过加大政府采购力度，打通公共文化服务体系与文化产业发展的系统闭环，为民营院团发展提供契机。2014年以公益演出服务供给为抓手，以"百姓周末大舞台""周末场演出计划"为试点，公开招标公益演出服务供应商，共有90家中央、市属、改制、民营等性质的专业文艺院团中标，其中民营院团71家，占总数的79%；国有院团16家，占总数的18%。公共文化服务主体的开放化为民营院团的发展提供了有利契机，参与公益演出服务为院团增加了演出机会和收入，同时竞争性机制的引入也有利于公共文化服务供给效率的提高。

尽管民营院团发展的政策环境不断优化，但与实践中的发展需求还是相差甚远。统计数据显示，在北京市近 600 家的文艺院团中，民营院团占了 90%，而相较于只占 10% 的国有文艺院团所享受的专项扶持政策、财政资金投入、配套剧院建设等有力支持，民营院团所获得的政策扶持不过是九牛一毛，与其在市场主体和演出场次等数据统计中所占据的绝对主体地位不相匹配，这实际上与民营院团长期以来处于一种被忽视、被轻视的地位的政策大环境有关。

首先，文艺演出类行业改革的重点放在了国有文艺院团的转企改制上，而民营院团作为市场化主体，很难享受到专属于国有文艺院团的改制政策优惠和专项转制财政资金投入。对于民营院团的扶持主要依赖于支持小微企业发展，简政放权降低行业进入门槛等宏观综合类扶持政策，这些政策是普惠类的政策，文化类企业相较于其他行业在数量上不占优势，本就处于政策的"边缘地带"，而毋庸说是文化产业类占比较小的文艺演出类企业。其次，文化体制改革本就与经济体制改革不同步，而文艺演出行业由于意识形态色彩较浓，长期处于计划经济体制引导的发展模式下，改革的力度更弱于其他文化产业门类主体，产业化、市场化程度不高，行业发展的总体导向偏重于保守稳健。各方对于文艺演出行业发展更关注的是国有文艺院团是否能够出精品、出人才，而对民营院团则存在一定的偏见，认为民营院团的发展符号就是"小、弱、杂"，产品内容偏重低俗，在引领主流意识方面较差，导致民营院团较难进入国家政策的视野。在已有政策扶持的获取上，民营院团在资源获取、信息沟通、人才吸纳等方面更是弱于国有文化企业，即使"一视同仁"，也很难与国有院团相抗衡，在评选中往往只能是"重在参与"。最后，在现有政策框架体系内，对于民营院团给予支持的具体可操作性政策较少。已出台的政策多是对民营院团的性质、作用、发展思路上的肯定，稍微具体一些的政策也多是没有实际操作要求和强制型分解任务的宏观指导类内容，比如符合国家规定条件的民营文艺表演团体，文化行政部门要将其纳入重点院团予以重点扶持；各级文化行政部门要建立民营院团专项扶持资金等，这些都没有严格的时间表、路线图和具体的操作内容。同时，由于文艺演出行业政策主要归口于宣传文化部门管理，能做主的资源资金多投放在国有院团，而民营院团在市场竞争中能够获得实惠的财税类优惠政策需要经济部门的大力支持才能落实，而宣传文化管理部门空间有限，因此民营院团更是难以获得政策实惠。

随着文化体制改革的不断深入，实践中的情况也在逐步好转，北京市文化局作为文艺演出行业的主要管理部门已经充分意识到民营院团在促进演艺产业整体发展方面的重要性，拟首先推出支持民营院团发展的专项政策。积极为产业主体搭建行业发展平台，2014 年北京市文化局联合东城区文化委员会筹建"77 文化创意产业园"戏剧创作孵化基地，构建从"孵化"到"产业化"的全新发展模式。强化行业整体宣传，与《北京商报》合作开辟《首都演艺周刊》，着力为行业服务，为观众服务，为北京服务；与《北京晚报》合作发布 52 期全市演出信息，对重点演出进行专题报道。

3. 政策忽视事后评估

经济发展中讲求投入产出比，现代政策科学也应该讲求投入产出效益。也就是对于政策而言，不仅要讲究事前研究和事中执行，而且应该注重政策的事后评估。一项政策的出台到底带来了多大的政策成效，政策当中存在的问题是什么，都需要在事后评估阶段研究和总结，这样才能提高政策的成效。目前，北京市出台的演艺业相关政策的效果只能通过人们的主观感受评判，或者通过粗浅的统计分析加以推理，还没有建立一套全面、客观、务实的评估指标体系，还没有建立一套组织健全、保障到位的评估流程体系，还没有形成一种重视政策评估的有效约束机制。政策事后评估的滞后一定程度上影响了演艺业政策的科学性和高效性。

4. 政策制定的科学化、民主化水平有待提升

文艺演出行业的意识形态色彩较浓，党政部门管控较严，在相应文化政策的制定上往往存在为了"出台政策"而"制定政策"的情况，如部分政策是为了解决某一时期的特殊问题而临时制定的，或者是办理领导对某一问题的批示意见而限时出台的，或者是为了消除某场演出、某个剧目的不良影响而加强市场整顿的，甚至是限于财政资金使用要求的程序性规定，为了顺利使用某笔扶持资金而出台的单独针对个别产业环节的扶持类政策，这些政策在目标设定时往往存在只强调一点而忽视其他的现象，政策出台前的基础调研工作不足，政策目标设定不够明确，甚至多是不切实

际的短期投机性目标，没有考虑到政策的长远影响，从而导致政策目标改变频繁、政策内容变化过快，同时政策制定时的"先天不足"导致的粗疏错漏往往使政策执行过程中又会出现新的问题，政策的执行者和政策客体无所适从，最终影响了政策功能的发挥。

在处理不同政策之间的关系上也有进一步提升的空间，如原本北京市的小剧场演出在首都演艺产业各门类发展中一枝独秀，甚至可以说在全国小剧场演出行业中独领风骚。然而北京作为首都，各类国际活动和政治活动都集中于此，北京的文化行政管理部门市场管理和保卫国家文化安全的责任十分重大而紧迫。各界演艺人士都希望借助北京的文艺舞台闯出名堂，一些别有用心的组织和机构也希望借助北京这个文化阵地扩大影响，同时北京自身又处于转型发展过程中，资源环境人口束缚、产业调控压力以及城市改造拆迁等多重因素的影响使得小剧场演出往往有"逾越底线"的惊人之作，成为各种社会情绪的宣泄渠道。因此文化管理部门不得不收紧小剧场演出的监督和管理，但这种管理压力对产业发展产生了"矫枉过正"的影响，原本的产业扶持政策效果逐渐弱化，北京的小剧场演出资源逐渐流向上海等兄弟省市。因此，如何把握政策的度是管理部门提高政策制定的科学化水平所必须考虑的关键因素。

在政策制定的民主化方面也需要有所改进。目前的文艺演出政策制定过程多限定于宣传文化部门之内，甚至只限于行业主管部门一家，因此出台的政策往往只能关注于行业的某一环节或某一主体，带有较为强烈的部门色彩，很难出台引领行业总体发展，惠及演艺全产业链的整体纲领性政策。这种单一部门政策的执行力和有效性都比较受限，政策的影响力和惠及面都比较有限。政策对市场主体和相关利益主体的意见吸纳不足，缺乏良好的意见政绩和反馈渠道。政策的前期基础调研和数据支持也比较薄弱，相关专家参与政策研究起草尚未形成常态化、制度化和程序化的保障机制。

5. 政策针对性有待强化（尤其是重点环节政策有待出台针对性措施）

北京市演出市场的以下问题严重，政策解决力度不够。

一是演出市场赠票问题严重。除公益性演出外，大量赠票性的演出活动，也极大冲击了正常的商演，这对亟待培育的演出市场来说极具破坏性。在演出各项成本中，最难控制的就是灰色地带，即公关赠票。FT 中文网《中国演出票价为何贵?》透露，据不成文的规定，每次举办大型演出，演出商要给各级主管部门、媒体、赞助商留座，加起来要占到所有座位的30% ~40%。要想盈利，只能提高可以出售的那些票的价格。首家民营话剧院线——大隐院线投资方贯辰传媒的总经理朱明明表示，目前演出票房不太理想，上座率一般只有三四成，"老百姓有文化消费需求，但文化消费的能力和诉求还需培育。在国外，文化消费在居民日常消费中占很大比重，因为他们的演出市场历经了几十年甚至上百年的发展，比较健全。现在北京、上海的演出市场已经基本形成，但在大部分地区，人们的文化消费意识没有形成"。为了演出效果，演出商会发放一些赠票给观众，这又让观众养成了不想买票只想要赠票看演出的习惯。在朱明明看来，国内演出市场需要相对比较长的时间来培育，可能是 5 年也可能是 10 年，虽然目前演出市场还不太景气，但必须有一些培育市场的举措，剧院需要做的是在有所调整的基础上坚持。

二是演出的高票价导致上座率较低。目前演出的高票价导致的上座率不高等问题非常突出。演出的高票价问题已经成为造成我国演出市场较为混乱的一个重要因素。很多剧团如果得不到政府的资助就很难完成其在大城市的演出，而很多观众如果不是因为得到赠品等，是很难接受这种高票价的，这就导致在我国观看演出成为一种较为奢侈的消费方式，而不是一种日常性消费。

自去年下半年以来，内地演唱会最高票价正在逐步攀升。北京地区最高票价从 1080 元一路攀升至王菲演唱会的 2500 元。演唱会并非特例，京剧、传统歌舞、音乐会几乎都是普通人消费不起的"高雅艺术"。据不完全统计，280 元是大型演出最常见的最低票价，约相当于中国普通城市工薪阶层月入的 1/10——这个价位所能获得的座位往往是距离舞台最远的"山顶票"。相比之下，美国百老汇热映的歌舞剧售价从 59 美元到 119 美元不等，而 119 美元（相当于一般国内演唱会中、低档价位）已能坐到最好位置，还不到美国工薪阶层（平均月入 3000 美元）月入的 1/20。此外，百老汇和伦敦现场歌舞演出普遍售价为几十美元或几十欧元，而且很少出现像中国商业演出那样的巨大差价。据北京市演出行业协会公布的 2011 年演出市场统计数据，演唱会、音乐剧、高雅音乐、歌剧、话剧、地方戏、曲艺、儿童剧的平均票价分别为 656 元、480 元、299 元、277 元、245 元、

212 元、211 元、88 元。高端演出市场 1000 元、2000 元的票价已十分普遍。而据北京市统计局 2012 年经济社会统计数据，北京市城镇居民人均可支配收入为 36469 元，相当于月平均收入仅为 3039 元。[①] 观众群体受限，又严重制约了演出行业及相关产业的发展，甚至催生了文化鸿沟。

（三）剧院演出联盟建设方面的主要问题

尽管整个演出行业实现了初步的市场化，取得了可喜成果，但是剧院演出联盟（院线）的建设依然面临来自演出行业二元体制并存、转型并未到位、现代演出市场体系尚未形成等问题的困扰，加之所有制壁垒、地区壁垒和部门壁垒等问题依然存在，目前国内已有近十条演出院线，每条院线下属的剧团或剧院（场）多则不过二十余家。按照国家统计局公布的数据，国内文化部门艺术表演场所 1944 个，据此推算，我国已加盟院线的剧院或剧场，占全国剧院总量的 3% 左右，院线的发展潜力还远没有挖掘出来；在推进我国文艺演出院线建设过程中可能会面临一些新问题。

1. 拓展有困难：地方保护成最大障碍

与剧院演出联盟（院线）建设最直接相关的一个问题是如何打破长期以来所形成的地域分割的演艺管理体系。我国不论是院团还是剧院（场），其分布都是按地域划分的。在全国统一有序的市场体系尚未建成的情况下，建立全国性演出院线困难重重。比如有些地区对演出市场仍有地方保护心态，本地区的演出项目受到冲击，对外来剧目采取排斥的态度，这使得全国性的院线很难推进。推动全国票务市场也遇到同样的难题，更困难的是即使在同一个地方，地方内部的剧院产权性质也十分复杂，很难整合成具有规模效应的剧院演出院线。以北京为例，剧院资源非常丰富，但是剧院产权性质极为复杂，既有中央所属的又有地方的，既有国有的又有民营的，很多剧院存在的产权主体混乱都是历史遗留问题，甚至还有部分剧院依然托管于政府部门之下。同时很多剧院的产权方与剧院经营方不是同一主体，剧院经营方做不了产权方的主，产权方又多年不对剧院经营，完全不了解剧院实际情况。有些具备剧院条件的演出场所是机关单位、高校

---

① 北京市文化局：《北京演出市场 2011 年度发展状况调研报告》。

或者军队的内部资产，不能完全按照经营性单位自主经营、自负盈亏的模式进行管理，不能完全归入营业性演出场所的范畴，但是这些地方实际上并不完全排斥举办营业性演出，他们的硬件设施条件和长期积累的口碑名气甚至是其吸引演出人气的保证。因此，目前理顺剧院产权关系，处理好不同利益主体之间的关系是摆在演出院线经营者面前的重要课题。没有保利文化集团那样的地产和国有双重背景优势的剧院演出院线，一般都采取承租剧场的模式，这样在经营当中对于剧场的掌控、演出质量的管理和议价都会有所降低。

2. 剧院演出产业发展处于初级阶段，产业化程度不高

在市场经济环境下，演出行业与其他产业部门一样，形成了自己的产业链形态，包括演出院团、演出商、票务销售和演出场所等环节。但是，目前我国演出行业中各参与主体的经营情况都不甚乐观：演出产业链还不成熟，演出市场分配机制还不完善，演出国有院团改革还不彻底，演出产业化发展还存在很大的发展空间。尽管整个演出行业实现了初步的市场化，但仍面临产业规模小，产业链内部联动不充分，市场活跃程度不是很高等棘手问题。事实上，作为一种经营业态，演出院线与传统的物理化商品经营业态没有本质的区别。无论是直营连锁还是特许加盟，从麦当劳、肯德基，到沃尔玛、家乐福，都为演出院线成为一种商业化的经营业态提供了很好的范本。因此，演出院线的建设必须遵循市场和产业的发展规律，必须着眼于整个演出产业链的建设。唯此，方能为其发展找到更加科学合理的路径。

可复制性是剧院演出联盟（院线）的成败关键，而要快速、高效地发展连锁，标准化体系是核心，没有标准化就无法实现产业的规模化发展。对于节目的采购、研发、编排、销售、后勤管理等环节，制定或采用一系列的工作标准、管理标准和技术标准，将这三大系列标准有机整合，形成适宜企业发展的标准体系。规模化的前提是标准化。在产业规模化发展过程中，成本控制是关键，娱乐演艺行业成本的重头在演艺资源的费用支出上。建立资源配置中心，对占成本较大的演员、服装、道具、演出设备等实行统一采购、统一配送、统一制作，最大限度地降低成本。对一个连锁规模企业而言，节约的总量相当可观。因此，产业化程度成为文艺演出院线发展的关键。

3. 联盟式"半"演出院线形式还有待进一步完善

目前的演出联盟更像是一个演出公司和剧院老总们聚会和联络感情的平台，而不具有实质性的资本联合。即使是在联盟的平台上运作项目，更多的也是依靠传统的"人脉式"的操作方式，而并无院线制真正应该具有的资本和规模上的优势。目前演出联盟基本上都是既有演出中介组织，又有剧院，并不是纯粹的剧院之间的联合。从联盟到院线是大势所趋。目前因为剧院所有权性质的复杂性，从行政区划内联盟或者行业联盟直接过渡到院线要花费的精力非常大，从首都剧院联盟的运作模式来看，更多的是整合演出行业资源，搭建交流平台，发挥产业合力的作用。从性质上看，联盟未来的发展方向更偏重于行业协会，剧院演出院线则是市场主体、自主经营、自负盈亏，完全采取商业化的运作模式，建议认真理清不同联盟的性质，如果是偏向剧院加盟连锁的，可完全走市场化道路；如果类似首都剧院联盟，则不必完全强求成员单位形成院线。联盟和剧院演出院线是演出产业两个不可或缺的重要角色，定位不同，作用不同。

4. 要"跑马圈地"更要"精耕细作"

剧院演出联盟（院线）的经营模式的分类标准有多种，直营和加盟本是商业中的两种连锁经营业态。在演出院线制中，直营模式意味着享有对加盟剧院的人事权和直接经营权，剧院有明确的长期规划，缺点是完全由院线方派人经营，在市场开拓方面进展较慢。而加盟模式可以迅速占领市场，但难以保证管理质量。在国内演出市场中，选择哪种模式其实意味着选择"跑马圈地"还是"精耕细作"的市场策略。在当前演出市场尚不成熟，居民演出消费习惯尚未形成之时，企业的市场经营业绩取决于对市场的长期培育。如果院线把战略设定为加盟"圈地"，院线更多时候只是提供剧目资源，无法制定适合当地市场的长期经营规划。尽管院线可以在短期内获得一定加盟费用的收益，但难以获得长期回报。除此之外，加盟方式产生的管理不善等问题，可能会导致观众的流失和剧团的流失（因为演出团体会对剧院设施、服务质量有要求），甚至影响到院线自身的品牌。而采用直营方式，确保管理质量，"深耕"地方市场，久而久之，必然会获得市场回报。但这种发展模式虽稳健，扩张速度却慢，对资本和剧院硬件设施要求高，因此这种模式无法顾及一些县级城市，院线甚至要做好很长一段时期面临亏损的准备。所以，对于院线来说，选择直营还是加盟取决于自身的资源条件和地方市场环境。在重点市场，在财力、人力允许的情况下，最好直营；在次要市场，在财力无法顾及的情况下，可以加盟。但是要注意的是，如果"直营"和"加盟"混在一起，同时靠两套思路经营，院线的管理会面临相当大的压力。

5. 剧院演出市场尚未真正完善与成熟

剧院演出市场目前仍然处于不发达阶段，尚没有真正完善和成熟，表现如下。

一是高品质的原创性剧目不足。目前高品质的适合商业演出的原创演出剧目数量有限，制约了演出院线的发展。目前多家演出院线已经明确表露向产业链上游延伸的愿望和趋势，比如中演演出院线投资了原创剧目《时空之旅》，保利院线投资制作了音乐剧《蝶》。保利院线总经理郭文鹏说："搞演出不能换汤不换药，老百姓的口味是越调越高的，这就要求我们不断地挖掘新的演出作品，采购也好，定制合作也好，必须保证节目常演常新。""演出不在于有多大的投入，而在它的投入产出比。经营管理不善，再小的投入也可能会亏本。但是，如果选择好了剧目，运用现代经营管理手段，生产出了大制作、适合于市场销售的演出产品才能有大产出。"这是演出市场的一条黄金规律。用演艺节目增强原创能力，才能提高核心竞争力。

二是剧院演出院线剧目偏向高端市场。演出市场还处于初级阶段，还没有形成优势竞争和差异化竞争。高端市场以高票价、短档期为特点，演出市场缺少中低端市场。例如，中演的项目都是以高端剧目为主，很难适应大部分城市的消费水平和欣赏水平，曲高势必和寡。随着中演演出院线旗下剧院数量的增加，如何同时满足不同地方市场对于演出产品的不同需求，对于演出产品供应商来说无疑是个难题。同时，尽管中演具有多年演出运作经验，但是要协调好全国范围内的 20 多家甚至今后高达 50 家剧院的演出剧目，其中涉及的各个环节烦琐且复杂，这对于中演演出院线来说，更是巨大的挑战。保利剧院管理有限公司走"高端千人以上剧院连锁"管理方式，武汉的琴台大剧院和东莞玉兰大剧院已成为当地地标性建筑，是当地首屈一指的豪华演出场所。

6. 剧院演出院线管理人才稀缺

随着院线的加盟剧院数目的增加，又对剧院的管理提出了更高的要求，对剧院专业人才的需求也更加强烈，如何练好内功将是院线长期持续发展必须面对的问题。只有拥有足够的人才，院线才能够快速健康地扩张，但人才的培养需要较长的周期，这对院线的经营者来说是当前一个比较突出的短板。北京保利剧院管理有限公司总经理郭文鹏介绍说，"打造演出院线，首先要练内功，拥有一支专业化队伍，否则在院线发展过程中，问题会越来越大"。同样的，我国也不缺乏深谙现代经营管理的人才，但是这些人对演出市场很少了解，既不懂得文化产业又不熟悉演出产业的运营发展规律，很难做到人尽其才、各尽其力。

总而言之，相较于电影院线的发展，剧院演出联盟（院线）要想在我国取得突破性的进展，还面临不少的难题和挑战。不过也正因为此，演出院线在我国也就具备了广阔的发展空间。探索一种适合我国演出产业格局和发展特色的院线制，将成为未来我国演出产业发展的一个关键性环节。文艺演出院线建设将是一项复杂的长期工程，如何能够稳步而有效地推广，无疑对培育和激活全国演出市场有着开拓性意义。一方面，通过向地方输送节目，提升观众文化素养，刺激文化消费，从而活跃地方文化市场，营造良好文化氛围；另一方面，高品质节目的引入，将有利于扩大创作视野，激活创意，从而激发地方院团创作活力，推进地方院团体制改革。虽然从短期来看，剧院演出联盟（院线）的经营模式各异，存在一些问题，但是只要充分利用自己的核心优势，在实践中灵活地探索运营模式，并把握住各种政策与市场机遇，必然可以在演出市场中有一番作为，激活整个文化产业链条，为演出行业体制改革提供一个新的思考路径，成为推动我国文化体制改革的一个重要突破口。

五 推进北京市剧场及剧院演出联盟建设的政策建议

（一）强化政策的杠杆撬动作用

目前，北京市出台的剧场及剧院演出联盟政策多停留在问题的表面，处于"就事论事"阶段，还没有认真分析问题背后的深层次原因，没有将政策的重点放在政策的引导和放大作用上。就拿《北京市文化局关于低价票补贴管理办法》来说，北京市惠民低价票补贴的力度逐年增加，预计到 2015 年北京市的低价票补贴规模将达到 2000 万元。虽然低价票补贴政策让大众享受到了一定的优惠补贴，但是，该政策并没有形成一个真正让票价降下来的机制，文化部文化市场司以前的一项调查显示，50～200 元是中国内地观众可以接受的演出票价，超过 300 元则较难接受，目前平均演出票价是 450 元，远高于国际同行的 1%～3% 的票价收入比，可以看出低价票依然没有真正落到实处。低价票补贴的重点不应该是每年拿出多少资金进行表面上补贴，而应该是通过一定数额的资金或者政策让市场运转起来，用市场本身的调节机制让票价降下来，形成有效的、长效的运转机制。鉴于此，低价票政策可以通过几个方面的政策达到撬动市场的作用，一是制定合理的税收政策，目前国家对剧场的税收政策等同于 KTV 等娱乐场所的税收政策，税赋较高，增加了文艺演出的成本，所以可以通过政策调节降低演艺相关的税赋。二是拓展演艺业扶持资金来源，目前国家设有体彩、福彩等彩票来支持体育事业和民生事业，我们是否可以通过积极推动设立文艺演出事业的彩票，来拓宽扶持资金的来源，减轻政府财政压力，提高资金的利用效率。三是尝试将剧场建设纳入公共文化服务体系，剧场在演艺业发展中处于重要地位，它涉及票价、管理等诸多问题，我们是否可以尝试通过政策的力量将剧场建设纳入公共文化服务体系当中，来规范其管理。通过这些政策的撬动作用，更好地处理政府与市场的关系，充分发挥市场对资源的有效配置，只有让低价票成为市场的一种自觉选择，才能达到低价票政策的初衷。所以，强化政策的杠杆撬动作用尤为重要。

（二）注重政策的定制化、分众化和精准化

北京市演艺业政策不断出台，并在促进演艺业发展中起到了一定的积极作用。但是，随着政策科学性的不断增强和演艺业市场的不断变化，精细化成为政策的新标准。只有政策不断精细化才能更加有的放矢，增强政策的实效性。政策的精细化可以从以下几方面分类考虑。一是正确区分艺术与娱乐。习近平总书记在 2014 年 10 月 15 日的文艺座谈会上妙语连珠。"低俗不是通俗，欲望不代表希望，单纯感官娱乐不等于精神快乐。"艺术

与娱乐有着不同的内容和使命，文艺是一个时代的镜子，是一个时代的精神面貌，是一个时代的精神风向标，而娱乐是人们放松心情的一种生活方式。对待艺术和娱乐的支持政策、管理政策应该有所区分，才能更好地处理好文化的经济效益和社会效益的内在联系。二是根据演出产业链条细化政策。国内演艺产业链条还处于起步阶段，初步形成了旅游演出内容创作公司、演出内容院线公司、剧场管理公司、活动营销公司、互联网票务服务公司、专业背景音乐公司、戏剧工作室等。每一个环节都存在自身的特点，都需要不同的扶持方式和管理方式，因此根据演出产业链条来细化演艺业政策是一种很好的途径。三是根据演出性质细化政策。演艺根据其性质可以大致分为公益性演出、商业性演出、节庆演出、旅游演出等，不同性质的演出在资金使用、场所管理等方面有着不同需求。四是根据演出内容细化政策。演艺内容大致可以分为戏曲、舞蹈、音乐、曲艺、魔术、杂技等，每一种演出都有其自身的艺术规律，需要不尽相同的政策引导。五是根据目标群体的分众细化政策。演艺消费需求具有个性化、差异化特点，不同的观众群体有着不同的偏好，所以可以根据年龄、社会地位、地域、偏好等更加细化相关政策。总之，演艺政策不论是从横向的分类制定还是从纵向的分层制定，都应该以最大限度的精细化为标准。

（三）强化剧场演艺与科技融合的政策

近年来，北京市出台的剧场及剧院演出联盟政策主要包括综合规划类、重点项目扶持类、市场管理类、惠民补贴类等，但是促进演艺业与科技融合的相关政策几乎是空白。而现实状况是，演艺业与科技融合是一个势不可当的新思维、新趋势，与科技的融合将是演艺业突破自身发展瓶颈，实现新发展的必由之路。因此，今后应该强化演艺业与科技融合的政策。演艺与科技的融合可以体现在以下几个方面。一是演艺内容与科技的融合。演艺与科技的融合催生了新的舞台艺术表现手法，高科技的舞美艺术将为演艺带来新的魅力。2012 年龙年春晚的高科技舞台艺术带来的视听盛宴令人赞叹不已。二是演艺营销方式与科技的融合。传统的剧场售票和张贴海报的方式具有较大的营销局限性。线上线下，网络订票，现代网络宣传、手机宣传等成为演艺营销方式与科技融合的产物。三是演艺欣赏方式与科技的融合。现代信息技术和互联网技术使得演艺的欣赏方式突破了剧场固定场所观演的方式，逐渐形成与新媒体融合的移动化、视频化欣赏方式。同时，科技使得同一演出在不同地域不同场所同时观演成为可能。演艺欣赏方式与科技的融合为演艺业进一步开拓文化消费市场创造了更大的可能性。四是演艺投融资模式与科技的融合。目前出台的支持演艺业发展的资金政策多集中在政府的财政支持上，诉诸市场的政策匮乏，而后者应该是市场经济体制下演艺业主要的融资阵地，借助科技手段，创新演艺业融资渠道至关重要，最近兴起的众筹就是很好的例证。从演艺与科技融合的这几个主要方面出发，制定相关的政策来扶持、管理、规范演艺业发展将会卓有成效。

（四）推进消费政策制定的法制化和政策执行的常态化

政策的出台是为了引导行业的发展，规范行业的管理，促进行业长效发展，应该具有一定的时间效度和强制性力量。目前，有些政策的出台是为了解决一时的困难或者迎合上级的某种指示，具有较大的随意性和不可持续性，降低了政策的科学性。今后，北京市演艺业政策的制定应该在法制化上下功夫，做到政策的科学性与现实性相结合，长效性和灵活性相结合。一是推进相关法律建设。积极推动《文化产业促进法》《演出法》《艺术促进法》等法律的出台，这些法律会给政策的制定提供坚实的依据，创造政策执行的强劲力量。二是及时做好政策的"立改废"。政策的出台都是基于一定的时代背景和当时的行业特点的，随着整个国家政策的变动和行业发展的新情况的出现，有些政策应该及时调整，该坚持的一以贯之，该修改的适时修改，该废除的果断废除，做到政策的持续性与灵活性的有效统一。三是促进政策执行的常态化。一项政策一旦出台，就应该坚持执行到底，有些政策出台之后不久就变成过期的文件，没有了接下来的执行。今后应该做到政策出台程序公开化、政策执行常态化、政策监督透明化，保证政策初衷的实现，提高政策效力。

（五）注重消费政策的协同研究

从北京市出台的剧场及剧院演出联盟政策中可以发现，这些政策大多是由一个部门单独出台，缺少与其他部门的协同合作。演艺业的发展涉及多个部门，需要多个部门协同合作。在政策制定上，要部门联动，共同研究起草。在政策出台时，要多部门联合发文。在政策实施时，要多部门共同执行。各地文化局要与发改委、财政局、税务局、金融局、工商局等相关单位加强合作，共同研究制定和执行演艺业政策。这样才能增强政策制定的科学性和政策执行的权威性。根据多次对剧院经营机构的调研，剧院目前所承担的税负压力较大，建议将减免剧院的税负也作为促进院线连锁发展的政策建议之一。目前剧院承担的税负包括：企业所得税 25%、票房营业税 3%（按文化产业上缴）、场租营业税 5%（按其他服务行业上缴）、房产税（场租收入的 12%）、城建税（营业税的 7%）、教育费附加（营业税的 3%）、地方教育附加（营业税的 2%）、印花税（合同金额的 0.1%）。此外，目前演员个人演出劳务费个税起征点为 800 元，税率为 20%，这直接造成了演出成本的增加，加重了演出经营企业的负担。从 2011 年北京市部分剧院经营实际来看：中国评剧大剧院在亏损的情况下，仍上缴税负约 46 万元；保利剧院税负和利润大致相当，均为 400 多万元；长安大戏院、梅兰芳大剧院在微利的情况下，均上缴税负 100 多万元。据了解，纽约市为扶持剧院发展，出台了免除剧院 5% 营业税的政策。为贯彻党的十七届六中全会精神，建议我国财税部门尽快出台扶持剧院发展的政策，适当降低剧院的企业所得税（比如由 25% 降至 15%），免除 5% 的营业税或者统一按文化产业 3% 的税率征收营业税。

（六）重视培育大众文化消费，出台有效政策解决赠票问题

文化消费存在巨大的市场潜力，但是受经济收入、消费环境、消费习惯的影响，文化消费的潜力未被充分激发。北京市为培育大众文化消费做出了积极努力。演艺业方面出台了惠民票价补贴政策、加强剧场建设和管理的政策、加大公益性演出的政策等，目的是创造更加完善的文化消费设施，创造良好的消费环境，让更多的人愿意去消费，能够去消费。这些政策在促进文化消费中起到了积极作用。今后的政策应在培育大众文化消费方面做出更大贡献。一是进一步研究制定低价票政策。研究如何让市场的力量促使票价达到理性预期，让低价票成为市场的自觉选择。二是研究制定解决演艺产品有效供给不足的政策。有效供给就是真正满足大众消费需求的供求。是否有好的产品去吸引大众是文化消费的一个重要因素，而目前文化产品存在多而不精的现象，缺少精品力作和拳头产品。三是进一步

制定优化演出环境的政策。

　　规范北京剧场演出市场秩序，形成健康有序的演出市场竞争氛围，应采取一定措施减少赠票对演出市场的影响，以促进北京成为东方"演艺之都"和具有世界影响力的演艺中心城市。一是充分发挥首都剧院联盟、北京演出行业协会等行业组织的作用，倡导剧院联盟单位不采取赠票的方式发展演出市场，演出行业协会督促业内机构建立规范有序的票务制度。加强宣传引导，在行业内部形成不以赠票换市场的行为规范。加强企业自律，避免恶性低价倾销门票，通过协同管理堵住市场营销环节的漏洞。二是严格执行《演出购票办法》，强化市文化局作为全市党政机关因公观看演出票务服务的综合协调枢纽地位。将市文化局演出观摩购票预算恢复为每年 800 万元；明确文化局作为提供因公观看演出购票服务的唯一窗口，统一为中央及全市各单位提供服务；市文化局要严格遵守相关规章制度，做好相应的服务保障工作。三是加大宣传力度，形成正确的舆论导向，积极引导市民买票看演出，培育良好的文化消费习惯。同时加大对剧院联盟低价票补贴政策和演出市场主体推出公益专场免费演出的资金补贴支持力度，压缩赠票生存空间。规范网络票务平台，降低"黄牛党"通过电子商务网站倒卖赠票甚至伪造假票获利的可能性，整顿团购网站低价票倾销的恶意竞争行为。四是提倡各级党政机关、企事业单位把观看优秀精品剧目演出纳入学习内容，把欣赏演出节目纳入文化礼品。建议市精神文明办在表彰慰问全市精神文明先进单位和个人时，市总工会五一期间慰问劳动模范等公益活动中，采取购票的方式观看演出，既达到慰问目的，又促进文化学习和文化消费。五是建议在保证演出安全的前提下，针对不同类型的演出，科学设置防涨票的比例；在活动现场开展对"以证带人"行为的专项打击整治工作；根据活动安保级别酌情减少定位票和赠票比例；推动场馆提供配套安全服务，签订长期合作协议，降低安全设施租赁和保安人员的费用；引入内部和外部监督机制等措施尽量减少工作赠票的数量。

（七）加强出台政策的理论研究，提高其系统性

　　目前出台的剧场及剧院演出联盟政策，许多只是停留在就某个问题的简单指令性通知层面，缺乏相关政策的理论研究。同时，许多政策是零散的，不成系统的，就此今后应加强几方面研究。一是进一步研究演艺产业

链条上各要素之间的关系。比如出台的关于院团、剧场、经纪机构等的政策是零散的，缺乏整体上的研究。院团、剧场、经纪机构之间到底应该是什么样的关系，是怎样的运作机制，理顺它们之间的关系后，出台的政策才不会彼此割裂。二是加强对政策目标合理性的研究。例如，出台的演艺业政策中有许多关于评奖的政策，其目标的科学性有待进一步研究，评奖的目的是鼓励原创，激发创作和表演的潜力，但是，现实中出现了"为了评奖而评奖"、原创人才流失等问题，评奖受到质疑，今后应该对政策目标的科学性加强研究，不能"光过节不过日子"，应该将政策目标的实现常态化。三是加强对市场主体公平性的研究。不同的市场主体应该达到权利平等、机会平等，但是目前对于国有、民营演艺机构的扶持管理政策不尽相同，损害了市场公平，怎样同时调动国有与民营院团的积极性等问题需要进一步的政策研究。

（八）出台专项政策，提高政策有效性

一是依托政策构建符合演出市场规律的剧场演出联盟院线运营体系。发展剧场演出联盟（院线）必须坚持市场化的原则，遵循产业的发展规律，强化市场主体建设。这是保障剧场演出院线建设的前提和根本条件。剧院团的传统体制（从计划体制到双轨制）经过文化体制改革，已经为与市场体制接轨做了一些准备，但这个接轨的过程必然会是一个渐进的过程，不可能也不会一蹴而就。要遵循市场的经济规律，就只能从剧院团的管理体制调整上入手。但管理体制几十年的习惯积累，必然阻力重重。这个难题无疑挑战了我们文化体制创新的勇气和智慧。要在一定范围内建立一个演出联盟，必然会涉及三方利益。多少年来的条块分割、画地为牢的行政管理体制，已经形成了领导的无意识，稍越雷池半步，就会激起敏感的反应。因此如何协调这三方利益成为一道难题，协调不好，即陷入典型的"囚徒困境"。应该说，只有同时启动政府机制、市场机制和社会机制，方能破解难题，走出困境。通过经济整合的方法切入三个机制，带动三个机制，从而形成"三位一体"的经济整合机制，突破行政区划的藩篱，将演出市场有机串联在一起，从而发挥最佳的协同效果，实现三方合作的理想预期。

二是利用专项政策措施建立剧场演出联盟（院线）公共服务平台。剧场演出联盟（院线）公共服务平台将演出内容提供商、演出中介机

构、演出场所、观众以及后期现场制作等有机地结合在一起，为演出院线及演艺企业提供公共服务，畅通文艺演出信息系统和信息发布渠道，能够避免重复投资和资源浪费。公共服务平台必须有一定数量的中介服务机构介入，通过提供大量准确的产权评估、市场调研等专业服务，发挥盘活资源存量、规划增量、提供公共服务的作用。加强中介机构的培育，以此沟通投资、生产、演出和消费等各环节，促进行业发展。使剧院和演出项目、演出公司三者达成有效的合作，避免各种联盟的重叠，造成资源的浪费。在信息交流方面，尽快建立演出信息共享服务体系，对各城市的演出信息网站进行链接，各个演出咨询中心加强互动；在宣传促销方面，共同开拓国内演出市场，以提高演出的效率和效益。

六　剧场演出票务系统对剧场演出联盟建设的作用

演出票务系统在剧场演出联盟（院线）建设中起着重要作用，也是剧场演出联盟（院线）建设的重要内容。演出票务公司在演艺产业链中起到承上启下的关键作用，对于处在产业链上游的演出内容生产方、演艺团体、演出经纪方、场馆运营方而言，演出票务公司是演出需求信息的提供方和演出营销推广的承担方。对于处在产业链下游的消费群体而言，演出票务公司是演出资讯、演出相关服务的提供者，是一般消费者最直接接触，也是最常接触的演出市场主体，演出的吸引力、购买门票的方式和难易度，对消费者的购买决策有着十分重要的影响力，而对于一些已经具有购买意愿的消费者而言，购票的难易度对他们能否最终消费或是对销售方的满意度更是颇具影响力。对于演出市场监管方而言，每一张票都代表了不同的消费者，不同消费者千差万别的自然属性与社会属性决定了演出监管的复杂性，票务系统实际也是客流管理系统和安全保障系统的基础。

（一）北京代表性演出票务公司发展状况分析

（1）北京红马传媒文化发展有限公司（大麦网）

北京红马传媒文化发展有限公司注册于 2003 年，即知名票务网站"大麦网"的运营公司（以下简称"大麦网"），大麦网的前身是中国票务在线，现在两个网站已整合运营。公司在全国各地拥有 38 家分公司，共有员工 800 多人，已形成以北京、上海、广州、南京、成都、重庆、杭州、深圳、昆明、天津为核心，辐射华北、华东、华南的直营销售网络，同时公司拥有 2000 多家的线上合作以及两万多家的线下合作经销代理商。

大麦网的主要竞争优势和特色在于其票务运作经营系统上的技术领先优势。公司现在拥有自主知识产权约 60 余件，全职技术研发人员 212 人，公司每年投资于技术研发的成本占总体运营成本的 50% 以上，是经北京市科委认定的双软企业和高新技术企业。公司自主研发的"MAITIX"电子售票系统，是多终端、多渠道、地域联网和领域对接的高扩展性的联网售票系统，是目前国内唯一将立体场景体验式在线选座、在家打印、银行终端售票、手机票务、RFID 技术等整合于一体的全方位线上线下票务操作系统。公司同时还拥有联网验票技术（已获得国家专利，提高票务识别率）、自助售换票一体机、实时联网验票监控系统、无线终端购票系统等在行业处于领先水平的技术操作系统。

（2）北京春秋永乐文化传播有限公司

北京春秋永乐文化传播有限公司（以下简称"春秋永乐"）成立于 2003 年，公司主要业务范围为在中国境内举办的文化演出、体育比赛等现场娱乐活动提供全套管理执行方案以及票务营销服务。目前公司团队近 500 人，在全国拥有 12 家分公司，2013 年计划再增加 4~5 家分公司。2012 年公司总体收入约为 4.4 亿元，其中票务代理收入约占总体收入的 70% 以上，实现利润突破 1000 万元。

春秋永乐的主要竞争优势和特色在于其多元化、全产业链发展和品牌塑造的整体经营理念。在票务服务方面，春秋永乐以演出票务为基础，大力开拓体育赛事、旅游票务、电影、交通等其他分类票务市场，特别是在体育赛事票务代理方面，春秋永乐取得了较大的成绩。在品牌塑造上，春秋永乐更关注票务营销背后的人流管理、安保监控等票务增值服务领域的开发，努力扩大春秋永乐在高端票务增值服务领域的影响力。2011 年，公司以故宫博物院门票独家线上代理为核心，为故宫博物院提供了一套完整的网络电子化门票销售管理解决方案。春秋永乐利用公司在演出运作方面积累的经验和自身建立开发的营销网络参与各类商业性演出的组织推广；在演出内容制作上投入精力，结合公司掌握的客户市场数据，通过贷款担保、资金投入等模式投资演出制作，同时也将为各类文化基金把握演出制作投资方向提供基础数据和风险控制建议。

（3）中演票务通文化发展有限公司

中演票务通品牌已经有十余年的发展历史，是中国大陆成立最早的专业性票务营销公司。中演票务通以北京为核心，已经建立起辐射华东、华西、华南、华北四大区的约40余个分支机构，项目营销及票务网络渠道终端已覆盖全国50余座大中型城市，票务销售网点在全国达到500多个，合作场馆超过650余家，拥有500万余名的固定客户，拥有8000余个稳定的企业客户，已经拓展出特别买断式代理、项目总代理、项目首席代理以及项目宣传与票务推广一体化等营销模式，同时不断加强与地方银行、电信系统的合作，形成了网点销售、人员直销、热线购票、网上售票、银行售票的立体化营销模式。

中演票务通的主要竞争优势在于其国有资本背景和独特的渠道资源和自有内容资源优势。中演票务通依托中国对外文化集团，可以全面便捷地利用集团内产品制作、项目经纪、院线联盟等一系列产业资源，掌握丰富的上下游客户资源。作为北京地区唯一一家与银行网点合作的票务公司，中演票务通通过渠道扩张为消费者提供了极大的购买便利，拓宽了自身的用户范围，提升了用户对于中演票务通品牌的认可度和黏着度。中演票务通的票务系统应用于全国很多城市的国有演出公司，中国对外文化集团自有的全国剧院院线也全部使用该系统，通过对演出产业链上游市场主体的不断渗透，中演票务通的影响力也在与日俱增。

（二）北京市剧场演出票务行业总体情况分析

（1）票务行业发展前景向好，市场主体逐渐增加

据不完全统计，北京地区的演出票务公司总数量大致浮动于100～300家。虽然数量众多，但以小规模票务公司为主，成规模的票务公司不到10家。由于票务经营的特殊性，票务公司几乎不可能单靠卖票赚钱，因此业内非专业性票务公司所占比重较大，票务经营只是公司的部分业务。从经营属性上看，北京市的票务公司主要包括国有、民营、外资，此外还有相当数量的个人代理直销人员。线上票务营销发展也较为迅速，北京演出票务的专业网站有75个（不包括可售票的演出场馆和演出经纪机构的网站）。这些票务网站中的大多数都规模很小，员工人数一

般不超过 10 人，甚至有的只有 3~4 人。从业务范围来看，大多数票务网站销售的票种不只是演出票，一般还销售电影票、休闲门票等，此外还有部分网站同时销售火车票、机票、旅游票等。从业务规模上看，这 75 家票务网站中实现异地连锁的有 12 家，占总数的 16%，大多数票务网站还只是在北京开展业务。

（2）票务行业竞争激烈，呈现行业巨头垄断趋势

目前看好票务市场的人很多，几乎所有的演出公司都在发展自己的票务部门，一些艺术表演团体也跃跃欲试。一些具备出票能力的经纪公司、院团以及演出场馆，比如国家大剧院、北京人民艺术剧院等，它们自身所具备的营销能力已经十分强大；一些大集团都贯通了市场的上下游环节，自行整合营销，票务市场的竞争愈加激烈。正因为如此，北京票务市场中的参与者形成了两极分化的格局。目前北京市票务市场形成了永乐票务、中演票务通、大麦网等少数几家大规模票务公司领头，众多小规模票务代理商跟随的总体格局。从这三家领头票务公司的发展轨迹和其所拥有的演出资源来看，它们已初步显示了自身作为信息平台的潜力，逐渐成为丰富的演出节目超市，具备了足够项目数量和市场地位的票务大公司会在领先位置上越跑越远，直至实现垄断。

（3）票务电子商务化趋向明显，技术成为竞争关键

随着网络通信技术的日新月异和电子支付手段的日益便捷，网络销售和电话销售逐渐在票务营销中占据主导地位，现场售票和网点售票已经日渐边缘化，票务行业的电子商务化程度越来越高。电子票的应运而生更是为票务行业带来了革命性巨变，未来智能手机等移动终端的消费规模可能远超 PC 端的消费规模，将逐步成为主流消费模式。电子票的广泛应用将促使票务行业的物流成本逐渐降低，因此行业成本也将随之下降，从而带动票价的走低。随着票务电子商务化趋向越来越明显，技术更成为票务服务的关键所在。因此通过技术革新拓宽自身票务系统的应用范围，大力发展线上业务，能够稳妥应对高峰拥挤购票等特殊情况，拥有更为安全稳定的电子支付环境是夺取未来票务行业核心竞争力的关键所在，从某种程度上讲，票务企业也是技术驱动型企业，谁占领了技术，谁就占领了渠道，更进一步占领了市场。

（4）立足服务全面出击，票务公司走多元化经营道路

现在，票务公司早已不是传统意义上的只卖票或者做销售代理。票务

公司给演出商做营销推广已是司空见惯，很多票务公司的服务更为彻底，项目报批、现场引导甚至还有检验票，可以说高附加值的服务是票务公司获得优质项目代理权的关键，这也是国际上票务公司发展的潮流趋势。以美国的票务公司为例，他们对演出进行票务代理是以销售分成为基础，以100元的票价为例，如果只负责销售，那么可能是10%的代理费，每增加一项服务，如利用自身的营销网络推广，则要再加收1%～2%的服务费，最终票务公司可能利用自己的场馆渠道优势，赚取20%的利润，那么票务公司的出票价格就是120元。而目前我国票务行业比较尴尬的境遇是票务公司所有的服务都包含在10%～15%的票务代理费当中，票务公司的出票价格只能是固定的100元，每增加一项服务，票务公司自己的成本就要增加，因此通过增加服务来争取项目代理权对于票务公司自己而言可能的确是赔本赚吆喝，但是更多的服务会带来更好的口碑，从而带来更多的项目代理权。

（5）票务市场尚不规范，黄牛、团购成为发展障碍

目前北京演出票务市场缺乏统一的管理体制，各级票务公司没有官方的制度化管理，导致市场秩序不够规范，恶性价格竞争、黄牛党、团购网站的存在对票务市场的健康发展形成冲击。票务市场主体的增加与演出市场整体规模的扩张并不完全成比例，上百家公司竞争并不大的市场份额，而行业内部也没有规范的价格形成机制，直接导致了一些演出公司不顾市场的健康发展，肆意降低价格甚至不惜亏本以吸引顾客。黄牛党几乎是票务行业一个不可回避的伴生风险，黄牛党不仅仅存在于演出票务行业，但目前演出市场上"黄牛满地走"的现象是演出商和票务公司面临的一个最大也是最难解决的问题。而团购网站对于票务市场的影响同样巨大，团购的一大吸引力就是低价票。团购低价票不仅对于正价购票的消费者是一种不公平，而且严重扰乱了市场秩序，从而无法形成正常的价格发现机制，不能正确反映演出市场的供求关系，久而久之会形成演出市场上的"劣币驱逐良币"的局面。

（三）政策建议

（1）加强政策引导力度，在培育市民观演习惯、降低演出票价、提供观演便利上下功夫

据统计，北京城镇居民的人均可支配收入从2005年的17653元上

升至 2012 年的 36469 元。2012 年 1~12 月，北京城镇居民人均教育文化娱乐服务支出 3696 元，同比增长 11.8%，文教娱乐的家庭消费支出所占比重越来越大。北京城镇居民已经逐渐告别"生存型"消费，正在向"发展型"和"享受型"的精神文化消费转变。北京丰富的演艺资源为北京市民进行演艺娱乐消费提供了极佳的物质基础，然而实际情况却是目前北京演出市场的消费潜力还远远没有被开发出来，究其原因，一方面在于市民尚未培育起"买票看演出"的消费习惯，另一方面在于票价较高、观看演出不便利。因此，引导市民形成"买票看演出"的消费习惯并提供观看演出的便利条件是应思考的重点问题。目前政府通过组建剧场联盟，在联盟组织内的剧场推行低价票；通过联盟平台整合演出资讯，加大演出宣传推广力度等方式，吸引市民走进剧场，激活市民文化消费意愿。

（2）搭建亲近百姓、便利百姓的票务营销平台，鼓励票务公司与主流消费渠道合作

目前，票务营销的主要渠道是电话订票和网络购票。这种借助现代通信和科技发展的手段对于青年人来讲更有吸引力、更为便捷。而实际上，更有消费经济实力和闲暇时间的中老年人却并不擅长通过上述两种渠道购买演出票，渠道的狭窄无形中排斥了演出市场最有消费潜力的一部分人群。而反观其他国家优秀票务公司的发展历程，可见最初的客户积累很多都来自线下，可以说对于传统商业渠道的垄断是很多票务公司成功的关键，如日本著名的 PIA 票务公司，它的股东就是知名的 7－11 连锁超市。在日本，7－11 连锁超市分布范围广、密度大，几乎有居民的地方都有它们的便利店，而票务公司就将自身的票务系统设在便利店中，居民在日常消费中就可以非常方便地接触到演出资讯，而且在产生消费欲望后可以很方便地在便利店里实现购票，这种推广经验十分具有借鉴意义。

（3）支持深入研究消费者数据，形成精准化、个性化营销

票务公司所积累的最宝贵的资源就是消费者数据。出于精力和资金限制，目前很多票务公司的客户数据资源挖掘还不够深入。以日本的 PIA 票务公司为例，他们对于客户信息的挖掘十分深入，在累积了一定资源后，就深入分析消费者的行为偏好，从而有针对性地进行营销推广。它们根据消费者的消费记录，进一步细分市场，出版话剧、歌剧、音乐会、演唱会

等多种不同内容的杂志，定向投递给对于相关演艺形式有偏好的消费者，这样将会不断培养消费者对于票务品牌的黏着度，形成消费习惯，聚拢资源。而有针对性的营销也深受广告商的青睐，有目标的广告投放使得营销的精准度大大提升，这样也吸纳了大量的广告赞助。

（4）治理黄牛党、假票等市场疾患，净化市场环境

针对清理黄牛党问题，文化、公安、市政管理等相关政府部门应加快形成整治合力，加大对票务市场违法行为的打击力度，对于查获的黄牛票贩、扰乱执行公务的单位和个人依法做出严肃处理。同时，还要堵住黄牛的票源，首先应加大对制造和贩卖假票行为的查处力度，将假票清理出演出市场；其次要加强对于赠票的监管力度，防止赠票进入正常的市场流通环节，冲击正常售票渠道；最后，票务公司可以通过票务防伪技术、现场管理等方式加强政府相关部门的合作，共同打击黄牛党。

（5）强化知识产权保护意识，引导企业良性竞争

在科技时代，技术是票务公司领先于同行的关键因素。大量的技术资金投入导致了一些没有专门资金和人力进行技术研发的票务公司直接拷贝其他公司现有开发成功的票务系统，对于投入大量精力并拥有自主知识产权的公司而言是非常沉重的打击。而面对高昂的维权成本和技术更新换代的加速，很多被侵权公司实在没有精力去追究侵权公司的责任，而对于侵权者而言，侵犯知识产权的违法成本相对于巨大的利益收入而言实在是相去甚远，山寨和抄袭已经严重影响了票务市场的健康发展。因此，加大知识产权保护力度，提高侵犯知识产权的违法成本是引导票务市场健康发展的重要举措。政府也可以通过项目资金补贴等方式为企业关键技术的研发提供支持，形成以政府资金为引导、社会资本投入为主的支持行业技术升级的良好循环机制。

参考文献

毕秋灵：《院线制：中国演出市场新引擎》，《文化产业导刊》2008年第8期。

毕秋灵、张大伟：《中演演出院线发展模式探析》，《文化产业导刊》2010年第6期。

陈杰：《变"孤岛"为"群岛"演出院线应形成规模效应》，《光明日报》2012年7月5日，第7版。

冯靖涵：《我国文化消费区域差异及影响因素研究》，硕士学位论文，吉林大学，

2014。

　　傅谨：《剧团体制改革的背景、目标与路径》，《福建艺术》2010 年第 3 期。

　　林楠：《演出院线能复制电影院线的成功吗》，《中国文化报》2010 年 6 月 9 日，第 7 版。

　　〔英〕尼尔·格兰特：《演艺的历史》，黄跃华译，希望出版社，2005。

　　祁述裕：《中国文化产业发展前沿——"十二五"展望》，社会科学文献出版社，2011。

　　祁述裕等：《中国文化政策研究报告》，社会科学文献出版社，2011。

　　乔燕冰：《传统演艺市场如何争取玩手机的一代人》，《中国文化报》2014 年 11 月 3 日。曲晓燕：《从联盟到院线：成长的道路不平坦》，《中国文化报》2009 年 8 月 14 日。

　　文化部财务司：《中国文化文物统计年鉴 2011》，北京图书出版社，2011。

　　文化部文化产业司：《国家文化产业课题研究报告》（2009 年度），云南大学出版社，2010。

　　文化部文化产业司：《国家文化产业课题研究报告》（2010 年度），云南大学出版社，2011。

　　谢大京：《演艺业管理与运作》，上海音乐出版社，2007。

　　〔美〕詹姆斯·海尔布伦、查尔斯·M. 格雷：《艺术文化经济学》（第二版），詹正茂等译，中国人民大学出版社，2007。

　　张白鸽：《加快演艺业健康发展的思考》，《经济体制改革》2009 年第 5 期。

　　张魁兴：《演出院线之喜忧》，《工人日报》2009 年 10 月 31 日。

　　张晓明、胡惠林、章建刚：《中国文化产业发展报告》，社会科学文献出版社，2008。

附件一　北京剧院演出联盟市场调研执行过程

　　针对本课题要研究的内容，采取定量研究与定性研究相结合的研究方法。定量研究方法主要包括统计数据、问卷调研；定性研究方法主要包括集中座谈、深度访谈和专家访谈。

一　集中座谈：参加座谈的剧院演出产业链机构9家

　　集中座谈采取召集演出机构负责人集中讨论的方式，访谈对象为各大演出场馆、文艺表演团体、经纪公司主要负责人等，参加座谈会的包括 9 家不同类型的演出机构（见附表 1-1）。

附表 1-1　参加座谈会演艺机构情况总结

单位：家

机构类型	参加座谈单位	样本量
演出团体	北京京剧院	2
	天创国际演艺	
演出场馆	保利剧院	3
	北展剧场	
	北京欢乐谷华侨城大剧院	
演出经纪机构	歌华莱恩	3
	北京世纪轩昂公司	
	北京城市行文化艺术有限公司	
演出票务公司	春秋永乐	1
总计	—	9

二　深度访谈：实地调研演艺机构 30 家

深度访谈采取面对面访谈的方式，访谈对象为北京市各演出场馆、文艺表演团体、演出经纪机构、演出票务公司、大型演艺集团等演艺机构的主要负责人、北京市演出行业资深人士等，实地调研了 30 家演出机构及个人（见附表 1-2）。

附表 1-2　实地调研演艺机构情况总结

单位：家/人

机构类型	访谈单位	访谈样本量
文艺表演团体	北京人民艺术剧院	8
	中国儿童艺术剧院	
	开心麻花	
	德云社	
	中央芭蕾舞团	
	松雷音乐剧发展公司	
	丑小鸭艺术团	
	北方昆曲剧院	

续表

机构类型	访谈单位	访谈样本量
演出场馆	北京音乐厅	5
	国话先锋剧场	
	朝阳9剧场	
	朝阳剧场	
	天龙源剧场	
演出经纪机构	中国国际文化公司	2
	北京罗盘文化	
演出票务公司	春秋永乐	2
	中国票务在线	
音乐节机构	迷笛演出公司	2
	摩登天空公司	
大型演艺集团	中国东方演艺集团	3
	北京演艺集团	
	北京北奥集团	
演艺集聚区	蒲黄榆演艺娱乐群落	2
	焦化厂遗址公园	
网络演出单位	北京六间房科技有限公司	4
	北京新浪互联信息服务有限公司	
	北京一千零一夜网络技术有限公司	
	华录文化产业有限公司	
专家	杨乾武	2
	傅维伯	
总计	—	30

三　问卷调查：调研演艺机构达181家

（一）演出市场调研问卷

问卷调研采取先电话沟通确认调研事宜，后通过电子邮件及传真的方式发放和回收问卷，共与 880 家机构取得联系，了解其经营与发展现状，发放演出市场调研问卷 410 份，最后收回有效问卷 181 份（见附表 1 - 3）。

附表 1 - 3　演出市场调研问卷发放情况

单位：家，份

机构类型	发放问卷单位	样本数量		
		联系机构	发放问卷	有效样本
演出经纪公司	北京艺龙天地文化传播有限公司、中慈国善（北京）文化发展有限公司、北京歌华中体文化体育发展有限公司、九洲文化传播中心、北京磐石文化传播有限公司、北京世纪演出公司、北京市演出公司、北京城乡行文化艺术有限公司等	580	263	91
文艺表演团体	丑小鸭卡通艺术团、中国爱乐乐团、中国国家话剧院、国家京剧院、中央歌剧院、北京人民艺术剧院、北方昆曲剧院、北京儿童艺术剧院股份有限公司等	270	124	77
演出场馆	保利剧院、工人体育馆、北京音乐厅、中国木偶剧院、皇家粮仓、刘老根大舞台、北京展览馆剧场、北京天龙源旅游发展公司等	30	23	13
总计	—	880	410	181

（二）剧目创作调研问卷

与演出市场调研问卷发放和回收方法相同，调研组共通过电话与 270 家文艺表演团体取得了联系，了解其剧目创作情况和存在的困难，并发放剧目创作问卷 124 份，最后收回有效问卷 94 份（见附表 1 - 4）。

附表 1 - 4　剧目创作调研问卷发放情况

单位：家，份

样本数量	联系机构数量	270
	发放问卷数量	124
	有效样本数量	94
回收单位举例	中国国家话剧院、国家京剧院、中央歌剧院、丑小鸭卡通艺术团、北京人民艺术剧院、北京儿童艺术剧院、中国国家话剧院、北京国色文化艺术团、北京黑祥子时空艺术团、北京林兆华戏剧工作室、北京世纪爱乐乐团、北京燕都神韵演艺有限公司等	

附件二　北京剧院演出联盟市场调研问卷

尊敬的女士/先生：

您好！我们正在进行北京剧院演出市场调研，此次调研的目的是全面了解我市剧院演出联盟市场的发展现状和存在的问题，为相关政策的制定、调整和完善提供依据，以更好地促进演艺产业的发展。您的意见和建议对这项研究非常重要。您的答案没有对错之分，只要是客观真实的，就是对我们工作最大的支持。谢谢您的合作！

将选项序号填在横线上即可。单选题请只选一个答案。如选择"其他"选项，请注明内容。

一　基本信息

1.1. 贵单位基本信息

单位全称：＿＿＿＿＿＿＿＿　被访人姓名：＿＿＿＿＿＿＿＿

部门和职务：＿＿＿＿＿＿＿　被访人电话：＿＿＿＿＿＿＿

手　　　机：＿＿＿＿＿＿＿　E-mail：＿＿＿＿＿＿＿＿

单位详细地址：＿＿＿＿省＿＿＿＿市＿＿＿＿区/县＿＿＿＿＿＿

1.2. 贵单位注册时间为：＿＿＿＿年＿＿＿＿月

1.3. 贵单位的经济性质是什么？（单选）＿＿＿＿

　　（1）国有或国有控股　　　　（2）民营或民营控股

　　（3）中外合资　　　　　　　（4）港澳台机构

　　（5）事业单位　　　　　　　（6）其他＿＿＿＿

1.4. 贵单位的类型是什么？（单选）＿＿＿＿

　　（1）文艺表演团体　　　　　（2）演出经纪公司

　　（3）演出场所经营单位　　　（4）票务公司

　　（5）综合类演出机构　　　　（6）其他＿＿＿＿

1.5. 贵单位的演出内容侧重于哪些演出种类？（可多选）＿＿＿＿

　　（1）话剧　　　（2）儿童剧　　　（3）音乐剧　　　（4）中国戏曲

　　（5）乐器演奏　（6）演唱会　　　（7）歌剧　　　　（8）舞蹈类

　　（9）曲艺　　　（10）杂技魔术　　（11）其他＿＿＿＿

1.6. 贵单位注册资金为多少？（单选）＿＿＿＿

（1）3 万元及以下　　（2）4 万～10 万元　　（3）11 万～50 万元

（4）51 万～100 万元　（5）101 万～500 万元　（6）501 万～1000 万元

（7）1001 万元及以上

1.7. 贵单位的员工总数为_____人；其性别比例（男：女）约为_____

1.8. 贵单位员工的平均年龄主要处于以下哪个年龄段？（单选）_____

　　（1）25 岁及以下　　（2）26～35 岁　　　　（3）36～45 岁

　　（4）46 岁及以上

1.9. 贵单位员工的平均受教育程度以什么为主？（单选）_____

　　（1）高中学历及以下　（2）专科　　　　　　（3）本科

　　（4）硕士研究生及以上

1.10. 贵单位演出相关专业毕业的员工占员工总数的比例约为多少？（单选）_____

　　（1）20% 及以下　　　（2）21%～40%　　　（3）41%～60%

　　（4）61%～80%　　　　（5）81% 及以上

1.11. 贵单位员工主要来源于何种渠道？（单选）_____

　　（1）演出相关院校输送（2）社会招聘　　　　（3）其他单位挖角

　　（4）自我培养　　　　（5）其他_____

1.12. 贵单位员工在贵单位的平均工作年限一般为多少年？（单选）_____

　　（1）1 年及以下　　　（2）2～3 年　　　　　（3）4～5 年

　　（4）6～10 年　　　　（5）11 年及以上

二　单位业务运作

2.1. 贵单位的业务主要涉足以下哪些领域？（可多选）_____

　　（1）文艺创作与表演　（2）演出经纪　　　　（3）艺人经纪

　　（4）演出项目投资　　（5）票务经营　　　　（6）影视制作

　　（7）礼仪庆典　　　　（8）广告经营　　　　（9）其他_____

2.2. 目前，贵单位演出业务主要分布在哪些区域？（可多选）_____

　　（1）本省市　　　　　（2）本省周边区域　　（3）全国范围

　　（4）国外

2.3. 贵单位主要通过什么渠道来进行演出宣传和推广？（可多选）_____

　　（1）网络　　　　　　（2）报纸　　　　　　（3）广播

（4）电视　　　　　（5）杂志　　　　　（6）户外广告

（7）移动传媒　　　（8）大型展会　　　（9）其他_____

2.4. 贵单位如何与演出场所展开合作？（单选）_____

（1）合作分成　　　（2）支付场租　　　（3）场团合一

（4）其他_____

2.5. 贵单位的主要收入来源有哪些方面？（可多选）_____

（1）票房收入　　　（2）演出出场费　　　（3）广告赞助费

（4）版权经营　　　（5）演出后续产品开发（6）政府补贴

（7）其他_____

2.6. 贵单位的演出剧目主要来源于何种渠道？（单选）_____

（1）自己创作　　　（2）合作创作　　　（3）剧目代理

（4）版权购买　　　（5）其他_____

2.7. 贵单位拥有自主知识产权的剧目占总剧目的比例是多少？（单选）

_____

（1）0　　　　　　　（2）1%～20%　　　（3）21%～40%

（4）41%～60%　　　（5）61%～80%　　　（6）81%及以上

2.8. 贵单位的创作编导人员有多少？（单选）_____

（1）1～2人　　　　（2）3～5人　　　　（3）5～10人

（4）10～20人　　　（5）21人及以上

2.9. 贵单位经营的国外剧目占总剧目的比例是多少？（单选）_____

（1）0～10%　　　　（2）11%～20%　　　（3）21%～30%

（4）31%～40%　　　（5）41%～50%　　　（6）51%～60%

（7）61%～70%　　　（8）71%～80%　　　（9）81%～90%

（10）91%及以上

2.10. 预计贵单位3年演出剧目总台数为多少？（单选）_____

（1）0～5台　　　　（2）6～10台　　　　（3）11～15台

（4）16～20台　　　（5）21台及以上

2.11. 预计贵单位3～5年的演出总场次约为多少？（单选）_____

（1）1～50场　　　　（2）51～100场　　　（3）101～200场

（4）201～300场　　　（5）301场及以上

2.12. 预计贵单位2011年的演出收入约为多少？（单选）_____

（1）0～50万元　　　　　　（2）51万～100万元

（3）101 万～300 万元　　　　（4）301 万～500 万元

（5）501 万～1000 万元　　　　（6）1001 万～2000 万元

（7）2001 万～3000 万元　　　　（8）3001 万元及以上

2.13. 预计贵单位未来 3 年的收支情况如何？（单选）＿＿＿＿＿＿

（1）盈利　　　　　　　　　　（2）持平

（3）亏损　　　　　　　　　　（4）其他＿＿＿＿＿＿

三　单位发展与管理

3.1. 未来 3～5 年，贵单位可能会涉足以下哪些经营领域？（可多选）＿＿＿＿＿

（1）文艺创作与表演　　（2）演出经纪　　　（3）艺人经纪

（4）演出剧目投资　　　（5）票务经营　　　（6）影视制作

（7）礼仪庆典　　　　　（8）广告经营　　　（9）场馆经营

（10）其他＿＿＿＿＿＿

3.2. 未来 3～5 年，贵单位可能会涉足的演出类型有哪些？（可多选）＿＿＿＿＿

（1）演唱会　　　　　（2）演奏会　　　　（3）歌舞类

（4）话剧　　　　　　（5）戏曲　　　　　（6）综艺类

（7）曲艺类　　　　　（8）杂技魔术　　　（9）儿童类

（10）其他＿＿＿＿＿＿

3.3. 贵单位未来发展有多大的资金缺口？（单选）＿＿＿＿＿＿

（1）50 万元及以下　　　　（2）51 万～100 万元

（3）101 万～500 万元　　　（4）501 万～1000 万元

（5）1001 万元及以上　　　（6）财务状况良好，无资金缺口

3.4. 出现资金周转困难时，贵单位一般会采取什么方式解决？（可多选）

＿＿＿＿＿＿

（1）银行贷款　　　　　（2）投资机构投资　　（3）企业赞助

（4）股权融资　　　　　（5）高利贷　　　　　（6）亲朋好友借贷

（7）申请政府扶持资金　（8）其他＿＿＿＿＿＿

3.5. 您觉得演出市场投融资环境存在的问题有哪些？（可多选）＿＿＿＿＿＿

（1）市场规模小，投资收益低，对投资者吸引力不大

（2）投资方对演出市场了解不足，投资行为谨慎

（3）演出单位普遍缺乏融资意识，融资行为不积极

（4）缺乏有效担保形式和融资渠道，融资难度大

（5）投融资公共平台作用发挥不充分，投融资运作不畅

（6）其他_____

3.6. 您认为贵单位未来 3～5 年发展面临最主要的问题是什么？（可多选）_____

（1）缺乏演出机会　　　　　（2）缺乏持续发展的资金

（3）缺乏好的剧目作品　　　（4）人才流失严重

（5）管理跟不上业务发展　　（6）缺乏有力政策支持

（7）机构之间恶性竞争严重　（8）演出场馆制约发展

（9）工作票、赠票太多　　　（10）演出市场监管不合格

（11）其他_____

3.7. 贵单位每年会有多大比例的人才流失？（单选）_____

（1）0～5%　　　　（2）6%～10%　　　（3）11%～15%

（4）16%～20%　　（5）21% 及以上　　（6）没有人才流失

3.8. 贵单位人才流失的主要原因是什么？（单选）_____

（1）待遇不高　　　（2）竞争对手挖墙脚　（3）人才自己创业

（4）管理跟不上　　（5）其他_____

3.9. 贵单位现在最需要什么类型的人才？（可多选）_____

（1）专业管理人才　　（2）剧场经营人才　　（3）市场拓展人才

（4）高水平的演出人才（5）剧目创作人才　　（6）编导人才

（7）灯光舞美人才　　（8）设备技术人才　　（9）其他_____

3.10. 您认为贵单位的未来前景如何？（单选）_____

（1）比现在好　　　（2）和现在差不多　　（3）比现在差

（4）说不清楚

四　演出市场环境

4.1. 您觉得本省市演出市场总体环境怎样？（单选）_____

（1）非常好　　　（2）较好　　　　（3）一般

（4）较差　　　　（5）非常差　　　（6）说不清楚

4.2. 您最看好以下哪种类型的演出？（可多选）_____

（1）话剧　　　　（2）儿童剧　　　（3）音乐剧

（4）中国戏曲　　　　　（5）乐器演奏　　　　　（6）演唱会

（7）歌剧　　　　　　　（8）舞蹈类　　　　　　（9）曲艺

（10）杂技魔术　　　　　（11）其他_____

4.3. 您一般通过什么方式获得演出行业信息？（可多选）_____

（1）会议　　　　　　　（2）报纸　　　　　　　（3）网络

（4）广播　　　　　　　（5）电视　　　　　　　（6）户外广告

（7）户外移动传媒　　　（8）私下沟通　　　　　（9）其他_____

4.4. 您觉得本省市的演出场所是否能满足市场的需求？（可多选）_____

（1）能满足需求　　　　（2）场所数量少　　　　（3）场所分布不合理

（4）场租太高　　　　　（5）档期演出场所紧缺

（6）场所数量多，但适合演出的场地少　　　　　（7）其他_____

4.5. 贵单位所做演出的平均票价一般处于什么水平？（单选）_____

（1）50元及以下　　　　（2）51～100元　　　　（3）101～150元

（4）151～200元　　　　（5）201～250元　　　　（6）251～300元

（7）301～400元　　　　（8）401元及以上

4.6. 您觉得目前票价与观众预期票价相比如何？（单选）_____

（1）非常高　　　　　　（2）比较高　　　　　　（3）正常

（4）比较低　　　　　　（5）非常低

4.7. 您觉得本省市观众自费购票的比例一般有多大？（单选）_____

（1）10%及以下　　　　（2）11%～30%　　　　（3）31%～50%

（4）51%～70%　　　　（5）71%～90%　　　　（6）91%及以上

4.8. 贵单位演出时，工作票、赠票数量一般能占到总票数的多大比例？

（单选）_____

（1）0～5%　　　　　　（2）6%～10%　　　　　（3）11%～15%

（4）16%～20%　　　　（5）其他_____

五　演出政策建议

5.1. 贵单位一般从哪些途径获得政策信息？（可多选）_____

（1）政府网站　　　　　（2）政府发布文件　　　（3）政府召开会议

（4）协会网站　　　　　（5）电视、报纸　　　　（6）其他网站信息

（7）其他_____

5.2. 贵单位从国家或所在省市出台的演出行业相关政策中受过哪些支持？
（可多选）_____

（1）获得了资金支持　　　（2）获得了更多演出机会

（3）准入门槛降低　　　　（4）审批手续简化

（5）税收优惠　　　　　　（6）获奖奖励

（7）票价、场租补贴　　　（8）没有得到任何支持

（9）其他_____

5.3. 贵公司获得的政策扶持资金主要用于哪些方面？（可多选）_____

（1）进行艺术创作　　　　（2）提高演出作品的数量和质量

（3）更新演出设备　　　　（4）用于企业宣传和市场拓展

（5）偿还企业债务　　　　（6）没有获得过

（7）其他_____

5.4. 贵单位获得的政策扶持资金主要用于剧目创作的哪些方面？（可多选）
_____

（1）剧目创作费　　（2）剧目设计费　　（3）剧目制作费

（4）剧目排演费用　（5）剧目的演出宣传　（6）没有获得过

（7）其他_____

5.5. 您认为扶持政策对整个演出行业的主要作用是什么？（可多选）_____

（1）激发了演出经营主体的创作活力，营造了良好的创作氛围

（2）促进了演出市场秩序与竞争环境的良性发展

（3）带动了演出经营主体的发展和壮大

（4）改善了消费者的消费态度，激发了消费者的演出消费需求

（5）其他_____

5.6. 您认为扶持政策对整个行业的作用效果怎样？（单选）_____

（1）非常明显　　　（2）较明显　　　　（3）一般

（4）较不明显　　　（5）非常不明显

5.7. 如果贵单位未获得政策支持，您认为未获得的原因是什么？（可多选）
_____

（1）不知道有该项政策

（2）该政策对本单位缺乏吸引力

（3）本单位达不到享受政策的条件

（4）手续烦琐，享受到该政策成本太高

  （5）知道该项政策，但有关职能部门没有执行

  （6）其他_____

5.8. 您认为演出行业政策的制定应当考虑哪些因素？（可多选）_____

  （1）合理分配演出资源，提供公平的竞争机会

  （2）给予适当的税收优惠

  （3）增加资金支持的力度，或提供更多的融资渠道

  （4）降低市场准入门槛

  （5）规范演出市场，营造良好的演出环境

  （6）简化演出审批手续

  （7）提供宣传平台   （8）帮助培养人才

  （9）加强信息的透明度   （10）其他_____

5.9. 您认为演出政策支持应重点向哪些方面倾斜？（可多选）_____

  （1）剧目创作 （2）演出推广 （3）观众培育

  （4）演艺人才培养 （5）演出场馆建设 （6）票务环境改善

  （7）信息平台搭建 （8）其他_____

5.10. 在政策实施的过程中您认为政府应当注重哪些方面？（可多选）_____

  （1）政策享有的公平性 （2）政策对行业整体产生的效用

  （3）资金的使用方向   （4）资金使用的效率

  （5）其他_____

5.11. 请您代表演艺机构，对演出市场的管理和未来发展提 2~3 条意见。

  （1）_____

  （2）_____

  （3）_____

附件二　北京剧院演出联盟市场调研问卷

尊敬的女士/先生：

  您好！我们正在进行北京剧院演出联盟院团剧目创作情况的调研，此次调研的目的是全面了解文艺演出团体的剧目创作情况，为相关政策的制定、调整和完善提供依据，以更好地促进演出市场剧目创作的发展。您的意见和建议对这项研究非常重要。您的答案没有对错之分，只要是客观真

实的，就是对我们工作最大的支持。谢谢您的合作！

将选项序号填在横线上即可。单选题请只选一个答案。如选择"其他"选项，请注明内容。

一　基本信息

1.1 贵单位基本信息

单位全称：_____　　被访人姓名：_____

部门和职务：_____　　被访人电话：_____

手　　　机：_____　　E-mail：_____

单位详细地址：_____省_____市_____区/县_____

1.2 贵单位的经济性质是什么？（单选）_____

（1）民营或民营控股　　（2）国有或国有控股　　（3）事业单位

（4）民营非企业性质　　（5）中外合资　　　　　（6）其他_____

1.3 贵单位的演出内容侧重于哪些演出种类？（可多选）_____

（1）话剧　　　　　　（2）儿童剧　　　　　　（3）音乐剧

（4）中国戏曲　　　　（5）乐器演奏　　　　　（6）歌剧

（7）舞蹈类　　　　　（8）曲艺　　　　　　　（9）杂技魔术

（10）其他_____

1.4 贵单位的注册资金为多少？（单选）_____

（1）3万~4万元　　　　（2）5万~10万元　　　（3）11万~50万元

（4）51万~100万元　　 （5）101万~500万元

（6）501万~1000万元　（7）1001万元及以上

1.5 贵单位共有多少员工？（单选）_____

（1）1~10人　　　　　（2）11~30人　　　　　（3）31~50人

（4）51~80人　　　　　（5）81~100人　　　　 （6）101人及以上

二　剧目创作基本情况

2.1 贵单位平均每年新创多少台剧目？（单选）_____

（1）0台　　　　　　　（2）1台　　　　　　　（3）2台

（4）3台　　　　　　　（5）4台　　　　　　　（6）5台及以上

2.2 贵单位2011年新创剧目的台数是多少？（单选）_____

（1）0 台	（2）1 台	（3）2 台
（4）3 台	（5）4 台	（6）5 台及以上

2.3 贵单位 2011 年新创剧目主要属于以下哪个类型？（可多选）＿＿＿＿＿＿

（1）话剧	（2）儿童剧	（3）音乐剧
（4）中国戏曲	（5）乐器演奏	（6）歌剧
（7）舞蹈类	（8）曲艺	（9）杂技魔术

（10）其他＿＿＿＿＿＿

2.4 贵单位 2011 年新创剧目的题材主要是什么？（可多选）＿＿＿＿＿＿

（1）传统题材	（2）现代题材	（3）前卫题材
（4）西方经典	（5）其他＿＿＿＿＿＿	

2.5 贵单位创作一部新剧预期能演出多少场？（单选）＿＿＿＿＿＿

（1）1～10 场	（2）11～20 场	（3）21～50 场
（4）51～80 场	（5）81～100 场	（6）101 场及以上

2.6 贵单位目前累计演出能达 50 场以上的剧目约有多少台？（单选）＿＿＿＿＿＿

（1）0 台	（2）1～2 台	（3）3～5 台
（4）6～10 台	（5）11 台及以上	

2.7 贵单位的剧本主要来源于何种渠道？（可多选）＿＿＿＿＿＿

（1）自主创编	（2）改编	（3）合作创作
（4）社会征集	（5）买断剧本	（6）版权购买

（7）其他＿＿＿＿＿＿

2.8 贵单位平均创作一部剧本需要多长时间？（单选）＿＿＿＿＿＿

（1）1 个月以下	（2）1～3 月	（3）4～6 月
（4）7～12 个月	（5）1 年以上	

2.9 贵单位拥有自主知识产权的剧目占总剧目的比例是多少？（单选）＿＿＿＿＿＿

（1）0	（2）1%～20%	（3）21%～40%
（4）41%～60%	（5）61%～80%	（6）81%及以上

2.10 贵单位是否进行过定制剧目的创作？（单选）＿＿＿＿＿＿

（1）是	（2）没有，从未想过
（3）没有，未来有打算	（4）其他＿＿＿＿＿＿

2.11 贵单位在剧目创作中是否会融入现代科技元素？（单选）＿＿＿＿＿＿

（1）很多	（2）较多	（3）一般
（4）很少	（5）几乎没有	

2.12 贵单位的剧目创作排演场地主要有哪些来源？（单选）_____

    （1）自有固定的排练厅或剧场

    （2）租用其他单位剧场或场地

    （3）其他_____

2.13 贵单位在剧目创作方面存在哪些困难或问题？（可多选）_____

    （1）缺少创作资金　　（2）缺少优质剧本　　（3）缺少专业人才

    （4）缺少排练场地　　（5）其他_____

三　创作人才情况

3.1 贵单位拥有以下哪些剧目创作人才？（可多选）_____

    （1）编剧　　　　　　（2）导演　　　　　　（3）音乐制作人才

    （4）灯光舞美人才　　（5）其他_____

3.2 贵单位共有多少名编剧？（单选）_____

    （1）没有　　　　　　（2）1名　　　　　　（3）2名

    （4）3名　　　　　　（5）4名　　　　　　（6）5名及以上

3.3 贵单位有多少名外部签约编剧？（单选）_____

    （1）没有　　　　　　（2）1名　　　　　　（3）2名

    （4）3名　　　　　　（5）4名　　　　　　（6）5名及以上

3.4 贵单位外聘编剧创作一部剧一般花费多少钱？（单选）_____

    （1）2万元及以下　　（2）3万~4万元　　　（3）5万~10万元

    （4）11万~20万元　　（5）21万元及以上　　（6）没有外聘

3.5 贵单位买断一部剧本一般花多少钱？（单选）_____

    （1）2万元及以下　　（2）3万~4万元　　　（3）5万~10万元

    （4）11万~20万元　　（5）21万元及以上

3.6 贵单位共有多少名专职导演？（单选）_____

    （1）没有　　　　　　（2）1名　　　　　　（3）2名

    （4）3名　　　　　　（5）4名　　　　　　（6）5名及以上

3.7 贵单位外聘导演排一部剧的酬金一般是多少？（单选）_____

    （1）5万元及以下　　（2）6万~10万元　　　（3）11万~30万元

    （4）31万~50万元　　（5）51万元及以上　　（6）没有外聘

3.8 贵单位共有多少名音乐制作人才？（单选）_____

（1）没有　　　　　　　（2）1名　　　　　　　（3）2名

（4）3名　　　　　　　（5）4名　　　　　　　（6）5名及以上

3.9 贵单位外聘音乐制作人才创作一部剧的酬金一般是多少？（单选）＿＿＿＿

（1）2万元及以下　　　（2）3万~4万元　　　（3）5万~10万元

（4）11万~20万元　　　（5）21万元及以上　　（6）不外聘

3.10 贵单位有多少名专业的舞美设计人员？（单选）＿＿＿＿

（1）没有　　　　　　　（2）1名　　　　　　　（3）2名

（4）3名　　　　　　　（5）4名　　　　　　　（6）5名及以上

3.11 贵单位外聘专业的舞美设计创作一部剧的酬金一般是多少？（单选）

＿＿＿＿

（1）1万元及以下　　　（2）2万~3万元　　　（3）4万~5万元

（4）5万元及以上　　　（5）不外聘

3.12 贵单位的签约演员有多少？（单选）＿＿＿＿

（1）没有　　　　　　　（2）1~5人　　　　　（3）6~10人

（4）11~20人　　　　　（5）21~50人　　　　　（6）51人及以上

3.13 贵单位每年会有多大比例的创作人才流失？（单选）＿＿＿＿

（1）0~5%　　　　　　（2）6%~10%　　　　（3）11%~15%

（4）16%~20%　　　　（5）21%及以上

3.14 贵单位创作人才流失的主要原因是什么？（单选）＿＿＿＿

（1）待遇不高　　　　　（2）竞争对手挖墙脚　　（3）人才自己创业

（4）单位管理跟不上　　（5）其他＿＿＿＿

3.15 贵单位现在最需要什么类型的人才？（单选）＿＿＿＿

（1）高水平演员　　　　（2）好编剧　　　　　（3）好导演

（4）灯光舞美人才　　　（5）音乐制作人才　　（6）其他＿＿＿＿

四　创作资金情况

4.1 贵单位目前的创作资金情况如何？＿＿＿＿

（1）很充足　　　　　　（2）刚好够用　　　　（3）短缺

（4）严重短缺　　　　　（5）其他＿＿＿＿

4.2 贵单位平均创作排演一部剧目要花多少钱？（单选）＿＿＿＿

（1）5万元及以下　　　（2）6万~10万元　　　（3）11万~30万元

（4）31 万~50 万元　　　（5）51 万~80 万元　　　（6）81 万~100 万元

（7）101 万元以上

4.3 贵单位 2011 年用于剧目创作的投资总额是多少元？（单选）＿＿＿＿＿

（1）50 万及以下　　　　（2）51 万~100 万　　　（3）101 万~300 万

（4）301 万~500 万　　　（5）501 万~1000 万　　（6）1001 万及以上

4.4 贵单位剧目制作的资金来源渠道有哪些？（可多选）＿＿＿＿＿

（1）自有资金　　　　　（2）投资方资金　　　　（3）社会筹资

（4）政府支持　　　　　（5）管理层入股　　　　（6）其他＿＿＿＿

4.5 贵单位剧目创作的资金主要运用于哪些领域？（可多选）＿＿＿＿＿

（1）购买或创作剧本　　（2）导演费用　　　　　（3）音乐制作费

（4）舞美费用　　　　　（5）演员演出　　　　　（6）道具设备

（7）服装费用　　　　　（8）场地费用　　　　　（9）其他人员薪酬

（10）其他＿＿＿＿

4.6 贵单位 2011 年新剧目的收益额是多少？（单选）＿＿＿＿＿

（1）亏损　　　　　　　　　　　（2）收支基本持平

（3）盈利 10 万元及以下　　　　（4）盈利 11 万~20 万元

（5）盈利 21 万~50 万元　　　　（6）盈利 51 万~100 万元

（7）盈利 101 万元及以上

五　政策需求与建议

5.1 贵单位都了解哪些政府出台的剧目创作的扶持政策或办法？（可多选）

＿＿＿＿＿

（1）文化部《国家舞台艺术精品工程专项资金管理暂行办法》

（2）《北京市舞台艺术创作生产专项扶持资金管理暂行办法》

（3）不了解　　　　　　（4）其他＿＿＿＿

5.2 贵单位一般从哪些途径获得关于剧目创作的政策支持信息？（可多选）

＿＿＿＿＿

（1）从政府发布信息获得　　　　（2）协会网站

（3）同行人员口口相传　　　　　（4）报纸、电视、网站等信息

（5）其他＿＿＿＿

5.3 贵单位曾得到过政府关于剧目创作的哪些政策支持？（可多选）＿＿＿＿＿

　　（1）创作扶持资金　　　　　　（2）推荐创作人才

　　（3）给予评奖奖励　　　　　　（4）优秀剧目资金奖励

　　（5）提供宣传渠道　　　　　　（6）其他_____

5.4 贵单位获得的政策扶持资金主要用于剧目创作的哪些方面？（可多选）_____

　　（1）剧目编导　　　　　　　　（2）剧目制作费

　　（3）剧目排演费用　　　　　　（4）剧目宣传

　　（5）没有获得过　　　　　　　（6）其他_____

5.5 您认为政府目前关于剧目创作的扶持政策存在哪些问题？（可多选）_____

　　（1）享受政策的条件太高　　　（2）政策缺乏吸引力

　　（3）手续烦琐，享受到政策的成本太高

　　（4）有关职能部门的政策执行力度不够

　　（5）其他_____

5.6 您认为目前政府关于剧目创作的扶持政策对整个行业的作用效果怎样？（单选）_____

　　（1）非常明显　　　　　（2）较明显　　　　　（3）一般

　　（4）较不明显　　　　　（5）非常不明显

5.7 关于剧目创作，贵单位希望未来可以得到政府哪些方面的支持？（可多选）_____

　　（1）创作扶持资金　　　　　　（2）推荐创作人才

　　（3）给予评奖奖励　　　　　　（4）优秀剧目资金奖励

　　（5）提供宣传渠道　　　　　　（6）其他_____

5.8 在剧目创作扶持政策实施的过程中，您认为政府应当注重哪些方面？（可多选）_____

　　（1）政策享有的公平性　　　　（2）政策对行业整体产生的效用

　　（3）资金的使用方向　　　　　（4）资金使用的效率

　　（5）其他_____

5.9 请您对北京市关于剧目创作的扶持政策提 2~3 条意见或建议。

　　（1）_____

　　（2）_____

　　（3）_____

第六章 国家文化消费试点城市（北京市）政策绩效评估

一 国家文化消费试点城市（含北京市）的政策绩效评估

2016年，文化部、财政部联合印发了《关于开展引导城乡居民扩大文化消费试点工作通知》（以下简称《通知》），决定在2015年"拉动城乡居民文化消费试点项目"取得成效的基础上，在全国范围内开展引导城乡居民扩大文化消费试点工作。《通知》指出：培育文化消费成为新的经济增长点和经济转型升级新的支撑点。扩大文化消费试点工作将按照"中央引导、地方为主、社会参与、互利共赢"的原则，确定一批试点城市，充分发挥典型示范和辐射作用，以点带面，推动我国文化消费总体规模持续增长，带动相关领域消费，不断增强文化消费拉动经济增长的积极作用。

2016年6月，文化部公布第一批第一次26个国家文化消费试点城市名单，北京、上海、南京等城市入选。根据《通知》要求，中央财政将通过中央补助地方公共文化服务体系建设专项资金，按照有关规定对试点城市予以资金支持。第一批第一次试点城市确定后，各试点城市按照试点工作方案，结合当地实际，因地制宜，探索创新，采取多种措施促进文化消费，取得较好的成果。从入选试点城市开始到现在政策实施效果到底如何？是否取得了预期效果？结合对于试点城市的中期调研考察以及持续至今的关注分析，从政策质量、政策服务质量、政策效果三个维度对国家文化消费试点城市（北京市）进行了绩效评估。

为了对国家文化消费试点城市（含北京市）政策实施情况进行有效评估，我们从政策质量、政策服务质量、政策效果三个方面进行了梳理，并将这些内容指标进行了详细的分解与设计，在此基础上制定了国家文化消费试点城市（北京）政策绩效评估指标体系（见表6-1）；同时，针对北京市实际情况与特点设计了北京市政策实施情况调查问卷（见附件），并采用经济学上常用的评估方法，主要包括：深度访谈法，对政策制定机构、政策执行机构、行业协会、企业主要负责人和专家访谈；问卷调查法，对行业协会、企业发放问卷；案例分析法，选择典型案例；统计分析法，对统计资料、调查结果进行统计分析；通过绩效评估方法，力图总结出近年来国家文化消费试点城市（北京市）政策对于北京市文化消费市场发展的影响。

而对国家文化消费试点城市（北京市）的政策绩效评估，就是要通过对这些评估指标体系的分析、考察，衡量其是否达到上述几个方面的目的，是否达到政策制定者与实施者的预期目的或初衷。

表 6 - 1　国家文化消费试点城市（北京市）政策绩效评估指标体系

一级指标	二级指标	三级指标	评估主体
政策质量	政策的合规性	是否与宪法、法律、行政法规、地方性法规相冲突	政策执行机构、行业协会、专家
		政策制定过程是否具有科学性、民主性（广泛征求意见、基于充分调研）	
	政策的适应性	政策是否满足北京市文化消费市场发展的需要	文化市场供给的生产单位、行业协会、政策执行机构、专家
		政策目标和内容与拟解决问题的针对性	
		政策调整是否及时、适当	
	政策的系统性	是否全面覆盖行业发展的各个方面	文化产品与服务生产单位、行业协会、政策执行机构、专家
		是否与之前制定的政策具有连贯性	
		是否存在需要而未制定的政策	
		是否存在应当修改、废止的政策	
	政策的协调性	北京市政策是否与中央相关政策相冲突	行业协会、政策执行机构、专家
		北京市政策是否与北京市文化发展规划相冲突	
		北京市政策是否与其他文化创意产业政策相冲突	
		北京市政策之间是否存在冲突	
	政策的配套性	是否出台了相关配套政策	文化市场供给的生产单位、行业协会、政策执行机构、专家
		是否出台了相关实施细则	
		配套措施和实施细则是否适当（表述明确，有可操作性）	
	政策的创新性	政策是否具有独创性	行业协会、政策执行机构、专家
		政策内容和措施是否领先其他地区	
	政策的可操作性	概念界定和政策目标是否清晰，是否会产生歧义	生产单位、行业协会、政策执行机构、专家
		政策涉及的各项优惠、奖励或激励措施等是否明确	
		政策是否具体，便于执行	
		是否具有规范的操作流程	
		是否有明确的实施主体及实施对象	
		是否有分阶段检查进度程序	

续表

一级指标	二级指标	三级指标	评估主体
政策服务质量	政策执行机构	是否明确专门的政策执行机构、专职人员负责提供政策服务	文化市场供给的生产单位、行业协会、政策执行机构、专家
		是否有相关人力资源、财政资源、制度建设、技术支撑	
		政策人员分工合理、权责明确及有效的沟通与协调	
		执行人员有敬业精神、责任心、组织能力	
		其他有关部门的参与程度及推动作用	
		政策实施的监督检查及考评情况	
	政策服务效率	政策是否在出台后及时开始实施(政策实施的及时性)	文化市场供给的生产单位、行业协会、政策执行机构、专家
		政策配套的细则及流程是否公开(细则流程公开度)	
		政策配套的细则及流程是否清楚(细则流程清晰度)	
		政策操作程序是否便捷(程序的便捷性)	
		政策所涉项目平均审批周期是否合理	
		政策执行部门对政策目标群体提出问题的反馈是否及时(反馈及时性)	
	政策对象参与度	政策目标群体对政策的了解和熟知程度(政策的知晓度)	文化市场供给的生产单位、行业协会、政策执行机构、专家
		政策导向及价值被政策目标群体等有关利益方接受和认可的程度(政策的认同度)	
		政策目标群体是否有效利用相关扶持政策	
		政策目标群体是否具有较强的能力和政策执行力度	
		政策目标群体对相关政策是否提出意见建议	
政策成效	预期目标实现程度	文化消费市场供给单位数量是否增长	文化产品与服务生产单位、行业协会、政策执行机构、专家
		文化消费品数量是否增长	
		文化消费品质量是否提升	
		文化消费供给侧的数量是否增长	
		文化消费需求场次是否增长	
		文化消费人次是否增长	
		文化消费数量是否增长	
		文化消费市场是否发展壮大	
	社会效益	北京市文化消费市场吸纳就业人数是否增长	电影文化产品与服务的生产单位、行业协会、政策执行机构、专家
		文化消费品传播的价值观与主流价值观是否具有一致性	
		北京市文化消费市场产品在国内及国际上获奖情况	
		社会公众的文化消费数额是否增长(票房)	
		文化消费品受媒体关注程度	

续表

一级指标	二级指标	三级指标	评估主体
政策成效	经济效益	文化消费品受媒体关注程度	文化消费供给侧的生产单位、行业协会、政策执行机构、专家
		北京市文化消费市场占文创产业产值的比重是否增长	
		北京市文化消费占 GDP 比重是否增长	
		文化消费生产者上缴税金数量及占文创产业比重是否增长	
		文化产品与服务对外贸易进出口总额是否增长	
		文化消费市场对文创产业及其他产业的拉动效应是否明显	
	政策对象满意度	政策质量的满意度	生产单位、放映单位、行业协会、政策执行机构、专家、社会公众
		政策服务质量的满意度	
		政策结果的满意度	

注：《国家文化消费试点城市（北京市）政策绩效评估指标体系》在《北京市近十年文化创意产业政策绩效评估指标体系》的基础上，结合北京市文化消费市场发展的实际情况进行相应调整和细化制定而成。

　　为了更加合理、客观地评估国家文化消费试点城市政策，我们还选取了其他地区试点城市一并进行分析，以便能够比较全面公正地评价国家文化消费试点城市政策。2017 年，文化产业司委托文化部文化产业专家委员会对试点工作进行考察、咨询和技术指导。根据文化部、财政部的要求，按照文化部文化产业司批准的《扩大文化消费试点工作中期考察指导工作方案》，笔者应邀参加了以文化部文化产业专家委员会委员、国家行政学院社会和文化部主任祁述裕教授为组长的专家考察组对部分国家文化消费试点城市进行考察调研。现将国家文化消费试点城市（部分）政策实施情况汇总分析如下（见表 6 - 2）。

表 6 - 2　国家文化消费试点城市（部分）政策实施情况一览表

城市	基本情况	主要问题
南京	1. 出台政策，引领消费 2. 搭建"国家文化消费试点城市（南京）智能综合服务平台" 3. 采取直接补贴与奖励相结合的模式，用于供给端和消费端补贴 4. 在演出市场启动文化消费试点工作	1. 居民主动文化消费意愿不强 2. 文化产品和服务的提供仍然以政府为主导 3. 扶持重点不突出，分级不明确 4. 没有形成系列拳头产品

续表

城市	基本情况	主要问题
宁波	1. 关注到不同特点条件下的文化公共服务消费和文化市场消费的区别,采取相应措施区别对待 2. 结合城市发展规划,推进供给侧结构性改革 3. 联动多元文化服务主体组织,搭建多样化形式的文化消费活动平台 4. 制订相关针对性政策,积极创造有力促进文化消费水平、提升制度环境的条件	1. 应加大宁波目前城市文化消费基础设施建设 2. 金融机构的关注和投入力度颇显不够 3. 文化消费产品生产与服务供给的各类公共文化服务机构与文化企业机构所存在的实际问题的关注度不够
银川	1. 文化设施建设比较完善 2. 利用网络技术,传播特有回乡文化 3. 紧抓当地文化风土特色 4. 通过丰富文化惠民活动,不断培育市民文化消费习惯,提高消费热情	1. 没有明晰文化消费的具体内容 2. 文化产品的供给上,缺乏完备的产业形态和拳头产品的打造 3. 现有公共文化设施尚未充分发挥效用 4. 外来人口文化消费需求研究重视不够
兰州	1. 通过文化集市,完善特色文化产业链 2. 通过演出节会,加强群众参与度 3. 通过文化消费试点企业,探索文化消费促进举措 4. 搭建国家文化消费信息数据库平台	1. 缺乏具体的实施意见,创建工作尚未形成合力 2. 促进文化消费氛围不足,居民和企业的参与度不够 3. 对促进文化消费的概念、内容和具体的思路认识不清
黄南州	1. 加强公共文化服务体系和设施建设 2. 培育多元文化产业发展,为消费者提供更多更好的文化消费选择 3. 加大人均公共文化事业费的支出力度 4. 通过协会优势,调节文化艺术消费品价格机制	1. 培育和推动文化消费的相关政策、制度保障尚未建立 2. 本土文化产品开发力度不够,现代文化产品引进力度不强,引导扶持文化消费机制相对薄弱 3. 受地域经济、人口、消费观念的限制,演艺等产业发展缓慢,消费水平不高 4. 加强文化消费供给、培育文化消费理念、引导文化消费行为措施不强

资料来源:均来自对 2017 年国家文化消费试点城市的考察调研报告。

从目前来看,第一批国家文化消费试点城市的试点工作进展顺利。各试点城市结合各地实际积极探索适合自己的模式。然而,我们从政策质量、政策服务质量、政策实施效果三大类别 14 项二级指标 63 个三级指标进行了绩效评估,以此检验我们所制定或出台的国家文化消费试点城市政策对于试点城市（含北京市）的影响或作用，是否实现或达到了政策制定者的初衷和预期效？总体的评估结果显示：虽然出台的国家文化消费试点城市政策推动了试点城市文化消费市场的发展，促进了传统文化消费市场转型升级，试点城市（含北京市）也与之配套先后制定、实施了一系列激励性政策，而且这些政策与国家支持的文化消费市场发展政策相互叠加、嵌套，构成了繁杂的政策体系。总体上来说，国家文化消费试点城市的政策初衷是好的，但是从绩效评估角度来看，该项政策存在政策瑕疵；所谓政策瑕疵，顾名思义就是政府推出的各种促进消费的政策本身存在或多或少、或这样或那样的不足或缺陷，它有以下三种表现。

（一）　政策措施的制定大多基于理论上的可行性考虑，缺乏对作用对象具体情况的充分把握。政策激励的面过宽，导致政策着力点和重点不够突出

现行政策就激励对象而言，涉及面广泛，不但有消费主体（居民）、消费客体（消费品和劳务），而且还涉及消费环境等方面。就激励内容而言，有针对特定项目、特定产品的激励，如对有关具体产品给予财政补贴；有针对特定文化企业单位的激励；有针对某个特定产业的专项资助；还有针对某个特定区域的激励；等等。政策触角几乎深入到文化消费的每一个角落，可以说只要有消费行为存在的地方就有政府政策的影子。这些政策多而泛、广而散，难以形成推动地区文化消费市场发展的合力。据财政部调查，我国20%的高收入阶层拥有80%的储蓄存款，而这部分人各种档次的消费均已得到满足，资金沉淀的比率较大，消费倾向较低，所以要分流他们的储蓄明显有难度。同样，消费信贷政策在理论上看十分有效，但因我国尚未建立完善的个人信用体系，实际执行起来其效用就大打折扣。不充分了解作用对象的特点，不考虑特定阶段国情方面存在的阻滞因素，基本上凭理论依据制定的政策必然"先天不足"，不能奏效也就在所难免了。

（二）　瑕疵表现为政策缺乏差异化和针对性，功能性界限模糊

从消费政策看，基本上不区分适用对象：作用对象是高收入群体还是中低收入阶层，是城镇居民还是农村居民；作用区域是东部发达地区还是中西部欠发达地区，均没有区分。采取"一刀切"的办法，固然执行起来

比较方便，却大大影响了政策效果。事实上，我国消费率下降主要源于农村居民消费率的明显下降，所以消费政策的目标作用对象就应该以农村居民为主，然而在"新农村建设"之前的各种政策主要是针对城镇居民设计的。政策的功能界限模糊。现行激励政策手段主要包括财政、税收与信贷。由于税收政策是硬约束，信贷政策受商业银行独立性的局限，政府对这两种调控手段的运用空间十分有限，所以财政激励政策就成为各级政府支持产业发展的主要手段。目前，主要采取的财政激励手段包括财政经常性无偿投入、专项资助、财政补贴（包括一般性补贴、税收补贴、信贷补贴、电影作品价格补贴等）、财政信用担保、财政奖励等。从理论上说，各种财政手段应有明确的功能与司职范围，作用于产业发展链条的不同阶段，形成相互支撑、相互补充的政策体系。但在各种财政手段的实际应用与执行过程中，存在功能界限模糊、职责范围不清的情况，特别是在一些财政经常性无偿投入与专项资助领域存在较多交叉重叠资助的情况。

（三）瑕疵表现为政策乏力

具体主要表现：一是政策实施主体分散，存在"以权设事、因权造势"的问题。政策执行主体涉及发改委、文化、科技、教育、广播电影、人事、知识产权等十余个政府职能部门，而其政策资本又都是来自有限的财政资金，导致财政政策性资金投入分散、政策协同共振性差、资金运用成本高、使用效率低等弊端。比如，为促进文化产业发展，政府已经设立了多种多样的专项资金项目、基金项目，从其设立目的和支持对象来看，都是扶持（中小微型企业）技术创新、促进产业升级，然而却分别由不同管理部门操纵，其分工不明确，缺乏统筹规划，造成资金分散、重复投入，投资效率下降。电影产业的相关政策缺乏务实的中小企业政策。二是政策执行标准弹性大，执行手续烦琐。一些政策文件只提出了一些原则性意见，缺乏具体贯彻落实措施，或者提出了优惠措施，但附设宽泛的条件或标准，支不支持，支持谁，支持多少，主观随意性较强。有些政策要经过所谓"专家评估"等环节，政策执行成本高，政策执行手续烦琐、效率低下。特别是中央政府部门面对量大面广的地方项目，仅凭申报资料评定项目，其投入的"公正性、公平性"难以保证。在税收方面，办理新产品退税要经过科技、经济、国税、地税、财政等多部门认定，审核，环节多，手续烦琐，减免程序复杂，征纳成本过高；部分先征后返、先征后退等税收措施，在执行过程中仍须由税务机关进行审批，手续冗繁，耗时费劲，人为增加纳税成本。很多税收优惠对于税务机关来说，在增加工作量的同时，带来了减免税审批的执法风险，并且为权力的滥用创造了条件。三是运作模式陈旧，缺乏有效的约束监督机制。为鼓励文化消费，繁荣文化市场，近十年来政府出台了一系列专项资金、基金项目，包括战略性文化产业发展专项资金、基础设施发展专项资金、多影厅建设发展基金、院线建设发展基金、文化创意产业创业投资引导基金、文化企业信贷风险专项资金、中小文化企业担保资金、影视精品创作专项引导基金等。目前这些基金大都是沿用行政管理运作模式，普遍存在着法律责任主体不明、产权虚置不清、产权激励机制缺位、约束监督不力等问题。产权虚置、虚化，谁都负责又谁都不负责，必将造成政府财政投入流失和浪费，甚至有可能为腐败构筑理想的温床。

客观地说，国家文化消费试点城市的政策，就对刺激试点城市文化消费、拉动内需、繁荣试点城市文化市场，促进试点城市人们丰富的文化生活等方面起到了一定积极作用；但是鉴于试点城市政策的出台并未如政策制定者预期的那样，显然政策在总体上是失效的或低效的。究其原因，既有内因，也有外因。外因是文化消费活动的三个基本构成要素——文化消费主体（居民）、文化消费客体（文化产品和服务）及文化消费环境方面存在体制、机制和制度上的根本问题，包括导致居民文化消费力不足的不合理的收入分配制度，导致文化产品同质化而无法适应多样化文化消费需求的行政区管理体制，以及现行不尽合理的财政投资体制等，这些关键问题不解决，文化消费政策的作用必定效果不明显；内因是文化消费政策本身存在缺陷，即政策瑕疵。

二　北京市文化消费市场发展现状概述

文化消费，是人们通过购买有形或无形的文化产品或文化服务，满足自己对精神文化生活需求的一种消费过程。作为文化产业链的终端环节，文化消费既是文化发展的现实基础，也是文化发展的目的。近年来，北京市文化消费市场发展态势良好，已经从探索培育阶段向快速成长阶段过渡，文化消费已经开始成为百姓家庭日常生活的经常性支出。2012年北京文化消费的支出已经占到家庭总支出的10%以上，居民人均文化消费增速超过 25%，但文化消费在全市社会消费品零售额中所占的比重与首都全国文化中心的地位仍不相称，还有较大的提升空间，尤其是在房市、车市及餐饮业收入大幅下滑的形势下，需要重点培育文化消费市场，使之成为北京市经济发展的新亮点和新增长点。

（一）北京市文化消费市场存在的主要问题及深层次原因

1. 文化消费的规模增长远远落后于文化产业发展和居民收入增长

近 10 年来，北京市文化产业得到了长足的发展。从图 6 - 1 中可以看到，文化创意产业增加值从 2004 年的 573 亿元增加到 2012 年 2205.2 亿元，9 年间增长了 284.85%。这得益于政府的引导和支持，企业的锐意进取和创新，也与北京市民收入水平上升与文化消费需求快速增长密不可分。

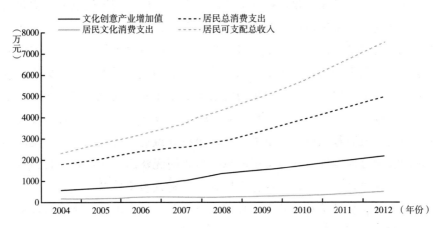

图 6 - 1　2004～2012 年北京市文化创意产业增加值、居民总消费支出、
居民文化消费支出、居民可支配总收入变动态势

资料来源：2005～2013 年《北京统计年鉴》。

然而，伴随着文化产业的快速发展，北京市居民的文化消费水平增长相对缓慢，从 2004 年的 170.38 亿元上升至 2012 年的 513.68 亿元，9 年间上升了 201.45%，上升规模远低于文化创意产业增加值的上升规模，同时也低于居民可支配总收入的上升规模（2004～2012 年居民可支配收入上升223.30%）。从人均水平来看（如图 6 - 2 所示），2004 年至 2012 年人均可支配收入上升了 133.21%，人均消费性支出上升了 97%，而人均文化消费支出上升了 117.45%。人均消费支出增幅虽高于人均文化消费支出增幅，但低于人均可支配收入增幅。因此，无论是从总量还是从人均看，文化消费的规模增长都远远落后于文化产业规模发展和居民总收入的增长。

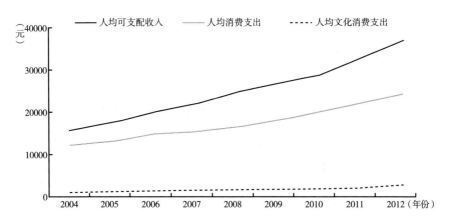

**图 6 - 2 2004 ~ 2012 年北京市人均可支配收入、人均消费性支出、
人均文化消费支出变动态势**

资料来源：2005 ~ 2013 年《北京统计年鉴》。

2. 文化消费占 GDP 的比重长期低位徘徊，"井喷" 现象还没有出现

2012 年北京市人均 GDP 已经达到 87091 元人民币，折合 13857 美元。按世界银行划分各国（或地区）贫富程度的标准，北京已经达到高收入地区水平。然而伴随收入的上升，国际经验预期的文化消费 "井喷" 现象并没有出现。过去 10 年间，多数发达国家的家庭文化消费支出占 GDP 的比重维持在 5% 左右，而北京却一直维持在 2% ~3%（详见图 6 - 3）。

究其根源，居民消费率偏低是导致文化消费占 GDP 比重长期低水平徘徊的主要原因。从居民消费结构来看，北京地区居民文化消费占总支出比重持续稳定在 9% ~10%，与发达国家居民相比，北京的文化消费占总支出比重处于一个相对合理的范围（见图 6 - 4）。因此，北京市居民文化消费占 GDP 比重偏低与北京市居民消费结构无关，而与总的消费偏低有关。居民消费率偏低，既与居民可支配收入低有关，也与居民消费偏好相关。

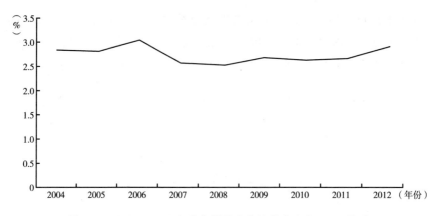

图 6 – 3　2004～2012 年北京居民文化消费支出占 GDP 比重

资料来源：2005～2013 年《北京统计年鉴》。

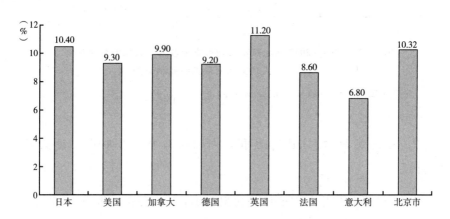

图 6 – 4　居民文化消费占总支出比重的国际比较

说明：日本为 2008 年数据，意大利为 2009 年资料，北京市为 2012 年数据，其他为 2010 年数据。

资料来源：OECD；《北京统计年鉴 2013》。

3. 价格偏高、产品单一是制约北京市文化消费的两大主要因素

在文化消费问卷调查市民反映最为突出的问题中，文化消费尤其是高端文化消费仍局限于高收入阶层，文化市场细分不足、文化产品价格偏高影响了大众化的文化普及。市民认为制约休闲文化娱乐最重要的因素是"消费价格太高"和"目前文化生活选择太少"，分别占 38.2% 和 20.1%；认为目前文化产品最大的问题同样是"价格昂贵，难以承担"和"种类有

限，不能满足不同需求"，分别占41.1%和32.2%；认为首届惠民文化消费季活动感受最为明显的就是"文化消费价格惠民"。

从价格上看，居民教育文化娱乐用品及服务的消费价格指数相对总体消费价格指数处于较低水平，但是，如果与居民的收入水平、生活水平相比，当前的文化产品价格仍较高。统计数据显示，居民消费价格指数和教育文化娱乐用品及服务消费价格指数在2000年后都有上升态势，但从整体看，居民消费价格指数的上升幅度明显高于教育文化娱乐用品及服务消费价格指数上升幅度（见图6－5），居民教育文化娱乐用品及服务消费价格指数相对总体消费价格指数处于较低水平。但是，如果与居民的收入水平、生活水平相比，当前的文化产品价格仍感较高。以电影票为例，北京上映的3D电影票价约为120元人民币，仅次于东京，同等价位能在印度看3场，在香港看2场，比纽约、伦敦也明显偏高；我国电影票价在月收入中的占比（1.75%）远远高于其他国家水平，是美国的8.6倍、法国的7.2倍、韩国的4.1倍、日本的3.6倍。因此，加强细分市场的差异化、个性化发展，充分转化首都丰富的文化优势资源，提供更加丰富、质优、价廉的多层次文化产品体系，是当前亟须解决的问题。

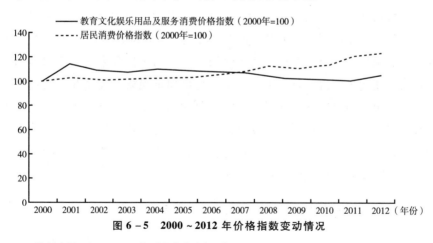

图6－5　2000～2012年价格指数变动情况

资料来源：2001～2013年《北京统计年鉴》。

从产品上看，娱乐消遣型的"快餐文化"较多，思想性和创新性不足。当前，许多文化产品注重娱乐消遣特质的开发和利用，而忽视其内在人文价值和精神特质，娱乐型为主，智慧发展型不足，相应的文化消费也主要停留在浏览式、快餐式、游戏式、休闲式等层面上。这虽然迎合了工作生活压力大、节奏快的大都市人群的娱乐、减压等诉求，但作为首都，不同年龄、不同文化素养的群体对文化产品的需求差异明显，供求结构性矛盾突出。除了关注休闲娱乐、保健养生、旅游健身等娱乐消遣型的"快餐文化"外，还需要增加精神文化含量，切实将丰富的文化优势资源充分转化为有市场吸引力、受群众欢迎的优秀文化产品，有效满足多元化的消费需求。

4. 培养文化消费理念是当前不同收入阶层面临的一个共性问题

受传统消费习惯影响，文化消费属于非刚性需求，只有基本生活保障得到满足并达到一定水平后才会更好地被释放出来。当前，市民更倾向于关注物质消费，对文化消费的重视程度不足。在预期收入增加时，市民将会更侧重储蓄和基本刚性支出，重视文化消费的理念和长期性文化消费习惯还没有完全形成。在消费途径的选择上，当预期家庭收入增加了2000元时，44.3%的人会优先用于改善家庭生活条件；当预期家庭收入增加了5000元时，64.5%的人优先考虑改善家庭生活条件，用于储蓄或理财的比例从16.6%增加到52%，用于旅游等高开支的文化休闲项目的比例从15.7%增加到51.3%，而用于教育或学习、日常文化休闲娱乐、购置文化消费设施等的比例虽有所上升，但上升幅度不大。即使具体到25%的高收入家庭，虽然会相对更加重视文化性消费，但用于提升家庭生活水平和储蓄理财的比例仍然占重要地位；并且只是更加重视旅游等高开支文化休闲项目的支出，而对教育或学习、日常文化休闲娱乐、购置文化消费设施等重视程度并没有明显提高。可以说，市民的消费模式整体上还是比较关注物质消费层面，对于文化消费的重视程度明显不足，培养新型文化消费理念是当前不同收入阶层面临的一个共性问题。

5. 没有充分体现市民作为文化消费者的主体作用

在文化消费问卷调查中，约有一半的市民表示并不知道现有哪些促进文化消费的措施，仅有3%的人能够明确说出一项促进文化消费的措施。在问及刚举办的首届惠民文化消费季活动时，有41.3%的人表示知道该活动并已参与过，但仅有24.8%的人表示知道文惠卡，真正持有文惠卡的比例仅占3.5%。市民对于形式创新、具有特色、符合大众消费习惯的文化服务更为偏好，"接地气"是拉动市民参与文化消费的重要因素之一。

综合来看，在文化消费市场中，市民作为文化消费者的主体作用还没有得到充分的重视和体现。对于现有文化政策不满意的原因主要集中在：政府主导消费多，市场参与少、发挥作用少；社会参与不够、政策取向侧重于文化产业发展；针对文化消费的扶持激励政策不够，发放消费补贴等权宜之计多、系统规划少。作为文化消费的主体和需求方，市民更希望看到切实惠及百姓、提高群众文化消费能力的促进措施。

另外，居民收入增长慢、保障不足从深层次影响着文化消费的总体水平，多头管理、条块分割、缺乏统筹规划等现实情况也抑制了文化消费市场的发展，类似淘宝、苹果、Facebook 以及各类文化消费节、消费季等供需平台明显不足，文化消费需求难以得到充分有效的释放，为消费者便捷高效地提供文化产品与服务的能力还有待进一步提高。

（二）北京市文化消费市场建设的方向

文化消费受到人均可支配收入影响，当人均可支配收入达到一定水平，精神消费需求会快速增加，这是个客观趋势。扩大文化消费，要搞清楚文化消费支出在家庭支出结构中的比例、消费收入弹性和价格弹性等因素关系，弄清楚是什么原因使文化消费受到压抑，才能正确地引导消费结构转变。我们知道，任何文化消费活动都必须具备三个基本要素，即文化消费主体（消费者）、文化消费客体（文化产品和服务）和文化消费环境，因此，国家文化消费政策存在政策瑕疵，效果并不如预期，首先可以在消费的构成要素上找原因。

其一，文化消费主体存在收入的刚性约束，它源于不合理的收入分配制度。无论是西方经济学中传统的消费函数，还是厉以宁、臧旭恒等国内学者提出的各种中国消费函数，都表明现期收入是影响消费的重要因素，然而我国居民长期以来的工资相对较低，而且与 GDP 快速增长形成鲜明对比的是工资增长比较缓慢。据统计，1978～2005 年，我国 GDP 年均增长 9.6%，而农村居民人均纯收入年均增长 6.8%，城镇居民人均可支配收入年均仅增长 6.5%，比经济增长速度分别低 2.8 个和 3.1 个百分点。此外，有调查显示，在过去五年中，我国平均工资增长率为 7.5%，而同是发展中国家的印度的平均工资增长率为 11.5%，同期中国 GDP 的增长率平均在 10% 左右，而在印度历史上，只有 3 次超过 8%。工资收入来源于国民收入的初次分配，老百姓少拿了，也就意味着国家多得了。事实上，与我国居民工资收入增长远低于 GDP 增长形成鲜明对比的是税收的增长水平远高于 GDP 的增长，几乎是 GDP 增长速度的 2 倍，达到 20% 左右。世界银行发布的一份报告显示，中国工资收入占 GDP 的比重呈持续下降态势，显然，我国的收入分配制度不够合理是居民消费率偏低的根本原因之一。

其二，各自为战的行政区经济管理体制使得各地低水平重复建设，大部分省区市的文化产业同构化，进而导致文化消费客体——产品（或服务）严重的同质化。然而，随着生活水平的日益提高，消费者的文化需求结构却呈多样化发展趋势。这种供需结构矛盾带来的直接后果是有效供给不足，使相当多的潜在需求无法顺利转化为现实需求。

其三，目前在微观消费环境方面存在着两个关系文化消费市场广度的主要问题。一方面是文化市场体系的建设相当滞后，这使得文化产品与服务的流通渠道不畅，文化消费品的商业网点偏少，流通成本居高不下，供给明显不足。这一点突出表现在广大的农村地区，尤其是不发达地区和远离城市的乡村，农村居民无法获得或者无法享受到适合他们消费层次和消费水平的文化产品和服务。另一方面是政府对农村公共文化产品与服务的投入不足，影厅、剧院、交通、通信、图书馆等公共文化基础设施建设严重滞后。这无疑使社会消费条件缺乏，农村居民的生产生活成本持续加大，从而抑制了消费需求的增长，更阻碍了农村居民消费结构由吃穿向耐用品的升级，限制了文化消费市场的扩大。

当然，上述分析是基于全国的文化消费市场总体情况得出的，针对北京市文化消费市场建设，其前景看好。

1. 收入水平上升将会带动文化消费繁荣发展

文化消费水平随收入水平的变化而变化（见表 6－3），当人均 GDP 达到 1000 美元后，文化消费开始活跃；当超过 4000 美元后，文化消费不断攀升；当达到 12500 美元以上后，文化消费将会呈现繁荣发展状态。这个经验，正好反映了居民生活水平提高的一般规律。当居民的衣、食等生存资料得到基本满足时，他们的文化、教育、娱乐等发展和享受资料的需求就会快速增长起来。目前，北京人均 GDP 达到 1.3 万美元，具有很大的文化消费潜力。作为国家首都、文化中心和国际交往中心，北京高端文化人才荟萃，各类总部机构集聚，消费人群庞大，在促进文化消费方面，具有得天独厚的优势。

表 6 - 3　收入标准与文化消费特征

单位：美元

世界银行收入标准	低收入组	中下等收入组	上中等收入组	高收入组
人均 GDP	1000 及以下	1000 ~ 4000 （不含 1000）	4000 ~ 12500 （不含 4000）	12500 及以上
文化消费特征	文化消费较低	文化消费开始活跃	文化消费攀升	文化消费繁荣发展

资料来源：世界银行网站；德勤研究。

2. 科技发展促进文化消费数字化、网络化、虚拟化和集成化

一是消费内容数字化。数字时代，文化与科技的融合已成大趋势，大众阅读方式也发生了改变，电子书、智能手机以及平板计算机等数字出版的全新载体日新月异。目前很多传统纸媒都逐渐转向电子版，《华尔街日报》推出了网络版与 App 应用，《新闻周刊》也放弃了纸质版，专攻电子版。

二是消费管道网络化。随着互联网的快速发展、智能终端市场的兴起，网络平台已经替代传统的文化信道成为未来文化产品的核心消费管道。互联网实现了对内容消费的更快速度、更大规模、更多选择、更低成本、更强表现、更好互动。文化消费者逐渐转向通过网络获取信息。许多传统实体单位因为房租和网络销售的冲击，逐渐走向衰落。

三是消费体验虚拟化。虚拟化的消费体验可以实现实体体验消费无法达到的效果，既能不受限制地扩大受众群体，也能更好地保护文物。随着以 3G、4G 为代表的移动互联网技术的成熟，以及数字城市网络硬件设施的进一步完善，文化消费市场将在现有的电子商务发展基础上，迎来新一轮网络化、虚拟化的应用热潮，不断细分的需求为文化与技术的融合创新提供了方向，良好的市场发展前景为文化科技融合发展提供了盈利支撑。

四是消费终端集成化。随着移动终端技术的不断进步，基于移动互联网、面向终端设备的应用服务的开发，智能终端逐渐成为数字化内容集成消费的核心平台，带动和刺激全新的文化消费需求，突破了传统的文化消费终端管道的时间、空间的限制。

3. 多元化消费需求推进文化消费更趋多元化

文化消费的多元化是由文化消费的需求状况与供给状况决定的。随着市场经济的进一步完善和发展，企业不断推出各种文化产品和服务，激发

消费者的文化消费需求，消费者的文化消费需求和潜力得到满足和释放后，刺激市场进一步创新和改进，推出更丰富的产品和服务。

从文化消费层次来看，既有高端的、精英型的文化消费，又有大众的、普及型的文化消费。一方面，具有较强的高端文化消费的能力和潜力；另一方面，大众文化消费和个性文化消费也蓬勃发展，如娱乐影视、流行音乐、通俗文艺、时尚报刊、商品广告、时装表演、计算机游戏等。

从文化消费内容上看，娱乐消遣性消费与知识智能性消费并存，既有满足人民放松、减压需求的娱乐型、享受型、消遣型的文化消费，也有满足人们怡情养性、陶冶情操需求的发展型、知识型、智能型精神文化消费。

4. 文化消费助推城市文化软实力

从国际经验来看，纽约、伦敦等世界城市和巴黎、新加坡等洲际重要城市，都将建设国际和区域文化中心作为城市发展的重要手段。因此，文化软实力已经跃升为体现国际大都市特征的核心要素。支持城市文化产业、打造城市文化品牌、发展强势城市文化、稳固城市文化传承，成为保持国家和城市的地位、在国际竞争中占据有利位置的重要手段。而通过有意识地引导城市居民扩大文化消费，有利于对城市文化产业的发展产生正向作用，增强城市文化产业发展活力，协助塑造城市文化品牌。国际上，美国等西方发达国家正是通过全面扩大文化消费，在拓展国内市场消费的同时，不断扩大其文化产品的全球性消费，使其文化产业迅速发展成为具有强大国际竞争力的支柱产业。

三 完善国家文化消费试点城市（含北京市）建设的政策建议

完善国家文化消费试点城市政策，首先要深化文化体制机制改革，为文化消费政策的有效执行提供良好的体制、机制和制度环境。在扩大文化消费时，应尊重市场规律，注意分析文化供给和需求的结构性失衡现状，加强文化供给侧的改革。一是要发挥市场配置资源的作用，通过政策引导社会力量为大众提供喜闻乐见的文化产品和服务。二是文化消费试点不能只让本地人和中国人掏钱买单，更要让外地人和外国人掏钱买单。在选择试点时不能仅仅关注经济发达的大型城市文化消费形态，也要关注特色文化消费区。例如，"文化＋旅游"的民宿、乡土营建项目，以及城镇化进程中的农村地区文化消费和文化建设。三是抓住文化消费新增长点，鼓励和引导企业适应市场消费需求，大力发展网络新兴文化业态，谋划好"文化＋"的文章。扩大文化消费的试点应注意文化消费需求的多元性、丰富性和层次性，发挥市场机制调节作用，重点推进文化体制改革和机制政策搞活。

其次，应当尽可能地力避政策瑕疵。注重政策制定前的调研和摸底，增强政策的可行性；区别对象，因地制宜地制定差别化的文化消费政策，增强政策的针对性；对于试行有效的文化消费政策要适当加大实施力度，对于试行无效的政策，比如减税政策，要及时调整或废除；要推行稳健的财政政策。尽管国家文化消费试点城市政策中对于如何促进试点城市文化消费措施办法提出了一些原则性的意见建议，但是针对千差万别的各地情况，试图依靠一项政策解决众多问题，显然是不现实的；政府的职责和身份是制度供给者，一味要求政府来承担扩大文化消费责任的观念是不准确的，政府的责任不是扩大文化消费，而是为扩大文化消费创造条件，提供更恰当的公共服务；政府要提供那些市场管不好，企业和社会组织不愿提供或提供不好的产品和服务；要最大限度地释放市场和社会的活力。[①]

目前，在北京市经济发展进入发展方式转变的攻坚阶段和建设中国特色社会主义先进文化之都的关键时期，按照北京市的功能定位、发展方向、经济和社会转型的需求，把文化消费摆在更加突出的战略位置，推动文化消费政策创新，通过提高居民文化消费能力，培养文化消费理念，引领文化消费意愿，激励文化消费行为，进一步促进文化消费市场持续发展，切实提高首都文化软实力。作为国家文化消费试点城市，北京市的文化消费政策应当在以下几方面进行探索与努力。

1. 提高居民文化消费能力

要扩大文化消费规模，首先需要提高居民文化消费能力。除提升收入水平、增加闲暇时间、完善社保体系外，建议考虑如下几点。（1）对特定文化消费行为、特定人群进行补贴。采取终端消费为导向的模式，以"文

---

① 祁述裕：《扩大文化消费要避免走入误区》，《光明日报》2016 年 7 月 21 日，第 14 版。

惠卡"为平台，鼓励市民进行文化消费。对收入水平不同的消费者进行分层次补贴，通过对低收入人群的定向补贴，提升低收入人群的文化消费倾向，刺激其文化消费需求，形成更稳定的文化消费习惯。根据消费内容和形式的不同，对不同行业进行差异化补贴。通过对重点行业内消费的定向补贴，重点带动该行业的需求上升，促进重点行业的发展。还可以依托"文惠卡"，作为市民参与文化消费的身份凭证，个人储值后可在市各类文化、旅游、体育等场所进行消费支付或享受积点奖励，与政府鼓励文化消费的补贴直接挂钩而享受折扣优惠。（2）逐步降低文化信息交流管道费用。探索进一步降低网络宽带资费，探索网络资源收费的新机制，满足日益增长的网络文化消费需求。以政府购买服务或者节目补贴等形式返利给版权方与企业，鼓励实行网络资源收费的差别化模式，在平衡版权方、企业、网民三者利益时，充分考虑网民的经济承受力，鼓励版权方和企业适当让利。

2. 加大宣传力度，培养健康文化消费理念

坚持"大文化"理念，构建"大文化"宣传格局，需要统筹相关部门资源，通过丰富首都文化消费层级，形成首都文化消费价值链，进一步促进首都转型发展。在培养健康文化消费理念的过程中，媒体发挥着文化消费的倡导者、文化消费品的广告者、先进思想的传播者等三重作用。（1）通过新闻舆论引导、政策规范引导、专家讲评、权威部门推介、消费者示范等多种手段，引导市民理智、文明、健康地进行文化消费。（2）通过加强舆论导向、传播媒介宣传、学校教育、家庭培养，引导居民从娱乐休闲消费为主向知识文化消费为主转变。（3）通过各种媒体加大对文化精品的宣传营销力度，调动居民自觉满足精神享受的欲望，激发群众的文化消费热情。通过倡导健康的文化消费理念，提升居民文化素养，提高城市文化品位。

3. 推进产品创新，引领文化消费意愿

文化产品内容和类型必须更好地满足市民的多元化需求。北京是一个知识分子、公务员、白领阶层、中老年人、北京原居民、外来打工流动人口等各个群体的混合体，不同群体的生存状况截然不同，对文化产品的需求也有很大差别。文化产品必须要更有针对性，更好地满足这种

多元化需求。通过提供丰富而优质的文化产品，激发市民的消费意愿和消费潜能，繁荣社会主义文化市场。在改进文化产品供给的过程中，（1）大力推动开发和应用市场化、特色化的文化消费产品，充分发挥专业机构的技能优势和群众的创造潜力，创造出群众喜闻乐见的文化产品。（2）实施文化精品项目扶持计划。对有市场影响力、社会效益显著的文化产品，实施动态的全过程扶持和事后的追加奖励。通过引导，帮助市民树立有利于提高自身综合素质、有利于培养高雅情趣、有利于社会文明的文化消费理念，缓冲当前注重物质消费的特点，培养适度健康的物质需求和个性品位。（3）继续办好北京文化消费季这一长效品牌活动以及"通州运河文化艺术节""宋庄文化艺术节""朝阳流行音乐周"等地区品牌活动，打造一批首都文化消费主题活动品牌，借助主题和活动荟萃文化精华，激发市民文化消费热情，促使首都文化消费潜力得到进一步释放。

4. 出台促进政策，激励文化消费行为

文化消费兼具社会效益和经济效益的两重性。在激励文化消费行为的过程中，市场起决定性作用，政府要更好地发挥引导作用，发挥好政策的杠杆作用。（1）将消费者置于市场主体的位置，切实发挥金融、财税政策的支撑作用，以文化消费需求来引领文化发展。创新"文化消费补贴计划"，由补贴文化产品生产者为主转向补贴文化消费者为主，尊重市民的文化消费选择权。探索实施"有效业绩奖励制度"，调动企业积极性，快速扩大文化消费市场规模。创新政府购买服务模式。（2）鼓励搭建文化消费综合服务平台。推动北京市文化信息共享服务平台与北京数字图书馆、数字博物馆等文化公共服务资源无缝连接。以文惠卡综合服务平台为基础，进一步打造为全市文化资源展示、文化消费价格和信息查询的综合性文化消费资讯平台。（3）鼓励构建文化消费综合体，促进文化消费与生活休闲消费的聚集化发展。可以考虑把朝阳区、海淀区和石景山区作为组合集聚文化消费资源与生活消费资源的试点地区进行试点。鼓励北京798艺术区等文化创意产业聚集区丰富可直接消费、体验的文化产品，转变为文化消费聚集区；鼓励图书馆、公园等公共场所丰富文化消费业态，打造"一个主题、多项体验"的综合体，在潜移默化中激励文化消费行为，培育文化消费市场。

5. 完善文化消费支持政策，促进公众文化消费均衡发展

加强文化消费市场制度建设，制定和完善文化消费相关法规，建立文化消费评价体系，健全科学合理的文化产品价格形成机制，调整定价过高的文化产品和服务的价位，加强文化产品的价格监管。推动文化消费金融发展，通过政府补贴的方式促进文化消费，推出面向全体市民的"文化消费券"或"文化消费卡"，并对低收入群体的基本文化消费给予补贴，培育居民健康科学的文化消费习惯。推动文化体制改革，学习和对接上海自贸试验区针对文化产业的扩大开放政策，为影视、出版、网络、动漫等创意产业释放更多政策红利。

国家文化消费试点城市政策中提到，试点城市促进文化消费的一个重要着力点是加强对创作生产的引导扶持，扩大文化产品和服务的有效供给；此外，通过加强文化消费设施建设，推动文化与互联网、旅游等产业融合，放宽市场准入门槛等多种方式夯实文化消费基础等措施，将有助于培育文化消费需求、优化文化消费环境及释放文化消费潜力。然而，正如国家行政学院祁述裕教授所指出的那样："目前，政府部门在扩大文化消费上发挥作用，应着眼以下几个方面：一是大力推动供给侧结构性改革，重点是放松管制、释放活力，通过实实在在的举措调动各类市场主体的积极性、创造性，为市场提供更多、更好的文化产品，激发文化消费需求。二是规范文化市场秩序，包括保护知识产权，打击假冒伪劣，引导文化消费需求，提升消费品质等。必须看到，并不是所有的文化消费都是值得提倡的。文化消费既要讲经济效益，也要讲社会效益。并不是经济效益好的就一定是精品。思想肤浅、内容浅薄、制作简陋、哗众取宠，但市场接受度高的文艺产品案例屡见不鲜。相反，思想深刻、内容重要，但市场接受度低的文艺产品也不少见。因此，仅仅讲扩大文化消费还不够，还要重视提升文化消费品质。三要充分尊重不同群体、不同年龄层的文化消费选择和消费习惯。政府在出台鼓励文化消费政策时，应特别谨慎地使用行政力量，以免发生挤出效应。此外，对低收入群体、特殊群体，如老人、小孩、学生等，应提供恰当的公共文化服务，在其文化消费过程中给予恰当的优惠或提供各种方便。"[1] 力避政策瑕疵，提高政策质量，通过研究梳理

---

[1] 祁述裕：《扩大文化消费要避免走入误区》，《光明日报》2016 年 7 月 21 日，第 14 版。

各试点城市的试点模式和具体政策措施，逐渐探索出建立扩大和引导试点城市文化消费的长效机制，从而在实践中不断完善国家文化消费试点城市政策。

参考文献

傅才武：《国家文化消费试点城市政策思路与实践模式探索》，《人文天下》2017年第 9 期。

《中国人民大学首次发布"中国文化消费指数"》，中国经济网。

迟福林：《消费主导：中国转型大战略》，中国经济出版社，2012。

陈凤娣：《论扩大文化消费与转变文化发展方式》，《福建论坛》（人文社会科学版）2013 年第 8 期。

文化部文化产业司：《国家文化产业课题研究报告》（2011～2012 年度），云南大学出版社，2013。

王亚南：《中国文化消费需求景气评价报告（2014）》，社会科学文献出版社，2014。

胡雅蓓等：《基于供给、流通与需求的文化消费研究》，《南京社会科学》2014 年第 8 期。

解学芳：《公共文化产品供给绩效与文化消费生态研究——以上海为例》，《统计与信息论坛》2011 年第 7 期。

附录 1

文化部 财政部关于开展引导城乡居民扩大文化消费试点工作的通知

文产发〔2016〕6 号

各省、自治区、直辖市文化厅（局）、财政厅（局），新疆生产建设兵团文化广播电视局、财务局：

为深入贯彻党的十八届五中全会关于扩大和引导文化消费的精神，在2015 年"拉动城乡居民文化消费试点项目"取得成效的基础上，文化部、财政部决定在全国范围内开展引导城乡居民扩大文化消费试点工作（以下简称试点工作）。

　　随着我国全面建成小康社会进程不断加快，城乡居民收入水平持续提升，文化消费能力进一步增强，促进文化消费成为满足人民群众日益增长、不断升级和个性化精神文化需求的必然要求。尤其是在当前我国经济下行压力较大的情况下，培育文化消费成为新的经济增长点和经济转型升级新的支撑点，有利于加快文化体制机制改革创新，推动文化产业成为国民经济支柱性产业；有利于激活和释放文化需求，促进消费结构升级；有利于提高文化产品和服务的供给质量和效率，培育形成经济发展新动力，为稳增长、促改革、调结构、惠民生和推进供给侧结构性改革做出重要贡献。

　　试点工作是贯彻落实党中央、国务院扩大和引导文化消费工作部署的重要举措。按照"中央引导、地方为主、社会参与、互利共赢"的原则，确定一批试点城市，充分发挥典型示范和辐射作用，以点带面，形成若干行之有效、可持续和可复制推广的促进文化消费模式，推动我国文化消费总体规模持续增长，带动旅游、住宿、餐饮、交通、电子商务等相关领域消费，不断增强文化消费拉动经济增长的积极作用。

　　开展试点工作，要始终把社会效益放在首位，实现社会效益和经济效益有机统一；要正确处理政府与市场、社会的关系；要始终将促进文化消费贯穿于文化建设的各个领域，从扶持创作生产、扩大有效供给、激发市场活力、提高公共文化服务水平和效能等多方面着手，进一步完善政策环境，夯实文化消费基础，改善文化消费条件，培育文化消费习惯，提高文化消费的便利性，加速释放居民的文化消费需求。

　　各地文化、财政部门要高度重视试点工作，加强领导，密切配合，结合实际，积极推进，确保试点工作取得实效。请各省（区、市）文化厅（局）按照通知要求，根据《引导城乡居民扩大文化消费试点工作实施方案》认真组织试点工作，于 2016 年 5 月 30 日前将本省（区、市）人民政府出具的《国家文化消费试点城市推荐函》和试点工作方案报送至文化部，同时将电子版发送至邮箱。

　　特此通知。

　　附件：《引导城乡居民扩大文化消费试点工作实施方案》

文化部　财政部

2016 年 4 月 28 日

引导城乡居民扩大文化消费试点工作实施方案

一　工作目标

根据党中央、国务院关于扩大和引导文化消费的重要部署，以满足人民群众日益增长、不断升级和个性化的精神文化需求为出发点，以弘扬和践行社会主义核心价值观为导向，确定一批试点城市，充分发挥典型示范和辐射作用，以点带面，形成若干行之有效、可持续和可复制推广的促进文化消费模式，培育文化消费成为新的经济增长点，推动我国文化消费总体规模持续增长，消费结构不断升级，带动旅游、住宿、餐饮、交通、电子商务等相关领域消费，不断增强文化消费拉动经济的积极作用，为稳增长、促改革、调结构、惠民生和推进供给侧结构性改革做出贡献。

二　基本要求

（一）申请试点范围

直辖市、计划单列市、省会（首府）城市及其他地市级城市。

（二）基本条件

1. 成立由政府主要领导牵头的工作小组，统筹协调当地文化、文物、财政、税务、金融、发改、商务、经信、旅游、统计等部门，保证试点工作顺利实施。

2. 落实试点工作所需资金，规范资金管理，提高资金使用效益。

3. 文化企业、商户参与试点的比例达到60%以上，文化产品和服务的有效供给种类齐、数量多、质量高。

4. 文化消费设施网络结构合理、功能健全，文化消费场所和设施数量排在全省（区、市）前三位，每千人拥有公共文化服务设施的面积达到全省（区、市）的先进水平。

5. 地区生产总值、居民人均可支配收入、居民文化娱乐占消费支出的比重均排在全省（区、市）前列。

（三）试点工作方案

试点城市应当在正确处理政府与市场、社会关系的前提下，根据当地文化消费实际，制定切实可行的试点工作方案。方案需目标明确、任务具体、措施有力，确保试点工作可落地实施，可评估检查，可总结推广。试点工作方案主要内容包括：

1. 试点城市文化消费基本情况及开展试点工作优势条件。

2. 试点工作总体设计，包括试点目标、试点模式、重点任务和具体举措。

其中试点模式应将巩固现有成果和探索新的模式有机结合，可以对当地现有文化消费政策措施进一步优化；也可以参考借鉴其他地区成熟经验，提出符合当地实际的创新举措。

3. 试点目标的可行性分析和工作任务的时间进度安排、预期效果测算、效果评估指标设置等。

4. 试点工作的保障措施，包括工作机制、资金保障、激励措施、宣传推广方式等。

5. 试点过程中文化消费数据采集、报送方式及试点工作效果反馈和评估机制。

三 工作任务

（一）紧密结合实际，制定并实施具有地区特色的试点工作方案

各省（区、市）根据当地经济、社会和文化发展状况，在分析优势条件和制约因素的基础上，确定推荐参加试点工作的城市。试点城市要因地制宜，探索创新，制定试点工作方案，提出带动当地文化消费总体规模持续增长的支持措施，形成有示范意义、可持续和可复制推广的促进文化消费的模式和研究成果。

（二）建立强有力的试点工作组织支撑体系

试点城市建立政府统一领导、相关部门分工负责、社会各界积极参与的工作机制。试点城市要积极发挥行业协会商会的作用，对参与试点的文化企业、商户在市场推介、创意转化、投资融资方面予以支持。试点城市

的金融机构要创新抵质押贷款模式，创新信贷产品和服务，完善文化消费支付和信用体系。

（三）建立完善的文化产品和服务供给体系

试点城市要进一步简政放权、降低门槛，激发市场主体活力，丰富文化产品供给；要引导社会资本进入文化产业，引导文化企业创新文化产品和服务。各类文艺团体、文博单位、创意设计机构和人员积极创作生产适应市场需要、满足现代消费要求的优秀文艺作品、文化创意产品和服务。

（四）建立健全的文化消费数据采集报送机制

试点城市要积极利用大数据、云计算等技术手段做好文化消费数据的收集监测、分析应用和及时报送工作，确保数据真实准确，重点做好试点参与人次、资金投入、文化消费总体规模、分行业领域消费规模、消费者反馈意见、公共文化机构评价情况、公共文化机构创新服务和产品情况等方面的数据统计工作。

（五）建立试点工作绩效评估制度

各省（区、市）要建立省级文化、财政部门以及其他相关部门、试点城市、社会评估机构间的联动机制，按照文化部确定的试点工作考核内容和考核标准，对试点城市的试点效果定期进行评估，形成中央、地方、社会共同参与的考核评估体系。

（六）建立试点工作成果资源共享机制

各省（区、市）要及时总结试点工作成效和不足，形成典型经验和有效模式，并加以宣传和推广。试点城市要针对试点工作中典型经验和突出问题，形成课题研究成果，为国家制定有关政策提供参考，为同类地区发展提供借鉴。

四　试点时间

试点时间为 2 年。

五 确定程序

(一) 申报

符合申报条件的市人民政府按照本实施方案的要求向省级文化行政部门申请并报送试点工作方案，试点工作方案经省级文化部门商财政部门审核，并报省级人民政府批准后，由各省（区、市）文化厅（局）向文化部报送以省级人民政府名义出具的《国家文化消费试点城市推荐函》和试点工作方案。

各省（区、市）可推荐直辖市、计划单列市、省会（首府）城市和其他1个地市级城市参加试点工作。

(二) 审核

文化部文化产业专家委员会对试点工作方案提出专家评审意见，文化部文化产业司负责审核并提出试点城市建议名单。

(三) 确定

文化部根据审核结果，综合考虑区域、结构、代表性等因素，商财政部确定国家文化消费试点城市名单，批准试点工作方案。

六 考核管理

文化部将对各试点城市试点情况进行考核评估。考核内容主要包括：是否按照试点工作方案开展工作；是否成立试点地区工作小组；资金、政策措施等保障工作是否到位；带动当地文化消费总体规模是否达到预期效果；试点模式是否可持续、可复制推广等。

文化部将建立动态管理机制，根据考核结果，对工作保障不力、在一定期限内未按照试点工作方案开展工作、未达到试点预期效果的城市，撤销试点资格。

七 职责分工

文化部统筹指导各省（区、市）开展试点工作，制定试点工作实施方案；批准各省（区、市）上报的试点工作方案；确定国家文化消费试点城市；检查、监督各地试点工作开展情况等。

文化部文化产业司负责试点工作的日常管理工作。

各地文化厅（局）负责牵头督促本省（区、市）试点工作。

文化部文化产业专家委员会受文化部委托对试点工作进行考核和实地考察；对试点工作进行咨询和技术指导等。

八　激励机制

（一）文化部对纳入试点工作的城市确定为"国家文化消费试点城市"。

（二）中央财政将通过中央补助地方公共文化服务体系建设专项资金，按照有关规定，对扩大文化消费试点工作统筹予以资金支持。

附录 2

国家文化消费试点城市（第一批）名单

1. 北京市	2. 天津市	3. 河北省石家庄市
4. 内蒙古自治区鄂尔多斯市		5. 辽宁省沈阳市
6. 吉林省长春市	7. 黑龙江省哈尔滨市	8. 上海市
9. 江苏省南京市	10. 浙江省宁波市	11. 安徽省合肥市
12. 江西省南昌市	13. 山东省青岛市	14. 河南省洛阳市
15. 湖北省武汉市	16. 湖南省长沙市	17. 广东省广州市
18. 广东省深圳市	19. 重庆市	20. 四川省成都市
21. 四川省泸州市	22. 贵州省遵义市	23. 云南省丽江市
24. 甘肃省兰州市	25. 青海省黄南藏族自治州	
26. 宁夏回族自治区银川市		

附录 3

北京市人民政府关于促进文化消费的意见

各区、县人民政府，市政府各委、办、局，各市属机构：

为落实首都城市战略定位，加快推进全国文化中心建设，提升文化软实力，充分发挥文化消费在推动首都科学发展中的积极作用，现就促进文化消费提出以下意见。

一 总体要求

（一）指导思想

深入贯彻落实党的十八大、十八届三中、四中全会和习近平总书记系列重要讲话精神，特别是在考察北京工作时的重要讲话精神，以深化文化体制改革为动力，大力促进文化产业健康发展，着力加强文化消费供给，不断丰富文化消费业态，发挥文化消费对经济增长的拉动作用；努力培育文化消费理念，积极引领健康向上的文化消费方向，使文化消费成为弘扬和践行社会主义核心价值观的重要载体，更好地发挥全国文化中心的示范作用，为建设国际一流的和谐宜居之都贡献力量。

（二）基本原则

——市场主导，政府推动。充分发挥市场在文化资源配置中的积极作用，更好地发挥政府的促进推动作用，引入竞争机制，营造公平的市场环境，促进供需对接，激发市场主体活力，增强文化消费内生动力。

——需求引领，创新驱动。以满足人民群众日益增长的多样化、多层次文化消费需求为切入点，引导树立健康向上的文化消费观念，推动文化内容、经营机制、消费模式创新，有效释放文化消费潜力。

——融合发展，产业联动。推进文化创意和设计服务与装备制造业、消费品工业、建筑业、信息业、旅游业、农业和体育产业融合发展，促进相关产业转型升级，拓展文化消费新空间。

——资源共享，辐射带动。立足全国文化中心的城市战略定位，坚持繁荣本市文化消费与示范引领全国文化消费相结合，共享文化资源，深化合作交流，提升首都文化市场的辐射力、影响力。

（三）主要目标

到 2020 年，文化产品和服务更加丰富，文化消费市场体系更加健全，文化消费环境更加完善；全市文化消费总量、人均文化消费支出和消费满意度均实现大幅提升，文化消费年均增速保持在 10% 以上，文化消费对全市经济增长的贡献率达到 8% 以上，成为本市新的经济增长点。

二　重点任务

（一）加强文化消费供给

在市文化改革和发展领导小组统一领导下，优化文化产品供给结构，打造各具特色的原创文化精品，积极汇聚世界文化艺术精品，为消费者提供更好、更多的文化消费选择。通过政府购买服务、消费补贴等途径，引导和支持文化企业提供更多文化产品和服务，发展适应消费者购买能力的业务。创新文化成果转化模式，提供更有针对性的专业服务和中介服务，推动文化创作、成果转化、产业经营一体化运作。加快推进文化资源跨地区、跨行业、跨所有制兼并重组，重点扶持一批优质文化企业，提供综合性、多样化文化产品和服务。支持文化设施运营单位与文化创作、服务机构开展多种形式的合作，提供"一站式"文化服务。（责任单位：市文资办、市文化局、市新闻出版广电局、市文物局）

（二）培育文化消费理念

充分利用电视、互联网、报纸、杂志等媒体开展形式多样的主题宣传活动，营造良好的文化消费氛围，引导消费者树立科学、合理、健康的文化消费理念。支持图书出版、影视、演艺、动漫等文化企业开展文化消费进社区、进机关、进校园、进企业、进乡村等活动，满足消费者多样化、多层次的文化消费需求。支持文化企事业单位和社会组织广泛开展书法、绘画、创意作品竞赛，举办科普、欣赏、体验、阅读等活动，引导消费者养成健康有益的业余文化爱好和消费习惯。（责任单位：市文资办、市文化局、市新闻出版广电局、市教委、市农委、首都文明办、市科委）

（三）引导文化消费行为

建设覆盖全市的文化消费信息资源共享服务平台，编制北京文化消费指南，充分利用户外宣传屏幕、文化广场、社区宣传栏等途径，加大对文化消费的宣传力度。鼓励文化企业拓展电子商务营销模式，利用微博、微信、移动互联网等方式，向消费者及时提供最新文化消费信息。继续办好北京惠民文化消费季，将其打造成为彰显首都文化魅力、释放文化产业活力、促进文化消费的集中展示和宣传推介平台。发挥北京文化惠民卡的作用，加强文化消费市场引导、商户联合营销、综合信息服务、行业监测分析等多种功能建设，实现企业有效销售和消费者有效消费。（责任单位：市文资办、市文化局、市新闻出版广电局、市经济信息化委、市统计局、市商务委）

（四）丰富文化消费业态

深入推动文化消费与信息消费融合，加快推进文化产品和服务生产、传播、消费的数字化、网络化进程，拓展新媒体文化消费。大力推进"智慧家庭"建设，加强通信设备制造、网络运营、内容服务单位间的互动合作，实现联动融合发展。充分挖掘中华民族传统节日的文化内涵，支持举办特色主题活动，丰富人民群众节假日文化消费选择，释放消费潜力。实施文化消费品牌引领战略，继续举办好中国北京国际文化创意产业博览会、北京国际音乐节、北京国际电影节、北京国际图书节、北京国际设计周、北京图书博览会等重大活动，打造一批主题鲜明的文化消费活动品牌。（责任单位：市文资办、市文化局、市新闻出版广电局、市经济信息化委、市商务委、市旅游委、市科委、市贸促会）

（五）拓展文化消费空间

引导大型商业购物中心、宾馆饭店、体育设施等引入特色文化资源，打造一批商业服务与休闲文化高度融合的综合消费场所。推进有条件的文化资源向旅游产品转化，支持旅游景区增设文化消费项目，开辟特色文化旅游新路线。结合调整疏解非首都核心功能，支持城市功能拓展区、城市发展新区和生态涵养发展区大力发展文化创意产业，拓展文化消费新空间。提高农业领域的文化创意和设计水平，引入创意种植、科普教育、情景体验、家庭农艺等消费项目，以文化消费助推农业发展。推进京津冀文化消费市场一体化建设，支持企业通过新设、收购、合作等方式进行跨地区、跨行业、跨所有制的资源整合。建设文化产品和服务进出口交易平台，搭建国际营销网络，推动文化企业、产品和服务走向世界。（责任单位：市发展改革委、市规划委、市文化局、市新闻出版广电局、市文资

办、市商务委、市旅游委、市科委、市农委、市农业局、市体育局、市贸促会）

三　政策扶持

（一）优化文化消费发展环境

在市文化改革和发展领导小组统一领导下，完善文化市场准入机制，制定负面清单，减少行政审批事项，精简审批流程，提高审批效率。进一步深化文化体制改革，加快经营性文化事业单位转企改制进程，以改革释放企业活力，增强市场竞争力。支持同类文化企业和产业链上下游企业建立文化消费服务联盟，搭建文化消费服务平台。加强文化领域核心人才、专门人才、高技能人才和国际化人才的培养和扶持力度，为文化产业健康发展提供人力资源保障。（责任单位：市文资办、市发展改革委、市文化局、市新闻出版广电局、市文物局、市商务委、市人力社保局、市工商局）

（二）加大财税支持力度

建立健全加强文化产品供给与促进文化消费并重的政府扶持机制，创新财政资金支持方式和途径，建立适度竞争、消费挂钩、择优扶持的新机制，由直接补贴文化经营单位向补贴居民文化消费转变；提高对北京文化惠民卡加盟商户的扶持和绩效奖励水平，通过以奖代补，激发、提升文化企业的服务质量和惠民力度。按照《国务院关于推进文化创意和设计服务与相关产业融合发展的若干意见》（国发〔2014〕10号）、《国务院关于加快发展对外文化贸易的意见》（国发〔2014〕13号）和《国务院办公厅关于印发文化体制改革中经营性文化事业单位转制为企业和进一步支持文化企业发展两个规定的通知》（国办发〔2014〕15号）等文件精神，制定本市相关财税扶持政策实施细则。（责任单位：市财政局、市商务委、市国税局、市地税局、市文化局、市文物局、市文资办）

（三）加强文化消费金融服务

鼓励金融机构开发演出院线、动漫游戏、艺术品互联网交易等领域的支付结算系统，拓展文化旅游、教育培训、体育健身等方面消费信贷业务，提供灵活多样的金融服务，促进个人信用消费。鼓励第三方支付机构发挥贴近市场的优势，开发移动支付系统，提升文化消费便利水平。探索开展艺术品资产托管，支持文化企业进行信用融资。推动互联网金融与文化产业融合发展，鼓励文化类电子商务平台发挥技术、信息、资金优势，为文化消费提供服务。加大扶持力度，将更多优秀文化创意项目纳入北京文化惠民卡体系。（责任单位：市金融局、市文化局、市新闻出版广电局、市文物局、市文资办、市经济信息化委、市商务委）

（四）加强文化消费权益保护

加快推进文化消费领域产品、服务标准化体系建设，发挥标准化对建设安全可信消费环境的支撑作用。加强知识产权运用与保护，完善有利于创意和设计发展的产权制度。完善文化产权市场建设，活跃文化产权交易，促进文化产品及相关知识产权的合理有序流通。（责任单位：市工商局、市知识产权局、市旅游委、市新闻出版广电局、市质监局）

（五）积极支持文化消费项目建设

建立健全社会资本参与机制，改进和完善政府投入方式，多渠道、多层次加大对文化消费项目配套基础设施建设的投入力度。对于社会资本投资新建（含配建）文化消费项目配套基础设施，根据项目规模和功能，可申请政府固定资产投资补贴。对于产业基础好、消费氛围浓、经营活力强的文化创意产业集聚区或特色街区，以及提质增效升级、功能优化调整的文化消费项目，其配套基础设施建设可申请政府固定资产投资补贴。支持以划拨方式取得土地的单位利用存量房产、原有土地兴办文化创意和设计服务，在符合城乡规划前提下土地用途和使用权人可暂不变更，连续经营一年以上，符合划拨用地目录的，可按划拨方式办理用地手续；不符合划拨用地目录的，可采取协议出让方式办理用地手续。（责任单位：市发展改革委、市规划委、市住房城乡建设委、市国土局、市文资办）

四 保障措施

（一）加强组织领导

在市文化改革和发展领导小组统一领导下，建立健全文化消费引导促进机制，加强顶层设计、统筹协调和督促落实。（责任单位：市文资办）

（二）完善统计监测

加强文化消费统计，实现各有关部门数据资源的整合与共享，充分利用宏观经济与社会发展基础数据库平台，深入开展文化消费和文化市场的统计监测，准确掌握本市文化消费规模和结构的变化。组织开展文化消费调查，加强对文化消费主要领域发展特征、趋势的分析研究，为进一步促进文化消费提供决策依据。（责任单位：市统计局、市文资办）

（三）加强市场监管

推进文化消费市场监管体系建设，创新监管方式，完善文化市场综合行政执法和"扫黄打非"工作机制，提高行政执法能力和水平。依法严厉打击文化侵权行为，惩处盗版、非法出版、非法营销等行为，维护公平交易、诚实守信的文化市场秩序。（责任单位：市工商局、市文化局、市文化执法总队、市新闻出版广电局、市知识产权局）

（四）健全考核评价

建立健全以市场为导向的文化产品与服务评价指标体系，把市场认可度作为评价和支持文化消费项目的重要依据，优化政策激励方式。建立由第三方实施的消费者评价和反馈机制，推动文化惠民项目与消费者需求有效对接。

附件4

北京市文化消费调查问卷

为更好地了解北京市民的文化消费情况和市民对现有文化生活的满意度，特别推出以下问卷，感谢您的参与！

1. 您的性别为：

A. 男　　　　　　　　　　B. 女

2. 您所处年龄段：

A. 17 岁及以下　　　　　　B. 18 ~ 36 岁　　　　　　C. 37 ~ 48 岁

D. 49 ~ 56 岁　　　　　　E. 57 岁以上

3. 您的学历：

    A. 初中及以下   B. 高中、中专   C. 大学

    D. 硕士   E. 博士及以上

4. 您最喜欢的文化消费形式？（可多选）

    A. 电视   B. 电影   C. 广播

    D. 书报杂志   E. 文艺演出   F. 休闲健身娱乐

    G. 旅游   H. 摄影   I. 动漫

    J. 艺术品收藏   K. 其他：＿＿＿＿

5. 相比传统形式，市民更希望通过电脑或手机上网来参与的文化消费项目：

    A 电视   B 电影   C 广播

    D 书报杂志   E 文艺演出   F 文化艺术展览

    G. 休闲健身娱乐   H. 旅游   I. 摄影

    J. 动漫   K. 其他：＿＿＿＿

6. 每月在文化生活方面的消费额占个人月收入的百分比：

    A. 1% 及以下   B. 2%～5%   C. 6%～10%

    D. 11%～20%   E. 21%～30%   F. 31% 及以上

7. 您的家庭月收入为：

    A. 1000 元及以下   B. 1001～3000 元   C. 3001～5000 元

    D. 5001～8000 元   E. 8001 元及以上

8. 以下选项中，哪个（些）是阻碍您进行文化产品消费的主要因素？（可多选）

    A. 工作或学习任务重，没有时间

    B. 生活压力大，文化消费过于昂贵

    C. 其他文艺演出

    D. 周围缺乏合适的文化设施或场所

    E. 确实没什么兴趣

    F. 其他：＿＿＿＿

9. 您觉得以下哪些因素最影响您对文化消费的选择？

    A. 个人喜好   B. 流行元素   C. 价格高低

    D. 攀比心理   E. 其他：＿＿＿＿

10. 您进行文化消费的目的有哪些？

　A. 娱乐消遣

　B. 提高自身文化素质，促进能力发展

　C. 锻炼身体，促进身心健康

　D. 拓宽视野，增长见识

　E. 满足精神需求

　F. 人际交往的需要

　G. 提升个人形象

　H. 其他：＿＿＿＿＿＿＿

11. 您认为生活质量和幸福感与文化消费是否有关系？

　A. 很重要，离不开　　　　B. 有一点　　　　C. 没有关系

12. 您期盼政府促进文化消费的举措（可多选）

　A. 继续大力发展繁荣经济

　B. 免费开放文化艺术场所

　C. 多放长假，促进消费

　D. 开展更多的公众文化活动

　E. 增加文化宣传，大力发展文化广告，生成文化标志

　F. 其他：＿＿＿＿＿＿＿

13. 您认为目前北京的文化消费氛围如何？

　A. 很好，完全符合大众的要求

　B. 较好，对大众的消费有积极影响

　C. 一般，不太符合大众的要求

　D. 较差，缺乏政府的有序引导

　E. 极差，文化消费市场比较混乱

14. 您认为以下哪些方面是您所在城市（或社区、村镇）应当加强建设的？

　（可多选）

　A. 书店、图书馆

　B. 社区讲座场所

　C. 剧院、音乐厅、演艺场所

　D. 博物馆、展览馆、艺术园区、文化公园

　E. 旧货及古玩市场

　F. 网吧，电子娱乐场所

　G. 其他：＿＿＿＿＿＿＿

15. 假如您遇到一本非常喜欢的书，在定价不高于（　　）时，您会下决心购买？

    A. 20 元　　　　　　　　B. 50 元　　　　　　　　C. 100 元

    D. 不在乎价格，喜欢就买

16. 假如有一场您非常感兴趣的文艺演出，在票价不高于（　　）时，您会接受买票前往观看？

    A. 50 元　　　　　　　　B. 100 元　　　　　　　C. 200 元

    D. 300 元　　　　　　　E. 500 元

    F. 不在乎价格，喜欢就买

17. 假如有一部您十分想看的电影，在票价不高于（　　）时，您会接受买票去电影院看？

    A. 30 元　　　　　　　　B. 50 元　　　　　　　　C. 80 元

    D. 100 元　　　　　　　E. 不在乎价格，喜欢就买

18. 您每周花费在文化消费和文化休闲活动方面的时间：

    A. 几乎为 0　　　　　　B. 2 小时及以下　　　　C. 3 ~ 5 小时

    D. 6 ~ 10 小时　　　　　E. 11 ~ 20 小时　　　　　E. 21 小时及以上

19. 您了解最近两年（8 ~ 10 月）北京市惠民文化消费季吗？

    A. 非常熟悉　　　　　　B. 了解　　　　　　　　C. 听说过

    D. 从未耳闻

20. 您是从哪个渠道获知"文化消费季"这项活动的：

    A. 电视　　　　　　　　B. 网络　　　　　　　　C. 广播

    D. 展会　　　　　　　　E. 报纸、杂志　　　　　F. 朋友相传

    G. 其他：_____

21. 文化消费季中最喜欢参与的活动（可多选）：

    A. 网上惠民　　　　　　B. 演出　　　　　　　　C. 电影

    D. 拍卖　　　　　　　　E. 动漫　　　　　　　　F. 工艺美术非遗

    G. 旅游商品　　　　　　H. 文化数码　　　　　　I. 教育培训

    J. 其他：_____

22. 您了解文惠卡吗？

    A. 非常熟悉经常使用　　B. 熟悉　　　　　　　　C. 用过几次

    D. 了解但没怎么用过　　E. 听说过　　　　　　　F. 从未耳闻

23. 对于文化消费季举办效果的满意度：

A. 非常满意　　　　　　B. 比较满意　　　　　C. 一般

D. 不太满意　　　　　　E. 很不满意

24. 对政府在文化消费方面的满意度：

A. 非常满意　　　　　　B. 比较满意　　　　　C. 一般

D. 不太满意　　　　　　E. 很不满意

25. 您对本市文化消费前景的态度：

A. 前景光明（潜力巨大）　　B. 总体看好（有一定潜力）

C. 前景不明（无法判断）　　D. 总体悲观

第七章　进一步完善北京市文化
消费政策的建议

"制度供给者"是政府的主要角色之一，其职责就是制定切实可行的政策、标准和制度，进行政策和制度的创新、供给，保证政府预期目标、任务等顺利开展。而"政府政策评估既是一门科学，又是一门艺术，它包括了对一项政策的估算、估价或评价——包含对其内容、执行情况、目标达成以及其他影响的评估，同时，评估在一定程度上也可以确定哪些是影响政策成功的重要因素"。① 绩效评价主要是关注政策、计划和项目的事后评价，评价政策预期目标的实现程度，确定政策成功或失败的原因，并得出结论，为未来的政策提供经验或决策参考。

一　北京市文化消费政策的未来应当注意事项

目前，北京市在推进文化消费市场建设过程中，从其已经出台的一系列政策措施以及绩效评估体系可以看出，促进文化消费政策的实施主要还是以政府财政投资扶持主导，而且这些政策措施的主要资金来源：一个是各级财政资金，另一个是银行信贷资金。为解决资金问题，政府往往一方面把精力放在争取各级财政投入方面，不但增加了内部运行成本，而且还滋生出公共腐败行为，同时造成财政资金的低效投入；另一方面，施加各种影响或者用财政做担保向银行争取贷款，但缺乏归还贷款的明确责任，银行由于业务发展需要得到地方政府的支持，也往往会满足政府方面的资金要求，由此形成较大的银行信贷资金风险。虽然制定文化消费政策的出发点是良好的，但是政府在出台关于推进文化消费市场建设的相关文件政

---

① 〔美〕詹姆斯·E. 安德森：《公共政策制定》，谢明译，中国人民大学出版社，2009，第312 页。

策时，应当树立正确的扶持理念：坚持政府主导与市场约束相结合的原则，因为市场与政府的有效结合是经济社会达到帕累托最优的充分不必要条件。要把"看得见的手"和"看不见的手"两者有效地结合起来，实现作用互补。因此，北京市在未来进一步完善或出台文化消费的具体政策和制度建设时，应该注意以下几个方面的问题。

（一）注意政府投资扶持边界与角色的合理界定和准确定位

在现代市场经济体系中，文化市场主体应当由文化生产者、文化经营者和文化消费者三部分构成，政府并不构成文化市场主体，厘清文化市场主体构成，才能有针对性地研究如何培育文化消费市场主体。合理界定和准确定位政府投资扶持的边界与角色，引导正确的文化消费投资领域或方向。对于明显具有公益性的文化消费产品与服务，需要政府直接参与或借助制定出台的文化消费政策（公共政策）推动其生产。对于具有正外部性的文化消费产品与服务的生产和交易给予必要的补贴，以扩大其供给和交易，达到社会最佳生产和交易量，满足广大人民群众的基本文化消费需求。政府在推进文化消费市场建设、培育过程中，既要及时培育市场，消除市场失灵，又要防止过度干预，造成政府失灵。特别是在通过财政工具（财政补贴、税收减免）刺激文化创意产业发展时，应通过文化体制、机制创新确保整个政策过程的公开、公平、透明、高效。

政府作为文化消费市场的投资主体，从长期来看，并不利于文化消费市场的健康发展。政府应逐步减少直接投资，做好"服务员"。实际上，文化消费市场是一个竞争性领域。我国曾很长一段时间把文化投资视为被行政垄断的政府行为，政府不仅承担了巨额的投资费用，且效率相对较低。政府作为投资主体一方面脱离了市场的需要；一方面造成资源浪费，无法获得正常的投资回报。因此，要提高投资回报的效益，必须发挥市场这只"无形的手"的作用，使文化投资方向能真正与大众文化消费需求相匹配。

以政府财政为主导的投资行为往往偏离了对项目本身效益预期的理性判断，可能会更多地从创造政绩方面考虑，没有科学的投资决策过程，投资行为缺乏市场化的理性约束，采取短期行为，关注短期利益，结果造成所谓政府投资"漏斗效应"。例如，"地方政府参与电影的投资，最先尝到甜头的是云南丽江。当年，丽江市政府与张艺谋合作拍摄《千里走单骑》，并负担该片首映的全部费用，此举获得全国大规模宣传"。① "相比《千里走单骑》6000万元的影片耗资，这个首映礼堪称豪华，至今已经超过2000万元，甚至超过了当初《十面埋伏》和《英雄》的首映礼所花的费用。"② 据了解，这2300万元的投资，新画面公司只出了一小部分，多数投资都是当地政府买单，而张艺谋的《千里走单骑》当年创造票房收入仅为3400万元。

随着我国促进文化创意产业发展政策的不断出台和完善，越来越多的经营主体进入文化消费领域，大大促进了文化创意产业的发展。但与西方发达国家相比，国内的经营主体在文化消费领域的投资效率普遍不高。仅与美国相比，中国电影业起步较晚，投资效率低，市场低迷。国家统计局统计数据显示，中国电影票价比20年前涨了80多倍，而20年前当电影票价为3角时，全年放映收入就已达到7亿元。③ 2013年中国电影票房217.69亿元（其中引进片占中国电影票房收入很大比例，每年在中国公映的海外片有六七十部之多，平均每个月能有5部以上），而2013年北美票房折合人民币660.9亿元，中国票房为北美票房的33%④；中国引进片20年间的普通票价从10元涨到80元，涨幅为7倍；最高票价则从15元涨到了180元，涨幅为11倍。2012年，北京市民的人均工资收入为5223元，约为1994年的9.8倍。而如果按180元的最高票价计算，5223元工资只够看29次电影，而1994年还可以看36.33次，相比之下，还是电影票价的涨幅大。⑤

（二）转变政府管理理念，在政策推出前及时调整投资结构

文化消费市场的培育成为我国文化市场体系建设的关键环节。长期以来，在我国文化领域一直是政府主导型的经济模式，习惯于把文化产品和服务泛政治化、泛意识形态化，没有市场自由竞争，没有形成文化消费市

---

① 殷维：《地方政府与名导合作电影 一场双赢的游戏》，《新文化报》2010年3月15日。
② 《〈千里走单骑〉首映礼昨晚揭幕 耗资超2000万堪称豪华》，《东方今报》2005年12月17日。
③ 沈望舒：《关于中国文化产业现状的思考与建议》，《北京社会科学》1998年第2期。
④ 温桂钰：《风景这边独好——2013年中国电影市场巡礼》，《光明日报》2014年1月29日。
⑤ 喻德术：《引进片20年：票房增长351倍，票价涨11倍》，《法制晚报》2013年9月2日。

场的主体本位意识；实践证明，随着我国文化体制改革的深入和市场经济体制的完善，只有以培育文化消费市场为本位，发挥消费者在文化消费市场中的主导作用，实现从政府主导型经济向市场主导型经济转变，一切为了文化消费者，一切依靠文化消费市场主体，我们的文化创意产业才能真正振兴，我们才能提高文化产品的国际竞争力。

政府应该解决长期以来形成的文化管理条块矛盾，根据性质相关、产业联动的特征，借鉴国际管理经验构建大文化管理模式，通过组织创新推进经营性和非经营性文化的协调发展，完成政府职能的"归位"，强化行业管理，实行政企、政事分开，真正承担起法规建设、政策制定、监督管理、精品导向等主要职责。应该调整政府投资扶持布局，政府对文化消费市场的投资扶持应主要集中在以下几个领域。一是公共性文化消费市场领域和混合性文化消费市场领域中的公益性部分，即非营利性的公益文化行业，如图书馆、纪念馆、美术馆、文化馆、国家基础性社会科学研究机构等。二是代表国家水准和具有民族特色的艺术院团，对于竞争性文化领域和混合性文化领域中公益性不强的部分，国家要逐步停止投入，实行自主经营、自负盈亏，逐步建立起现代企业制度。政府可以制定出台相关政策，通过与文化企业等投资主体合股参与进行共同投资，不但为文化消费市场的投资主体分担了风险，同时也在客观上减轻了政府在文化消费市场领域投资方面的压力。

从政府投资文化消费市场层面来看，政府投资文化消费市场建设的方式主要有投资补助、贴息、转贷等。在我国大多数地区，政府对文化消费市场的投资方式还很单调，还仅局限在投资补助形式上，连贴息和转贷都很少实行。原因是绝大多数文化单位是非独立的法人企业，无融资权。再加上大多数人认为，文化是官办的，赚钱大家都好说，赔钱没人肯去承担投资风险和投资责任。文化消费市场投资虽然有意识形态属性和政治属性，并涉及国家文化安全，但其他产业的大部分投资方式还是可以借用的。

近年来，我国政府的直接财政拨款和一些文化艺术经济优惠政策给予文化消费市场发展以很大的助力，但这种事业型投入方式，远不能代替推动文化消费建设健康发展的市场化投资方式。政府资金对打破投资瓶颈的作用相对有限，财政的行政属性难以支撑；我国文化消费市场的金融介入程度较低，在融资手段上还处于初级阶段，银行信贷明显不足，缺乏现代化的金融手段。

近年来，文化创意产业虽然在我国得到了快速发展，政府对文化创意产业的重视程度也越来越高，但是政府某些管理理念依旧落后。因为文化与意识形态有着密切的关系，所以我国政府的管理理念相对注重文化领域的意识形态的管理，而对文化创意产业的商业价值、发展规律、法律手段、市场意识、投融资手段等方面的管理理念比较薄弱，忽视了文化作为产业发展和文化产业资本逐利的特性，轻视了文化发展与经济效益的关系。另外，虽然文化创意产业的政府投入有逐年上升的趋势，但与文化创意产业强烈的融资需求相比，还存在很大的不足。特别是公益性文化事业、文化产业基础设施等，都严重依赖政府的财政投入。在文化消费市场建设发展过程中，随着新形势的发展，政府应该适应新情况、新变化，改进管理理念，调整投资扶持方式，推动文化消费市场的发展。

（三）转变政府资金的扶持方式，政策重点在于引导投资方向

目前，我国财政对文化消费市场建设的投入以按项目补贴为主要方式，很难体现激励奖惩，弱化了财政投入的杠杆效应。政府对文化创意产业各种形式的财政支持与文化创意产业的需求相比，总额偏小，财政对文化消费市场的支持力度有待加强。政府文化产业发展专项资金支持方式主要有后期奖励、项目补贴和贷款贴息等几种方式。后期奖励通常用于对取得良好经济效益企业的鼓励表彰，能获得这项资金的企业往往在资金运营方面的环境较宽松；项目补贴一般只针对国有成分较高的企业，不属于市场经济条件下的主流投资方式。此外，专项资金中还必须留出部分资金用于贷款贴息和建立融资担保措施所需的担保资金等。因此，政府资金对解决投融资瓶颈的作用相对有限，只是起到了引导社会资本投资文化产业的作用，由于支持力度不大，引导和撬动社会资本的作用也有限。

政府投资扶持文化消费市场的方式有投资补助、贴息、转贷等。对于具有较高社会效益和经济效益的文化消费项目，政府财政应予以积极支持，但支持的方式不是以前的"统包统揽"方式，而应根据市场化原则，通过少量引导性直接投资，以及各类"文化专项资金""文化艺术发展基金""文化投资基金"等与国际惯例接轨的投资形式，吸引更多的非公有资本来促进公共文化消费项目的建设和发展。政府投资扶持应更加重视发挥市场机制的调节作用。首先，应逐步改变原来的按项目补

贴的投资方式，对于那些创新性强、技术含量高的文化消费项目，应予以更多的政策倾斜，通过政府采购等方式，强化政府投资的引导性。其次，在投资方式上，要改变直接投入或补贴的传统方式，大力吸引民间资本和外资。灵活运用各种税收减免政策，或者直接有针对性地减免相关文化企业的税收，或者对一些支持文化消费项目市场主体的金融机构，如银行、保险公司、担保公司、信托公司等进行财政补贴或税收优惠，以提高各类金融机构支持文化企业融资的积极性。最后，可以由政府部门牵头，吸引民间资本共同设立针对文化消费市场的政策性银行。这类银行的运营模式、管理理念将给其他商业银行对文化消费者的授信方面提供借鉴。

在文化消费市场发展上，政府本不应以"把关人"的身份出现，政府不应赋予自身市场资源基础配置者的角色。政府的引导资金应该起到引领社会资本流通和产业发展方向的作用，利用这一杠杆调控社会资源，使之向优先发展的产业类型汇聚；为社会资本进入文化消费市场领域、促进文化消费市场健康发展提供了良好的政策环境和基础保障。长期以来，政府既参与文化创意产业的发展，又参与投资经营创意企业的发展，包揽了创意产品和服务的供给，消磨了市场主体进入行业的热情，剥夺了创意企业的生产资源配置权，限制了文化创意产业的发展。政府在文化创意产业发展过程中既扮演了裁判员的角色，又兼了运动员的身份，这既违反了市场经济运行的规则，也损害了公平竞争的原则。我国文化消费市场发育不完善，很多地方政府在文化创意产业发展过程中还作为主体参与其中，对创意企业进行直接管理，政府直接参与市场运作，在一定程度上压制了企业的发展潜力，约束了市场资源配置作用的发挥。

（四）完善有关促进文化消费投资法律法规，营造良好的投资环境

政府在文化消费市场投资中的作用不仅表现在通过政府财政拨款对文化消费市场进行直接投资方面，更重要的是体现在政府营造与改善投资环境方面。制定有关的促进文化消费市场领域的投资法规、章程、实施细则以及相关配套的政策、措施，并通过监督实施，形成一整套行之有效的规范文化消费市场投资的法律法规体系，使文化消费市场发展有法可依、有章可循。目前我国已经就发展文化相关产业从中央层面制订了发展计划，

出台了相关的扶持政策，包括《关于加快文化产业发展的指导意见》《关于非公有资本进入文化产业的若干决定》等。但是，成熟且有竞争力的文化消费市场的健康发展需要得到立法层面的支持，虽然我国先后颁布了《著作权法》《专利法》《广告法》等法律，但是相比欧美发达国家，我国的法律体系建设显得十分落后。因此，为了吸引更多的资本进入文化消费市场领域，政府就必须不断地改善文化消费市场投资环境。投资环境的改善既是政府一项长期的任务与工作，也是促进文化消费市场健康、持续发展的重要保障。文化体制改革需进一步深化，文化消费市场成熟度的提升依然需要依靠政府相关法规、政策的推动。

（五） 充分意识到文化消费市场领域投资的风险

由于我国文化创意产业起步晚，文化领域立法不仅薄弱而且滞后；文化产业法规体系不完善，已无法与快速发展的文化创意产业相适应。环境与政策的不确定性，使投资的风险难以管理；同时，文化创意产业因为意识形态的因素与文化安全的影响，在准入机制上制约了投资路径，虽然政策鼓励市场发展，但行政束缚仍然存在。

由于文化与意识形态的关系，在政府管理理念中文化消费领域被纳入意识形态的管理范畴，往往忽视了其商业价值及市场意识、文化产业发展的经济规律、文化产业管理的法律手段、文化产业资本及投资主体的多样性等方面。这导致了政府对文化产业的投资理念不强，同时也存在其他民间资本难以进入文化消费市场或者是即使进入了也难以享受到"公共待遇"的现象。由于政府并未真正下放行业管理权力，行业主要管理者只是委派而不是选举或推举产生，或行业组织本身就是附着于政府而组建的，使得行业中介组织难以自律成长并发育成熟，不仅行业组织的公信力没有培育的基础条件，其管理与服务也缺乏可检验的公正标准，文化企业间联动协作不力，形成恶性竞争。行业利益得不到保证，行业自律也成为空谈，无序竞争成为行业发展的障碍，这既影响了资金流入文化产业领域，也影响了经营主体的投资效率。

总之，文化创意产业的自身特性决定了它是一个高风险、高投资，但也可能是高收益的新兴朝阳产业。在文化消费市场建设起步阶段，政府的资助与扶持固然不可缺少，但对于未来市场的长远健康发展，政府资金扶持必须逐步退出，让民间、社会资本"接棒"。

二　北京市文化消费政策的未来应当努力的方向

北京市文化消费市场的发展前景虽然为人们普遍看好，但是从绩效评估视角来看，政府在制定文化消费政策时同样存在政策制定者理念、政策项目目标设计，政策目标的经济性、效率性、有效性及公平性等方面有待完善之处。绩效评估注重于评估结果和影响，其关心的主要问题包括相关性、成效、可持续性、外部效用及经验教训。投入实质上是政府提供公共文化产品或服务的成本，而经济性是衡量投入到过程的成本是否节约，"经济性"评价是对公共文化产品成本合理性的评价，也是"效率性""有效性"评价的前提条件。因此，未来北京市在制定出台新的文化消费政策时，需要考虑到这一特点或因素，从而使得文化消费政策的经济性、效率性、有效性及公平性等方面实现最优，达到政策最佳效果。为此，本研究认为，完善北京市未来文化消费政策应当充分考虑到以下方面。

（一）借助财政政策杠杆作用，深化演艺资源价值转化的具体政策

根据北京市演艺资源丰富的特点，积极地发挥财政资金的引导作用，通过市场准入、资格认定、价格调节、税收优惠、财政补贴等方式，进一步拓宽融资渠道，积极推进非公有资本和外资进入文化领域，举办公益性文化事业，发动全社会的力量来不断完善公共文化服务，以弥补公共资源及政府服务的不足，实现投资主体多元化。演艺业强调"内容为王"，北京作为全国文化中心，应当成为全国文艺演出产业的"思想库"和"创作源"，北京的演艺行业要以推出具有全国影响力的艺术精品为目标，在扶持精品创作方面除利用好市委宣传部的重大精品创作扶持政策，力争将更多的演出类项目纳入扶持范畴外，可同时参考国家艺术基金成立北京市的艺术基金，发挥政府资金的杠杆作用，活化资金运作方式，加大对演艺创作基础环节的扶持力度。

公共财政资助公共文化，不仅要遵循一定的发展路径，还需要建立和完善经费保障、资源配置、激励监督等机制，以实现公益、公平、满意及效率的公共文化发展目标。公共文化服务经费，是保证公共文化产品及时

提供和公共文化服务顺利开展的物质基础。为解决当前的文化资金的来源及投入总量不足等问题，需要建立和完善经费保障机制。应以规范性政府文件的方式，明确规定公共文化事业费用的增幅不低于同级财政经常性收入的增长幅度；考虑成立专项剧本创作扶持资金，加大对优秀原创剧本的选拔奖励力度，通过政府资源支持优秀剧本的舞台化、影视化和网络化加工改造，打造专业化的剧本交易平台，推动实现演艺资源的价值转化。推动形成激发演艺人才创作积极性的艺术生产机制，以演出为人民精神文化需求服务、强化面向市场竞争理念为核心，形成项目论证、立项审批等艺术生产质量保障环节的程序化、规范化、机制化运作保障，鼓励艺术创作主体引入项目制、工作室等多种创作运营机制，丰富艺术生产方式，提高生产效率。

（二）科学引导文化消费，发挥政府采购的政策作用

加大文艺演出行业的政府采购力度。在重大题材创作、重大活动组织、重点项目演出等方面采取向社会公开招标的方式吸引各类所有制主体参与创作，通过竞争激发文艺演出行业活力，政府政策的重点应放在如何保证采购过程和结果的公正、公平与公开，通过绩效考核等方式实现对相关主体的行为约束。扩大公益演出政策内涵覆盖范畴，以非营利性、服务群众为扶持核心，将重大节庆活动组织、居民社区自发组织的演艺活动、体验式演艺俱乐部等迎合群众文化需求的文艺创作与演出组织形式纳入政府公共文化服务采购范畴，允许各类主体参与竞争，一方面强化公共文化服务的供需对接，支持百姓各种自娱自乐的文艺活动；另一方面通过加强公益演出绩效评核中群众满意度考察指标权重等方式鼓励艺术主体提供"菜单式""订单式"的以需定供的文化服务。

有选择地购买。进一步深化保护传承北京市京味文化的政策措施。政府购买公共文化服务作为一种新型的公共服务提供方式，有其自身的优势和局限，所以，政府不能盲目跟风，而且我们认为，服务型政府应该是有限政府、责任政府，这一点体现在政府购买公共文化服务上，政府应该进行有选择的购买，分清公共文化服务的性质，而不是将所有的公共文化服务不假思索地全部交给社会组织来提供，因为有些公共文化服务自身的性质不适合由社会组织来提供，而且有的公共文化服务并不是随便一家企业就可以轻而易举提供的，它需要雄厚的资金做后盾，而且这些行业被私人

垄断之后很容易陷入混乱，肆意涨价、霸王条款等问题会接踵而至。当一种公共文化服务直接由财政支持而不经过市场定价和公民选择时，我们很难用其他什么有效的办法来判断社会公众是否需要这样一项服务。针对北京市文化消费市场，政府应当重点支持京味儿传统演艺文化传承。譬如可以研究出台相关法律或者完善《地方戏曲院团发展专项扶持资金管理办法》，以扶持院团为支点，加强北京传统戏曲文化的保护与扶持。将文艺演出与非物质文化遗产传承展演展示相结合，丰富非遗文化表现形式，缩短非遗文化项目与市民的距离。深入挖掘北京传统戏曲文化资源，通过支持艺术家建立个人工作室、收取青年子弟等形式加强传统戏曲和地方特色戏曲的传承推广。通过政府采购、财政资金配套投入等形式支持有能力的机构与个人从事传统戏曲资料的挖掘、整理、收集与保护，鼓励传统戏曲与现代科技形式相结合，通过新型传媒渠道传播推广，形成数据化的戏曲文化资源库。

加强政府部门和社会组织的合作与竞争，发挥文艺演出行业协会等中介组织的作用，培育更多行业发展中介服务组织。政府在购买公共文化服务中占主导地位，这种主导地位体现在两个方面。第一，政府向社会力量购买公共文化服务，一般情况下采用的是合同承包的方式，对社会组织聘用的人员不进行直接管理，也不由政府部门支付报酬，与政府部门的公务员是截然不同的概念。但是，为了保证公共文化服务由优秀的人员进行提供，政府在合同中可以要求社会组织所聘用的工作人员的数量和技术水平应达到政府要求的标准，并对这些人员的工作进行监督。第二，在与政府的合作中，社会组织代替政府部门，甚至有时以政府的名义向社会大众提供公共文化服务，但这并不意味着政府将公共职能转给了社会组织，社会组织虽然在履行政府部门的职能但不具有执法权，在遇到具体的情况时不能对公民进行处罚或者采取其他的处理措施，社会组织拥有的仅仅是将问题上报的权利，或者对问题提出处理意见的权利。为了避免形成"私人垄断"，在购买过程中引入竞争机制需要有意识地采取一些战略措施，创造服务中的自由选择机会，完善竞争环境。服务供给中的自由选择是极端重要的，完全依赖单一的供应者，不管他是政府部门，还是私人企业，都是很危险的。如果没有选择性和灵活性，公共文化服务的最终消费者会遭受到伤害。

政府部门和社会组织也可以是竞争关系，对于那种既能由政府部门提供，也能由社会组织提供的公共文化服务项目，社会大众在对公共文化服务进行选择的时候，可以根据自己的不同需求，在政府部门和社会组织之间做出选择，双方优势上的区别就构成了两者之间竞争的前提。政府部门和社会组织的竞争和合作，可以促使服务提供者降低生产成本，提高服务质量，改进服务方式，最终达到公共文化服务提供者与消费者的良性互动。充分发挥北京演出行业协会、首都剧院联盟的桥梁纽带作用，收集和整理企业需求以及行业的共性问题，为制定政策提供明确方向和参考依据。加大政府购买协会服务力度，将行业数据统计、标准制定、行业监管等专业性工作逐步交由行业协会完成。活化行业协会运作机制，支持协会在保持非营利性的基础上，通过商业广告赞助等方式形成资金自给自足的自我造血机制，弱化政府对协会的影响。鼓励演艺行业协会打破区域、地域界限，以协会合作为契机，打破演出市场的地域保护主义限制，促进全国统一演出市场的形成。

（三）政策关注重点转向改革政府资金扶持方式

一是确定政府资金投入的主要领域，要以非营利性的公益性文化项目为主，对于弘扬主旋律、反映时代精神，具有较高思想性、艺术性、观赏性的文艺创作和表演项目，可通过扩大政府采购予以扶持。而对于有一定经营能力的文化单位或具有一定产出预期的文化项目，特别是社会资本不愿进入的如戏曲演出、实验话剧等领域，可以由政府进行基础性、调整型、引导性投资，随着社会资本投入的加大，政府应逐步减少投资并最终退出。政府不能使用财政资金直接参与剧目的创作生产、演出运营，重大题材创作一定要开放承接主体，引入竞争机制。二是要制定文艺演出的政府投资决策咨询和绩效考评制度，政府的文艺演出投入必须经过文化艺术专家委员会的咨询论证，避免投资失误，要加大对财政资金投入项目的绩效考评力度，将考评结果与资金拨付、来年预算申请相挂钩，在考评指标体系的设置上要以群众满意度为主要衡量标准。三是要探索艺术场馆运营机制改革，盘活存量剧场资源，对于所有权隶属于国有单位的剧场可考虑进行经营权招标试点，通过竞标确定运营主体，而政府通过合同加强监管，确保剧场的原有功能实现，保障国有资产的安全增值，鼓励社会资金参与老旧剧场和文艺院团配建剧场等公益性文化设施的扩建与改造。四是要改善对文艺院团财政资金的投入方式，充分尊重艺术生产规律，建立符合艺术创作规律的绩效考评标准，综合运用事前投入与事后奖励、年度投入与长线投入、项目投入与政策投入、一次性拨款与按项目进度予以资助、全款拨付与配套投入相结合的灵活投入模式，激发文艺院团的创作与演出热情，形成院团的自我造血功能。五是可参考科技资金投入方式，由"补"改"投"，在剧目创作初期，创作主体向政府出让部分股权或知识产权权益份额，政府采取股权投资和共有知识产权的方式支持剧目创作，在剧目实现成功运作后，政府资金则可按期退出，这种投入方式一方面保障了创作主体在资金最紧缺、社会投入最乏力的环节得到及时资助；另一方面也可充分激发创作主体的积极性，推动文化知识产权的市场化转化。

引导市场形成科学的文艺作品评价机制。文艺演出行业的价值实现需要科学合理的作品评价机制，而其突出的意识形态特征、引导社会风尚的教育功能和北京特殊的政治地位促使政策制定者首先要通过政策设计，使创造社会效益的文艺企业得到鼓励、扶持和保护，充分发挥政策的创作导向作用。其次，政策制定者要正确认识和处理经济效益和社会效益之间的关系，文艺演出不是只为精英阶层和政府需要而服务的，更重要的是满足人民的精神文化需求，不尊重市场规律，无法为大众消费所认可的演出和艺术作品不仅没有经济效益，其社会效益更无法实现，因此在演艺政策，特别是扶持类政策标准的制定上既要合理设置经济指标，也要充分考虑作品对意识形态、社会思潮、风俗习惯、价值观念等方面的影响，形成科学的评价选拔机制。再次，要通过政策支持公正客观的文艺评论，推动形成宽容轻松的文艺创作氛围。要淡化评奖意识，强化评论工作，进一步突出艺术本体。要在展演、创作、竞赛等活动中强调艺术评论的地位，弱化评奖环节设置，加强评论交流。最后，要形成专业艺术评论阵地和人才梯队。艺术评论作为文艺演出行业发展的重要环节，是市场机制无法实现有效调节的领域，政府应当通过政策支持、补贴奖励等措施扶持专业艺术评论刊物，培养优秀的艺术评论人才。

（四）制定细化的群众文化活动扶持政策

北京市的文化底蕴丰厚，会聚了众多文艺演出人才，可以考虑通过出台相关政策加大对群众文化活动的扶持奖励，如西城区对群众创作反映区内人民生活和建设发展风貌的舞台剧、音乐剧给予一定的资金和创作便利支持，区内群众的艺术作品水准较高，演出效果也很好，形成了西城区独有的群众文艺创作品牌，从根本上形成了北京文艺演出行业的剧目、演出、人才创作资源池。选择群众文化活动扶持作为政策支点主要源于对以下三方面的考虑。一是有助于扩大公共文化服务内容的供给主体，对于提升公共文化服务内容供给能力不无裨益，同时也能够形成满足群众观演需求的演出供给资源，缓解公共文化服务的供需矛盾。二是有助于艺术专业人才的疏导、管理和利用。北京有限的资源环境条件造成的生存压力，文化人才相应的特殊社会保障机制的匮乏以及文艺演出行业内部激烈的人才竞争和稀少的演出机会等多重因素的综合作用可能导致演艺人才缺乏正当的情绪宣泄渠道，大量游离于体制外的演艺人才创作激情难以合理抒发，从而引发创作导向和文化安全问题。而加强对相关群众文化活动的奖励扶持，有助于鼓励艺术家参与到群众文化活动的创作组织中，同时也能够形成对各类演艺人才创作热情宣泄的良好渠道，增加人才吸收渠道，提升人才利用效率，减轻文化管理压力。三是有助于厚植北京市的文艺创作土壤，文艺的创作主体是广大人民群众，而非仅限于专业化、精英化的文艺院团。特别是现代科技方式对演出传播渠道和表现形式的颠覆，更使得每个人都可能成为文艺演出的创作主体。对群众文化活动的扶持能够激发全社会的文艺创作热情，提升全民的文化创作能力和文艺鉴赏素养。

加强京津冀三地演艺产业发展合作机制建设。一是加强三地演艺资源对接，建立舞台艺术精品剧目交流演出机制，鼓励和推动三地艺术院团共同打造具有地域特色的舞台艺术精品，继续推进在三地具有共同观众基础的传统戏剧、曲艺等艺术形式开展巡演、展演等活动。二是推动三地公共文化服务体系共同发展，探索实行三地公益演出项目统一采购机制，允许三地各类所有制文艺院团在区域内跨省承接公益演出项目，逐步扩大低价票补贴等演出惠民政策的覆盖面，以首都剧院联盟为支点，以加快三地演出行业联盟联合发展进程为依托，考虑推出三地通用的演出消费优惠券或演出购票一卡通，使三地居民共享票价优惠服务成果，释放三地演艺消费潜力。三是加强三地文艺演出场所和文艺基础设施资源的统筹调配，加强演出剧节目与演出场所的对接，逐步改变三地"有剧目无剧场，有剧场无演出"的资源配置格局。进一步提升三地剧场建设布局的合理化水平，加强三地接壤区、天津滨海等开发新区、首都产业转移区和人口疏散区、新兴大型人口居住区、棚户改造区等地区的公共文化基础设施建设，在落实基层文化综合中心建设任务的基础上，鼓励中心配建剧场、舞台、排练场所等演艺基础设施。鼓励在京中央院团、市属院团在天津、河北建立演出创作生产基地。四是以促进三地演艺联盟合作、支持演出院线的三地拓展为依托，逐步培育三地统一开放的区域文艺演出市场。进一步完善三地文化市场综合管理和执法联防协作机制，维护首都文化市场的安全稳定。重视三地农业人口和农村地区的文化消费需求，以推动评剧、河北梆子、曲剧和曲艺等京味儿演出形式走进农村、走进基层为基础，共同培育开发三地农村演出市场，对农村地区留守老年人、妇女和儿童的演出需求予以政策倾斜。鼓励三地演艺企业加强合作，横向上减少同质化恶性竞争，形成区域演艺集团化合作发展，纵向上鼓励有能力的企业充分利用三地的文化资源优势，实现"一条龙"式的创作、演出、经营、推广和衍生品开发制作全产业链经营发展。五是合作推出三地旅游演出品牌项目。

（五）通过政策手段实现包容性的文化消费市场繁荣

充分利用北京作为首都的区位优势，加大对在京中央院团、艺术院校等文艺演出资源的整合利用力度，加强部市合作，利用各种重大政治文化活动提升首都文艺演出行业的发展水平。北京市具有其他省市缺乏的文艺演出资源、平台、场地、活动、人才优势，因此未来政策作用的重点在于进一步鼓励中央与市属院团形成艺术创作、舞台演出、场地使用、人才培养等方面的合作交流机制。鼓励中央艺术院团与各区合作建设创作基地。鼓励中央院团参与北京市重大剧目创作演出等文艺项目运作。争取文化部支持，吸引更多全国性展演、巡演、会演项目落地北京。积极申请承办更多高规格、国际性的艺术赛事、学术交流和艺术展演展示活动，积极争取文艺演出参与更多国家高层次外交活动。积极在国家级重要政治活动、重大文艺活动、重要庆典组织中引入文艺演出内容，如 2014 年庆祝新中国成立 65 周年首都国庆游园演出活动，组织中央、部队和北京市属的 10 个专业文艺团体以及群众文艺团体在东城区天坛公园、西城区陶然亭公园、朝阳区朝阳公园、海淀区玉渊潭公园、丰台区园博园分别安排了 3 台文艺演出，对展示北京文艺演出行业发展水平、增加演艺主体演出机会均有重要作用。

加快文艺演出行业"走出去"步伐。一是利用北京作为首都的区位优势，在重大外事活动中引入演出项目，配合领导高层外交需要，搭建演出项目走出去平台，与各国驻京外交机构加强联系，推出北京演艺项目手册,扩大北京演艺品牌影响力。二是推动对外文化交流方式转变,鼓励文艺演出由"送出去"向"卖出去"转变,逐步减少政府资金在对外演艺交流项目上的投入,支持院团在对外演出项目中引入商业运作模式,在对外文化交流活动中开展政府采购,推行承办机构(货运、旅行社)部门集中采购制度试点。三是利用文化部海外文化中心建设契机,将海外中国文化中心作为推介北京市优秀文艺作品的平台,定期举办宣传北京的演出、展览展示、座谈交流等系列活动,继续完善对外文化交流项目资源库并逐步实现与文化部等网站的对接。四是加强政府对文艺院团走出去的配套服务支持,在剧目翻译、宣传推广、演艺项目市场化改造、风险分担、签证服务等关键环节中加大资金投入、补贴奖励、人才支持等政策扶持力度。五是鼓励国有文艺院团、有实力的民营演艺团体等演出市场主体通过直接投资、院线经营、跨国合作等方式推动优秀演出剧目的对外输出,鼓励演出市场主体开发驻外演出市场,为国外观众量身打造剧目。六是合理划分文化演出项目"走出去"资金扶持与公务出国经费管制的界限。由于收缩"三公"经费支出压力,对外文化交流项目成为被殃及的"池鱼",文艺院团走出去的机会越来越少。可考虑设立专项的对外文化演艺项目扶持资金,以政府资金投入为杠杆,鼓励社会资金投资对外文化交流项目。对于优秀文化演出项目对外输出可考虑实行专属的政策优惠,放开"三公"经费所设定的数量限制。

(六)优化整体文化消费政策,全面深化文化产品与服务供给侧结构性改革

积极稳妥地推进国有文艺院团改革。文艺演出自身产业化程度不高,在很大程度上与作为行业主体的文艺院团改革进程较慢有关。在支持文艺院团改革扶持类的政策上关键是要赋予院团充分的自主权,扶持重点要由单纯的资金投入向活化院团机制和盘活存量资源转变,保留事业单位体制的院团可尝试推行以艺术家为核心的理事会治理模式,转企改制单位可建立现代公司治理制度,摆脱行政化体制对艺术创作演出的束缚。特别要重视改革政策的针对性,形成"一团一策"的长效扶持机制。探索国有院团的混合所有制改革机制,通过保留国有资本的控制权实现对国有资产保值增值以及意识形态把控等管理目标,鼓励院团引入职工持股,管理者期权,艺术家知识产权、劳务等无形资产入股,项目制运作,股权投资等多

种现代商业运作模式。建立合理的收益分配机制，建立适应市场规律和艺术演出规律的分配制度，处理好生产、演出、营销、管理等各方主体关系，考虑形成适应不同主体的工资序列和晋升机制，解决院团内部各主体的内部平衡和激励问题。

提升文艺院团决策、管理、考核等相关机制的现代化水平。演艺产业的市场化、产业化发展水平在很大程度上取决于作为产业重要主体的文艺院团的现代化发展程度。而目前文艺院团由于长期在计划经济体制下运行，存在管理理念、运行方式、思维观念与市场经济严重脱节，资源配置不合理，没能形成自身造血机制等问题，需要通过政策扶持和引导建立与现代市场经济和产业化经营相适应的院团治理结构。要大力扶持文艺院团建立合理高效、适应艺术创作需要、具有公信力的决策机制和议事规则，明确如剧目创作、经济指标、运行方式、职工福利薪酬等必须经由决策机构统一决策的重大问题，吸收职工、专家、利益相关方进入决策机构，改变个别人"一言堂"的传统决策方式。大力支持文艺院团引入现代化的职业管理团队，明确管理团队的权限，建立科学的管理考核指标体系，运用现代管理方式提升院团运作效率。鼓励艺术团体建立适应市场经济的演出经营机制，强化成本核算，加强演艺经营与现代商业模式、传播渠道、融资方式的融合。协助院团建立有效的监管机制，对保留事业单位的国有院团要建立科学的绩效考评机制，对转企改制单位要强化内部监督，健全和发挥监事会的作用，积极发挥行业协会等中介组织的作用，形成艺术院团年度评估机制，形成行业内部约束和激励机制。

形成有地域特色的人才服务政策。成立北京市艺术专家指导委员会，在创作规划、选题策划、剧本论证、排演指导、项目评审、文艺评论等方面发挥专家团队的作用，在艺术基金运作、政策扶持项目评审、大型剧节目创作等行业发展重点领域形成以专家为核心的运作机制，减少政府对相应环节的干预。完善优秀文化艺术人才资格认定制度，积极协调有关部门在现有人才引进政策中形成适合文化艺术人才特殊情况的认定标准，建立健全以能力业绩为导向的人才引进综合评价体系，畅通高层次人才落户北京的政策渠道，增加艺术类人才引进指标。形成文艺名家名角的引领机制，要充分发挥北京地区艺术家人才集聚的优势，特别是国有院团中具有全国甚至世界影响力的艺术家对行业整体的带动引领作用，形成国家培养、单位受益、个人成长的名家发展机制。加大对青年艺术人才的扶持资助力度，建立青年艺术人才扶持机制，积极为青年艺术人才提供学习研修机会，鼓励院团推出适应自身需求、符合艺术规律和人才成长规律的扶持和培养机制，在人才培训、教育与交流上为院团提供物质支持、基础保障和机遇优惠，以扶持为重点加大对体制外文化艺术人才的管理疏导。

（七）恰当选择管理政策切入点，营造各类文化市场主体公平竞争环境

政府在购买的过程中，主要目标是确保公共利益处于支配性地位，确保公共问题的解决方案本身及产生的过程都符合正义、公正和公平的民主规范。"实践中，执行机构绩效目标的确定不是一个自上而下的命令，而是双方相互讨论、协商的过程，是双方就工作目标和条件等协商达成的契约，对双方有同等的约束力。"[①] 所以说，政府部门对社会组织的绩效监管不是简单的政府对社会组织的要求，政府部门必须考虑到社会组织的能力和社会公众的消费水平等诸多因素；否则，不切实际的标准对社会组织来说是不公平的。而且政府监管必须有具体的量化标准，不是简单的笼统的标准，对于公共文化服务完成的程度、公民的满意程度等都必须有量化的标准，这个标准也应该由双方协商达成一致。

小剧场演出行业原本是北京文艺演出行业的优势门类，但由于管理政策的逐步收紧，部分演出资源开始外流到上海等其他省市。因此北京要充分重视这一产业门类的发展变化，提升演出市场管理水平，在管理思路上要"外松内紧"，恰当选择管理政策切入点，多元化管理手段，创新管理模式，进一步发挥行业自律、主体自审和社会监督的综合治理效果，减少管理矛盾。鼓励小剧场演出实行社群化、专业化、网络化发展，形成小剧场演出的首都特色。推进文化演出行业行政审批制度的改革进程，以提升服务、便利群众为核心，以事中监督和事后监管为核心，降低行业进入门槛，激发市场主体的创作积极性。考虑在演出审批等事项中引入专家审读环节，进一步提升政府监管的专业性和公信力。推动形成公平竞争的市场环境，在各项演艺政策的制定、执行和监督过程中对各类市场主体一视同仁，促进各种所有制的演艺市场主体机会平等、规则平等和权利平等，通

---

① 萨瓦斯：《民营化与公私部门的伙伴关系》，中国人民大学出版社，2002，第125页。

过推进各类政策执行过程中程序上公正、公平和公开，逐步实现"实质公平"。

提升文艺演出行业市场化、产业化水平。第一，要充分尊重市场规律，发挥市场在文艺演出资源配置中的决定性作用，坚持政府宏观调控与市场导向同步运行，减少政府人为干预演出市场运作，干涉演出主体自主创作等扭曲市场资源配置机制作用的行为，厘清政策作用的界限。第二，要推动形成成熟的演艺市场体系，以演艺联盟为媒介，加强联盟对内沟通合作，对外相互竞争的协调作用，进一步推动降低演出成本。鼓励演艺联盟与省外相应组织加强合作，逐步形成良性运行的市场机制，鼓励各区文化主管部门充分利用和发掘地区优势，推动本地区演出市场的繁荣发展。重视农村演艺市场的开发利用，利用现代科技手段消除城市与乡村演出市场的隔阂与差距。第三，要形成商业演出良性票价体系，通过减少赠票、实行政府低价票补贴、多元化商业赞助模式、行业联合等形式降低演出成本，推动商业演出票价回归理性，形成与演出价值相符合的价格形成机制。第四，要积极出台政策推动演艺产业与服装、旅游、会展、动漫等文化产业实现跨界合作，理顺舞台设备制造、灯光舞美设计、衍生品制作、演出票务服务、剧场运作经营、剧目创作演出等各产业相关环节之间的关系，鼓励业内机构实现全产业链的纵向合作兼并，鼓励演艺企业通过院线经营实现跨区域的合作发展。第五，提升演艺产业集约化、规模化发展水平。充分发挥北京现有演艺集聚区的辐射带动作用，形成有特色的演艺产业集群，如东城区的话剧产业、西城区的戏曲产业、朝阳区的音乐剧产业、怀柔区的舞美设计产业等。

（八）进一步完善文化惠民活动政策，构建可持续的惠民文化消费平台

加强首都文艺演出产业公共服务平台建设。利用首都特殊的地位优势和区位优势，将展演与表彰相结合，通过票价补贴、场租优惠、审批便利等方式形成文艺优秀作品选拔推荐的长效激励机制，实现首都舞台话剧、儿童剧、音乐剧、戏曲、曲艺等多种演艺门类共同发展，支持更多国内外演出项目选择北京作为首演地。以京津冀协同发展大势为依托，大力推进京津冀演艺协作平台建设，共同推介优秀剧目和项目，策划共同创作、共同排演作品，增加相互之间政府采购公益演出的项目。打造演艺文化消费

平台，加大文艺演出消费在每年北京文化消费季中所占份额，以"演出券"、票价折扣等形式由政府买单，鼓励市民进行文艺演出消费，支持举办"演艺北京"等专项展会活动，鼓励企业积极参与"文博会""京交会"等大型综合展会，推动行业间上下游企业的交流与合作。

（九）深化影厅、剧院等公共文化基础设施建设政策，降低文化消费成本

完善文艺演出行业基础设施建设。不断开拓多元化的公共文化融资渠道，创新投入方式，拓宽基本公共文化服务投资渠道。除了政府财政资金投入外，要引导鼓励更多的社会资本投入，拓宽基本公共文化服务投资渠道。一是政府贴息。对社会组织使用的规模较大、前景较好、市场急需的公共文化服务设施，财政部门可通过贴息方式予以支持。二是以奖代补。对社会组织使用的用于提供基本公共文化服务的设施由当地财政给予一次性建设补助，支持社会组织的发展。三是信用担保。政府有关部门研究制定支持社会组织发展的信用担保政策，支持社会组织的发展和正常运营。积极争取市政府支持，统筹资源解决文艺院团缺乏排练演出场所等硬件束缚发展问题，推进重大市级文化设施建设工程进展，通过租用补贴、合作共建等形式加快市属文艺院团演出排练场所新建、改造工程进程。发挥老北京戏曲文化资源优势，加快推进古戏院、剧场、戏台等老字号演出场所的修缮、改造、重建工程，形成首都文艺演出设施特色优势。加强全市剧场建设布局的统筹规划，通过建设补贴、用地支持等方式鼓励在回龙观、亦庄等城郊人口密集区、朝阳区等演艺人才集聚地、房山长阳等郊区新建大型社区建设剧院，鼓励商业地产通过配建剧院或与演艺院线合作经营的方式将剧院引入人流旺盛的大型商圈及商业中心，通过运营扶持、管理创新等方式盘活在京剧院资源，以行业协会为核心，加强全市剧院档期资源的统筹调配，加大演出项目与剧院服务的对接力度，探索建立全市统一剧院运营公共服务平台，鼓励行业协会出台统一的剧院建设与服务评定标准。

运用综合手段，促进政府购买基本公共文化服务。一是运用财税政策支持政府购买基本公共文化服务。政府可在财政税收方面为社会组织提供优惠政策或免税政策，对企业和个人的捐赠支出，按规定准予税前扣除。二是运用金融政策支持政府购买基本公共文化服务。对社会组织举办公共

文化服务基础设施建设、购置相关设备等，加大信贷支持力度，放宽贷款条件，提供优惠利率等，支持社会组织参与基本公共服务产品的生产。三是给予合理的收费政策支持。对于不同服务内容和服务对象，按照有偿服务、成本收费和减免收费等不同标准，建立一个多层次的收费体系，使社会组织在保障其福利性、公益性的同时，形成良性的自我发展机制。

（十）实施文化消费投资项目公示制度

政府投资监管中存在的主要问题是"政府投资相关财政信息公开不全面"。政府投资的政府性资金包括财政预算内投资资金、各类专项建设基金、国家主权外债资金、其他政府性资金四类。目前的情况是，第二类、第三类和第四类资金的有关政府投资信息尚无系统的政府公开报告制度，而第一类资金，各地方政府也往往只是提供了一些粗略信息，不利于政府投资监管活动的正常和有效开展。

为此，要实行投资项目信息公示制度。除涉及国家安全和秘密的项目外，凡是政府审批、核准、备案的项目，都要将有关项目可行性、合规性的文件资料，项目执行、质量、投资、效益等方面的情况和有关监管单位联系方式等内容向社会进行公示，接受公众和新闻媒体的监督。对投资项目实施过程中出现的重大设计变更，有关部门也要在追加投资前，将设计变更的原因进行公示。对工期超过一年的项目，应于每年初公示上年度项目执行情况和本年度主要建设内容与资金使用计划等信息。

通过实行重大事项社会公示制度等措施，加大群众监督的力度。要以法规的形式明确社会公示的范围和原则，制定社会公示的具体程序，选择社会公示的有效形式。此外，对公示期间群众和利益相关者反映的问题、情况、信息要高度重视，认真研究，切实解决，并把其纳入决策的实施过程中。同时，要把大众传媒的监督、人民政协的监督等各种监督与反馈形式有机结合起来，形成自上而下与自下而上有机结合的监督与反馈体系。

（十一）加大对公益性文化事业的投资力度，提高供给能力

公益性文化事业的投资实际上包含两个部分：一是指为保障国家文化安全、社会公平和公民基本文化权益而进行的国家文化基础设施建设和侧重于农村以及西部地区的国家重大文化项目投融资；二是指为公众

提供产品和服务的有关公益性文化事业的投融资，包括图书馆、博物馆、文化广场、科技馆、纪念馆、美术馆、国家基础性社会科学研究机构等。

调整对公益性文化事业的投资结构，应逐渐加大政府财政投入力度，调整资源配置，逐步构建公共服务体系。要切实保障公益性文化事业单位发展所需资金、人员经费、公用经费、专项经费和事业项目经费，认真解决公益文化设施、场所、设备和人员培训等方面的问题，对标志性的重点文化设施建设项目，给予必要的资金保障。根据物价变化因素、事业规模扩大和业务拓展需要，逐年增加公益文化单位的经费投入和重大公益文化建设项目的经费投入，增长幅度一般不应低于当年财政收入的增长幅度。与此同时，按照其承担的社会公益性、基础性业务项目的多少核定其财政补贴额度，对一些公益性文化单位的财政投入，包括基本支出和其他资助，改为事业经费，实行项目预算。特别要加大农村文化基础设施建设投入，大力发展公共文化事业，逐步解决农村文化产品和服务相对缺乏的问题。

建立对政府公益文化事业投入的绩效考核机制，发挥专家评审机构、广大群众和媒体的评价监督作用。推行公益文化活动项目公开招标和政府文化采购，逐步引入市场竞争机制。进一步拓宽渠道，引导社会资金以多种方式投入文化公益事业。为此，必须降低门槛，简化手续，广泛动员外资及民间资本等各种社会力量投入文化创意产业。具体来说，对公益性文化项目，以政府投资为主，满足人民群众日益增长的文化需求；对营利性文化项目，以政府投资为引导，带动社会资本进行投资，随着社会资本在这些领域投入的逐步加大，政府应减少投资并逐步从这些领域退出。对国有非营利性文化项目的建设与运营，要严格执行有关政府投资项目管理的规定，进行认真的可行性研究与论证，推行统一建设体制。可尝试通过经营权招标的方式，选拔专业机构进行经营。通过专营条例或者合约强化监管，确保项目的文化功能得以实现。对营利性文化项目，政府可安排一定数量的资金作为发展文化产业的引导资金，采取资金投入、无偿资助、贷款贴息等方式引导社会资本的投资方向。要鼓励组建区域文化发展协调基金和各类文化产业基金组织、文化投资公司，允许社会和个人参与兴办文化艺术基金。同时，要落实有关文化经济政策，鼓励社会力量对文化事业进行捐赠。

三　培育北京市文化消费市场的政策建议

没有文化消费需求，就没有文化市场；文化消费者作为文化市场主体，意味着其在文化市场中的非主体性作用转变为主体性作用，经济行为由非市场行为转变为市场行为；文化消费者对于文化产品的选择需求度，对于文化市场的资源配置方式和文化市场产品再生产环节的构成都将产生重大影响。因此，我们应当在培育消费环境、降低消费成本、促进消费升级、科学引导文化消费以及培养潜在消费群方面采取有效措施积极地扩大文化消费主体。

在现代市场经济中，文化消费需求在现代文化市场体系建设中，居于龙头地位。没有文化消费需求，就没有文化市场。文化消费者对于文化产品的选择需求、文化市场的资源配置方式和文化市场产品再生产环节的构成都将产生重大影响。因此，文化消费市场的培育成为我国文化市场体系建设的关键环节。《麦肯锡"会面"2020 中国消费者及麦肯锡 McKinsey Cluster Map 瞄准中国消费者之调查报告》指出：2000～2010 年，中国的经济规模增长了两倍，取代日本成为继美国之后的世界第二大经济体。投资是推动增长的最重要因素，而个人消费的比重有所下降——个人消费在GDP 中的占比从 2000 年的 46％下降到 2010 年的 33％。麦肯锡 McKinsey & Company 对中国消费者过去五年开支习惯及购买行为趋势的调查表明，中国消费者在物质方面的消费远远高于在文化方面消费的支出比例。[①]

（一）文化消费市场是北京市文化市场体系建设的关键环节

让市场在配置资源中起决定性作用，从某种意义上说，就是使消费需求起决定性作用。文化市场主体承担着满足消费需求的任务。建立健全现代文化市场体系很重要的任务就是为各类市场主体提供公平竞争的环境，包括人才、技术、资本、载体等方面应该一视同仁。消费需求是文化市场的主导需求和最终需求，它的扩大和缩小决定着文化市场规模的扩大和缩小。因此，要根据不同的消费需求，提供不同类型、多样化的产品

---

① 《麦肯锡"会面"2020 中国消费者及麦肯锡 McKinsey Cluster Map 瞄准中国消费者之调查报告》。

与服务。文化消费者与政府和文化生产者共同构成文化发展运行的重要主体。

文化消费者作为文化市场主体，意味着文化消费者在文化市场中的非主体性作用转变为主体性作用，经济行为由非市场行为转变为市场行为。文化消费者不是游离于文化市场之外，孤立和被动地充当文化市场行为主体，而是积极主动地参与文化市场运营的全过程；特别是文化消费者对于文化产品的选择需求度，对于文化市场的资源配置方式和文化市场产品再生产环节的构成都将产生重大影响。为此，应当积极培育文化消费市场，文化市场发展则需要文化消费的有效拉动，文化消费是文化市场竞争的基本前提，只有形成统一开放的文化消费市场，确立消费的主导地位，才能有充分的文化市场竞争和完善的市场经济。

与相关地区相比，北京市文化消费领域还存在许多不尽如人意之处，主要表现在我国文化消费比例偏低，文化消费区域性失衡，文化消费结构单一；文化产品供给不足，文化产品质量与消费者的精神期待之间仍存在一定的距离；中小城市、乡村的文化消费明显不足；我国文化产业的外向度还较低，文化产品出口还有很大的提升空间。现代文化市场体系的培育应当以文化创意产业的发展为依托，离开了文化创意产业的发展，文化产品市场、文化服务市场与文化要素市场的发展都成为一句空话。加快文化创意产业发展，不仅是满足广大人民群众多样化、个性化精神文化需求的必然要求，也是推动经济结构调整，加快转变文化创意产业发展方式的必然要求。

（二）培育和激活北京市文化消费市场的政策建议

转变文化创意产业发展方式，实现文化创意产业由数量式增长向内涵式增长转变，一个重要内容是推动文化市场由消费驱动型向创意驱动型的转变。文化产品需求是软性需求，公众的文化消费欲望很大程度上取决于创意的程度。因此，由满足公众基本文化消费推动文化产业发展，到通过有创意的产品刺激公众文化消费欲望，促进文化产业，是转变文化创意产业发展方式、加快文化产业发展的一个重要环节。

文化创意产业具有消费空间大、产业能耗低，相关带动性强的特点，通过增加产品或服务中的文化和知识的含量，提升消费中文化的含量，其强大的渗透力和辐射力，不仅有利于扩大产品与服务的市场，还有利于推动消费方式的转变和消费结构的升级，进而促进经济的增长。在当前我国经济社会转型和居民消费结构升级的时期，积极培育和激活国内文化消费市场，推进文化市场由消费驱动型向创意驱动型的转变，能够为文化消费需求扩大化和文化市场空间扩大化奠定坚实基础，同时也是突破文化创意产业发展瓶颈的重要手段。

其一，培育消费环境。

转变消费观念，培育消费习惯，创造消费条件，营造大众主动参与文化消费的社会环境。

文化消费观念是经济因素之外影响文化消费水平高低和结构是否合理的重要因素。消费者如何分配收入很大程度上由消费观念决定。受中国传统的消费观念影响，居民收入水平提高后在餐饮、旅游和教育上的消费支出增加。然而在发达国家，人们的选择则更倾向于具有较高文化内涵的文化娱乐消费。所以转变我国消费者的消费观念无疑是一个大规模消费行为的干预和价值观的塑造过程。

一是加强文化消费环境建设和氛围营造，奠定有偿消费的物质基础，促进城乡居民文化消费意识提高。

当前，城乡居民文化消费者的支出比重小、文化消费的关注度不够、消费意识不强，文化消费呈现一定的滞后趋势。不理想的文化消费环境，一定程度上影响了文化消费需求。因此，应当培养健康的文化消费习惯，奠定有偿消费的物质基础。要把保障基本的文化服务与培养文化消费习惯区分开来，基本文化服务是指为了人的全面发展，提供带有普遍性的、一般意义的公共文化服务，不包含人们各自喜好的其他有偿文化消费项目。

在目前文化创意产业发展当中，需要根据消费者的经济水平制定合理的消费标准，形成不同层次、形式多样的多元文化消费结构，以满足不同人的不同文化需求。保障人民的基本文化权益，政府应该首先提供一些基本的文化演出形式，以低偿、无偿的形式提供；而一些专业性强的舞台表演艺术，比如歌剧、音乐会等，则应该有偿消费。要通过各种渠道，帮助市民养成花钱享受自己喜欢的文化产品的消费习惯。

二是建立政府文化采购目录，列入"政府采购"序列，促进文化产品和服务下乡、入校园、进社区，增加对普及型文化产品的采购数量，培育文化消费习惯。

我国文化消费已经到了转型时期。除了完全市场化的项目外，我们更应当关注的是文化普及型消费，必须启动普及型的中低档文化消费市场。发展普及型文化消费，不能完全依赖市场自发调节的力量，需要政府像刺激实体经济那样采取切实有力的手段，充分发挥政府采购对文化的激励作用，引导文化消费市场发展。建立政府文化采购目录，将其列入"政府采购"序列，促进文化产品和服务下乡、入校园、进社区，增加对普及型文化产品的采购数量。

将按需定制与政府采购结合起来，变自上而下的单向供给模式为"群众点单""政府采购"的自下而上、上下结合的双向供给模式。提高政府采购的"含金量"，政府采购既要有满足符合大众文化需求的普及型文化产品，也要有引导、提高市民审美趣味的高品质文化产品。政府文化产品的采购可以适当对生产高质量文化产品的民营文化企业倾斜，扶持和鼓励其发展，支持民营文化企业的产品和服务进入政府公共文化产品和服务采购目录。

三是实施文化消费补贴，按照工作日、休息日和节假日等不同的时间划分，对不同的人群发放相应时间段的文化消费券，调动参与文化消费的积极性。

文化消费能力是由多方面因素决定的，需要培育。我国文化市场目前仍处于发展的初级阶段，缺乏成熟稳定的文化消费群体，而居民收入相对较低，难以支付文化产品费用为重要原因。因而，要鼓励在有条件的地方试行发放文化消费券，一是能够满足低收入群体的文化需求，二是能够刺激部分人群的消费欲望，同时通过对特定潜在文化消费群体的扶持，使其成为文化消费的稳定群体。还可以通过实施文化消费补贴等方式来调动城乡居民参与文化消费的积极性，逐渐培育市场。实施文化消费补贴计划，对高雅文化及传统文化产品的制作、展览、表演进行补贴，对基本文化消费进行补贴，并且要结合社会主义核心价值体系和公共文化服务体系建设，着力培育和提高大众文化审美能力和水平，培育文化消费意识和消费热点，同时也应鼓励企业承担社会文化责任，向员工发放文化补贴，配套消费政策。

其二，降低消费成本。

改善消费条件，提供消费便利，加强价格监管，保持文化消费可持续发展。

一是加大文化消费网点硬件设施建设和改造，鼓励支持各类社会力量兴办文化设施，扶持现有文化设施向社会开放，降低文化消费的成本。

　　文化设施建设，作为城乡基础设施建设的重要组成部分，其投资会拉动经济增长；而文化设施的完善又可以推动文化消费市场的扩大，拉动经济增长。因此，支持建设、改造剧院等文化消费基础设施，制定相关的扶持政策，鼓励机关、学校和部队的文化设施面向社会开放。政府的有效行为可以为文化产业发展提供制度平台，从而降低文化产业的生产成本。特别是我国文化产业还处于起步阶段，面临与政府主管部门脱钩转轨、自我发展的局面，加之目前我国的文化体制还不健全，关于文化产业的相关政策和立法还不完善，文化产业的投融资体制和产业运行机制还未真正建立起来。所以，政府的积极作为就显得尤为重要。譬如，北京市曾发布《进一步鼓励和引导民间资本投资文化创意产业若干政策》，引导与鼓励民间资本改造、新建文化设施，并明确提出鼓励民间资本新（配）建文化设施，政府补贴资金不超过新（配）建文化设施总投资的30％，单个新（配）建文化设施补贴金额最高为3000万元。

　　二是构建文化消费信息服务体系，鼓励和支持各类社会力量为城乡居民提供文化消费信息服务，强化信息引导功能。

　　通过鼓励和支持各类社会力量，更主要的是通过现代企业的市场化运作，构建起为城乡居民提供文化消费信息服务体系；以文化消费信息服务为目的，融入文化产品的生产、销售、市场培育、运输服务等内容，逐步形成良性互动的文化消费的信息流、物流、资金流，构建起一个以现代高新技术支撑的综合性文化消费信息服务平台。通过这个平台，及时发布文化消费服务信息，提供文化消费信息网上查询服务，为人们提供方便快捷的文化消费信息服务；并通过运用现代的信息技术、商业运作手段、金融工具等连接文化产品信息和文化消费信息，成为内容供应商、文化投资商和文化消费者之间的桥梁和纽带，推动文化企业积极创新产品和服务，催生文化市场涌现新兴业态和新型消费模式，扩大居民文化消费的供给内容和选择空间，最大限度地满足不同层次文化消费者的需求。

　　三是积极开发文化消费信贷产品，培育文化消费信贷市场，为文化消费提供便利的支付和结算服务。

　　综观已经出台的相关政策和意见，金融支持更多体现在企业也就是文化产品的生产端，作为需求市场的消费端很少被提及。随着经济发展，人们对文化产品的需求也会提升。在如何把需求转化成有效的消费市场方面，政策的推动将会起到积极作用。文化消费信贷是一个庞大的市场，在文化需求日益扩展的今天，应设立专门的文化消费信贷公司，扩大文化内需。文化消费信贷像其他的消费信贷一样，以短期信贷为主，可以由银行直接服务，银行也可以通过购买消费信贷服务公司的产品间接地进入。随着城市人口的增多、青年消费群体的增长，文化消费信贷的使用将越来越普及，越来越深入。基础性的文化消费一次性金额并不大，但是总量却非常可观。各金融机构应积极培育文化消费信贷市场，通过消费信贷产品创新，不断满足多层次的文化消费信贷需求。文化消费的提升不仅有利于文化创意产业的发展，还将带动电子支付等科技类新兴产业的发展。

四是优化文化企业经营生产环境，规范文化产品和服务的市场定价行为，加强价格监管，降低文化产品和服务的生产成本和市场价格，增加城乡居民文化消费额。

努力优化文化企业经营环境，提升文化企业的综合竞争力，为此，建立一批规模较大、治理结构先进、具有核心竞争力的文化龙头企业，引领行业发展，发展一批经营模式灵活、创意与创新能力强、业态新颖的文化中小企业。对于具有良好产业发展前景、成长性良好的文化企业要予以全方位的支持；对于管理粗放、经营绩效差、同质化建设严重的文化企业要果断实行"关、停、并、转"，优化整合资源。同时，规范文化产品和服务的市场定价行为，加强文化产品价格监管，包括对文化产品和服务的收费标准进行检查，对实行指导价的文化产品进行管理，对一些文化产品实施特殊的税收与价格政策，建立和完善文化产品消费投诉、受理机制，维护消费者的合法权益。通过提高创意质量，降低文化产品和服务的生产成本和市场价格，培育文化消费主体，扩大城乡居民文化消费空间，增加城乡居民文化消费在社会总消费中的比例。

其三，促进消费升级。

顺应城乡居民文化消费的新变化和审美的新需求，不断创新文化消费载体、形式和手段，推动生产性文化消费发展，促进文化消费的转型升级。

一是引导文化企业开发适销对路的文化产品和服务，引导个性化、时尚化和品牌化的文化消费。

文化创意产业的消费与以往制造业产品和生活日用品消费有所不同，它还有一个涵养消费群的过程。它往往不是以销定产，而常常是以供给具有冲击力的创新产品来扩大文化消费，即以产创需、以创引需、以新导需、以产谋销。引导文化创意企业开发出适销对路的文化产品与服务，向社会提供与众不同、个性特征明显的产品或服务，满足人们追求个性化、差异化的消费需求，文化创意产业的发展对形成新的消费潮流，引导消费模式的创新，发挥积极的促进作用。随着民众文化消费能力的提高和文化消费方式的转变，在消费特点上，更加注重即时性、个性化、品牌化和多向体验，从日常实用、身心愉悦、时尚追求转向深度阅读、心理调适和境界提升，有力促进文化消费中的知识增值和价值创新。

二是创新文化消费载体，挖掘节假日和各类节庆活动的文化内涵，丰富其内容和形式，大力促进节假日和节庆活动的文化消费。

节假日市场是一个以文化为根基的重要市场，挖掘节假日市场的文化内涵，使节假日文化成为大众愿意接受的一种文化样式。为此，应将节假日消费与节日文化对接起来，实现节假日市场与文化消费的共赢。政府文化部门和单位在弘扬传统节日文化时应根据节日文化活动的特点，加强引导，策划高水平的活动吸引群众，让群众在参与中得到文化快乐和精神陶冶，展示出地域特色、民族特色。政府导向型文化消费以价值引领和社会服务为宗旨，关注的是文化民生，不以营利和创收为目的。譬如，上海国际艺术节、上海音乐节、上海旅游节、上海艺术博览会、上海双年展等政府主导的文化消费节庆载体，这些节庆都在文化消费领域起到了再造消费空间的作用。此类节庆的定期举行有助于优化产业结构，整合行业资本，挖掘消费者的文化需求，更重要的是通过这些仪式性活动，可以建构健康的文化消费理念，将文化消费嵌入到都市生活方式中。

三是拓展动漫产品、网络音乐、网络美术等数字文化内容的消费，积极培育和发展新的文化消费热点。

数字化和网络化等技术正在改造提升传统文化产业，催生文化的新业态、新载体，创造新的文化消费终端，因而成为文化消费的新引擎。文化和科技融合，培育和发展了新的文化消费热点。（1）催生了新的文化业态，动漫产品、网络音乐、网络美术等都是网络技术发展的产物；

（2）创造出新的文化消费终端，手机、平板电脑等移动终端以及数码产品等现代通信和电子产品，日益成为便捷的阅读、观赏工具；（3）推动文化产业转型升级，有声阅读、电子阅读正在推动传统出版走向数字出版，有线电视网络经过数字化和双向化改造，集成和整合文化资源、产品和服务，逐步实现从看电视向用电视的跨越，电视图书馆、电视互联网、电视报刊、电视剧院等正在走进我们的生活。数字化和网络化时代，文化生产方式的变革，带给人们全新的消费体验，对文化消费产生较大的刺激作用。

四是扩大消费领域，促进文化与旅游商贸、通信、会展、教育培训、健身、休闲等行业相结合，增加文化消费供给。

文化消费的发展一方面取决于居民的消费能力和消费意愿，另一方面取决于文化产品的供给。长期以来对文化建设的忽略，造成了目前大量的积压需求与有限供给之间较大的缺口。因此，要强化文化产业与传统服务业之间的融合，推动文化与商业融合发展，大力发展时尚文化产业，促进文化产业与通信、建筑、制造、教育、会展、培训等行业的有机融合；积极开发与文化产业相融合的教育培训、健身休闲、信息服务、电子消费等服务性消费；推动文化产业与旅游融合发展，大力发展文化休闲娱乐产业，深度开发文化旅游演艺产品、工艺品，以文化提升旅游品质，以旅游带动文化消费；通过文化产业与第一、第二产业的融合发展来扩大文化消费领域，有效地带动相关服务业发展，推动文化消费需求的快速增长，增强文化消费对经济增长的拉动作用。

五是促进文化内容消费，促进轻工、纺织、建筑和家用产品等制造业提高艺术创意和设计水平，增加人居环境的文化元素和艺术氛围，增加文化衍生品消费。

文化是在满足基本生活需求之外追求更高层次需求的产品，是弹性较大的软需求。文化产品的形成跨部门跨行业，涉及面多、关联度广，涵盖了吃、住、行、游、购、娱六要素的各环节，是一种综合性复合型的产品。因此，为促进文化内容消费，应当努力实现文化创意与传统的制造业、农业等产业门类结合，在工业、建筑、服装、家具、轻工等行业中融入更多的文化元素，提高制造业的文化内涵和审美效果，促进文化创意衍生品生产，发挥文化消费的"关联效应"与"渗透效应"。通过文化衍生产品的开发和营销，延伸了文化创意产业的产业链条，不但促进了传统制造业与文化创意产业的有机融合，而且还扩大了文化创意产业的文化内容消费领域；与此同时，还可以把文化衍生产品的丰厚利润反过来再投入文化产品的研发设计中，从而，形成投入—产出—收益—再投入的良性循环产业链。

其四，科学引导文化消费。

马克思在《经济学手稿》一书中说："由于人类自然发展的规律，一旦满足了某一范围的需要，又会游离出、创造出新的需要。"① 随着经济的快速发展，我国居民的文化消费需求正在觉醒之中，影响文化消费的因素也日益增多。"文化要素越来越成为意识形态的主要组成部分，意识形态的凝聚力和吸引力逐步由主要通过政治方式，向以文化为主要表现力的综合方式转变，更多地借助文化和力量获得更加广泛而卓有成效的传播，逐步内化到人们的生活世界之中。"因此，以社会主义核心价值体系来引导当代中国的文化消费显得尤为重要。

一是鼓励和支持成立各种研究文化市场需求和消费状况的机构。

我国文化产业实践发展迅速，文化市场研究凸显落后，理论对实践的指导和支撑作用不足，增加了发展的盲目性，鼓励和支持成立不同类型、不同层次、不同所有制形式的研究文化市场需求和消费状况的研究机构有利于改变这一状况，对文化市场的需求与消费情况开展市场调查研究，可以掌握迅速变化的市场行情和进行科学决策；也可以为社会提供系统权威的文化市场数据与分析服务，并以此为依据及时调整完善相关政策措施，促进文化市场的健康有序发展，发挥文化管理部门在行政指导与信息服务方面的重要作用。

二是建立各类文化市场需求和消费趋势预测体系，引导文化生产和消费的科学化和理性化。

加强文化市场需求和消费趋势预测研究，以优质、丰富的文化产品和服务吸引消费者，满足不同层次消费者的精神文化需求。通过加强宏观经济形势研判、文化市场调研及需求预测体系建设，准确掌握文化市场容量、结构、消费趋势及变化特点，以便科学、理性地引导文化生产和消费。目前，我国文化市场需求与消费趋势的预测体系尚未建立，从而使得我国文化产业发展整体上处在一个"数据话语权"缺失的时期。因此，只

①　《马克思恩格斯全集》第 47 卷，人民出版社，1979，第 260 页。

有建立起科学有效的文化市场需求和消费趋势预测体系，才能够及时地向社会发布文化市场需求与消费趋势统计数据，及时准确地反映行业发展动态情况，为各级党委、政府决策提供数据支撑和信息服务，提高文化生产和消费引导的科学化与理性化。

近年来，人们经常采用恩格尔定理来揭示和反映我国文化消费的发展趋势，但是，恩格尔定理包含两部分内容：第一条，随着居民家庭收入的增长，用于食品的支出占家庭消费支出的比重会下降，可称为恩格尔定理Ⅰ；第二条，随着居民家庭收入的增长，用来满足文化需要的支出占家庭消费支出的比重会越来越大，可称为恩格尔定理Ⅱ。多数统计研究只注意到了恩格尔系数Ⅰ，忽略了恩格尔系数Ⅱ，很难全面准确地反映人民群众的文化生活质量。因此，有专家学者认为，应该将恩格尔定理Ⅱ增补进我国的社会经济发展的评价指标体系中去，明确地列入各级政府的统计报表中，这对唤起人们对它的重视，促进我国文化产业、文化消费的发展，将是十分有益的、必要的。

三是建立主要文化产品销售状况、价格状况（包括各类媒体收视率、发行量、广告收费等）等公告制度，规范市场行为。

文化市场的核心是文化，离开了文化的本质，文化市场发展就会偏离正确的方向。有些市场规模发展很快，表象上也十分繁荣，但存在空心现象，比如网吧市场这两年发展就相对缓慢，文化内涵缺乏和文化正能量不足是其中不可忽视的原因。文化内涵决定文化市场的品质，文化内涵是文化市场生命力之所在。因此，建立主要文化产品销售状况、价格状况（包括各类媒体收视率、发行量、广告收费等）等公告制度，规范市场行为，进一步提高对文化市场的建设、监督、管理的科学化水平，加大市场监督力度，加强对文化产品和服务的投诉处理，依法惩处、严厉打击文化市场违法违规行为，维护文化市场正常秩序和文化消费者的合法权益。

四是建立专家、媒体、企业管理者相结合的队伍，倡导健康、文明的文化消费，提高文化产品的文化内涵，提升消费水平。

文化创意产品的本质是"文化"，只有文化产品所涵养及宣扬的文化价值被社会、民众、消费者在充分体验的基础上认同、接受，形成文化的吸引力和感染力，才能对社会产生影响力。如何让文化消费从浅层次到深层次。这需要政府、专家、企业、媒体还有消费者等各方的积极参与和努力。消费行为的改变涉及文化习俗、社会影响、教育导向和个人兴趣爱好等多方面因素，这些都需要政府、社会和个人共同做出努力。此外，家庭是文化活动的重要基层单位，应通过引导性的措施如社区文化建设、环境渲染和招贴画等宣传方式，倡导文化进家庭，并以家庭文化水平和意识的提高促进整个社会文化消费能力的提高，进而促进文化创意产品需求和消费的增长。

其五，培养潜在消费群，扩大文化消费主体。

文化消费不同于衣食住行等生活必需品，不是刚性消费，需要外力的推动，才能使已具备的文化消费能力转化为消费现实。所以，它通常需要经过相当一段时间的培养，消费者具有了积极体验，形成爱好和习惯之后才能生成。

一是在大中小学，增加文化艺术欣赏的课程，在各类学校引导鼓励学生参与艺术创造和工艺设计。

要充分利用丰富教育资源的教育作用和现代大众传媒的引导作用，大力提高居民的文化消费素质。提高我国消费者文化创意产品消费偏好水平是一个长期的过程，必须通过政府、学校、社会和家庭各方面的努力才能实现。例如，在全国各类学校教育、岗位教育、社会教育中可以增加文化艺术类选修和鉴赏课程，鼓励有影响的艺术家进入大中小学课堂授课；还可以在各类学校引导鼓励学生参与艺术创造和工艺设计，培育广大居民创意产品的消费偏好。

二是增加对公务员的文化艺术修养培训。

文化创意产品品质、品位越高，对消费者鉴赏能力的要求越高，提高人们对文化产品的欣赏能力和水平是促进我国文化创意产业发展的一个重要前提。帮助公务员更好地学习文化艺术知识，加强文化艺术修养培训，提高艺术鉴赏和审美能力，从而进一步提升公共行政能力和服务水平，造就一支高层次和高素质的文化艺术水平人才队伍。从目前情况来看，高素质的文化艺术修养人才，特别是乡镇（街道）、村（社区）的公共文化艺术修养人才远远不能满足人们的现实需要。因此，有必要增加对公务员的文化艺术修养培训。

三是政府支持、鼓励各类社会机构义务举办各种文化艺术讲座，提高公众文化素质，培养艺术爱好。

文化消费要求消费者具有一定的消费能力，即一定的文化修养和鉴赏水平；欣赏能力取决于消费者的文化修养和受教育程度，即对文化创意产品的消费偏好水平；而文化消费能力不是自然而然形成的，提高我国消费者文化创意产品消费偏好水平是一个长期的过程，必须通过政府、学校、社会和家庭各方面的努力才能实现，通过对各种文化产品的宣传、介绍和评论，加强消费者文化消费能力的培养十分重要。因此，我们应充分运用各种形式和手段，例如，学校可以增加文化艺术类选修和鉴赏课程，鼓励有影响力的艺术家进入大学课堂授课，鼓励各类社会机构义务举办各种文化艺术讲座，提高人们受教育的水平，增加人们的知识储备，提高人们对各类文化产品与服务的理解力、领悟力、辨别力、接受力。文化产品生产经营企业不应仅注重"价格"对需求的影响，文化创意产品内容和品质、消费者消费的动机、消费者消费时的社会环境等也应该受到企业的关注。要充分了解文化产品的目标群体偏好，以有效激发目标群体的文化创意产品需求。

"文化消费就是一种创制文化的过程，自我实现的潜能在于文化消费的实践，自我异化创造了文化的世界……虽然文化工业生产了'异化'的商品，但是消费实践却有潜力去生产非异化'不可让渡'的文化。"[1] 因此，我们要在文化消费中传承和创新中华文化，采用灵活多样的策略和技巧，通过各种途径传播优秀的中华文化。正如汤因比所说："中国有可能自觉地把西方更灵活、也更激烈的火力与自身保守的、稳定的传统文化融为一体。如果这种有意识、有节制地进行的恰当融合取得成功，其结果可能为文明的人类提供一个全新的文化起点。"[2]

总之，在现代市场经济中，文化市场主体应当由文化生产者、文化经营者和文化消费者三部分构成，政府并不构成文化市场主体，厘清文化市场主体构成，才能有针对性地研究如何培育文化消费市场主体。长期以来，在我国文化领域一直是政府主导型的经济模式，习惯于把文化产品和服务泛政治化、泛意识形态化，没有市场自由竞争，没有树立起文化消费市场的主体本位意识；其结果是导致文化创意产业领域不能最广泛地调动最大多数人的积极性、主动性和创造性，我国文化市场活力不足，文化产品国际竞争力薄弱。实践证明，随着我

[1] Miller, D., *Material Culture and Mass Consumption*, Oxford: Basil Blackwell, 1987, p. 17.
[2] 〔英〕阿诺德·汤因比：《历史研究》，刘北成、郭小凌译，上海人民出版社，2000。

国文化体制改革的深入和市场经济体制的完善，只有以培育文化消费市场为本位，发挥消费者在文化消费市场中的主导作用，实现从政府主导型经济向市场主导型经济转变，一切为了文化消费者，一切依靠文化消费市场主体，才能真正振兴我们的文化创意产业，才能提高我们文化产品的国际竞争力。

参考文献

北京市人民政府：《北京市文化创意产业提升规划（2014～2020）》，2014年5月26日。

《北京市人民政府关于促进文化消费的意见》，2014年12月30日。

郭玉军、李华成：《国际文化产业财政资助法律制度及其对中国的启示》，《河南财经政法大学学报》2013年第1期。

何家凤：《我国物联网产业财政补贴政策效用研究——基于上市公司的经验数据》，《中央财经大学学报》2012年第9期。

计国忠：《文化产业的政府支持：正外部性角度的分析》，《新疆社会科学》2004年第4期。

金洪：《我国文化表演行业财政支持经验分析》，《经济问题》2011年第5期。

李慧、鲁元珍：《我国首个促进文化消费意见出台》，《光明日报》2015年2月6日，第1版。

李彦和：《论消费文化与生活方式的关系》，《消费经济》2003年第4期。

祁述裕：《我国文化产业发展的几个重要特点》，《山东社会科学》2009年第2期。

王骏勇、文贻炜、宋常青等：《特色文化产业政策环境需改善》，《中外企业文化》2012年第3期。

温源：《北京：文化优势怎样转为消费强势》，《光明日报》2014年8月28日，第14版。

余明桂等：《政治联系、寻租与地方政府财政补贴有效性》，《经济研究》2010年第3期。

张京成、王国华：《北京文化创意产业发展报告（2011）》，社会科学文献出版社，2012。

中共北京市委第十届十次全会：《中共北京市委关于发挥文化中心作用加快建设中国特色社会主义先进文化之都的意见》，2011年12月21日。

中国共产党第十七届中央委员会第六次全体会议：《中共中央关于深化文化体制改革　推动社会主义文化大发展大繁荣若干重大问题的决定》，2011年10月18日。

中华人民共和国国家统计局：《中国统计年鉴（2013）》，中国统计出版社，2013。

中华人民共和国国务院：《中华人民共和国文化产业振兴规划》，2009 年 7 月 22 日。

朱云欢、张明喜：《我国财政补贴对企业研发影响的经验分析》，《经济经纬》2010 年第 5 期。

后 记

本课题是本人承担的 2016 年度首都师范大学文化研究院重大研究项目。

为完成本课题，课题组成员多次研讨，付出了两年多时间。

感谢首都师范大学文化研究院对我的信任，将该课题委托给我。

本课题研究是祁述裕教授《北京市近十年来文化创意产业政策绩效评估》的延伸与后续研究，非常感谢与荣幸的是本课题能够站在巨人肩膀上向前进了一步；当然，文化消费政策的绩效评估研究既是一个热门话题，又是一个难以出成果的课题；尤其是对文化消费政策中财政政策的绩效评估是一个难点。资料难以获得也是该项研究难以深入的重要原因。本课题的疏漏之处，在所难免，请多批评指正。

在本课题研究过程中，学习、参考和引用了相关学界同人的研究文献，吸取了有关专家、学者的最新研究成果，从中得到了很大启发和帮助，在此向有关同人表示谢意。

最后，衷心感谢社会科学文献出版社副总编辑蔡继辉、编辑孙娜的鼎力相助以及为本研究成果出版发行所付出的辛勤劳动。

2019 年 7 月 6 日

图书在版编目（CIP）数据

文化消费政策绩效评估研究报告：以北京市为例 /
孙凤毅著 . -- 北京：社会科学文献出版社，2019.10
ISBN 978 - 7 - 5201 - 4839 - 9

Ⅰ. ①文…　Ⅱ. ①孙…　Ⅲ. ①消费文化 - 消费政策 -
研究报告 - 北京　Ⅳ. ①D669.3

中国版本图书馆 CIP 数据核字（2019）第 090011 号

文化消费政策绩效评估研究报告
—— 以北京市为例

著　　者 / 孙凤毅

出 版 人 / 谢寿光
组稿编辑 / 蔡继辉
责任编辑 / 吴　丹　孙　娜
文稿编辑 / 高欢欢

出　　版 / 社会科学文献出版社·（010）59367031
　　　　　 地址：北京市北三环中路甲 29 号院华龙大厦　邮编：100029
　　　　　 网址：www.ssap.com.cn
发　　行 / 市场营销中心（010）59367081　59367083
印　　装 / 三河市龙林印务有限公司

规　　格 / 开本：787mm × 1092mm　1/16
　　　　　 印张：17.5　字数：295 千字
版　　次 / 2019 年 10 月第 1 版　2019 年 10 月第 1 次印刷
书　　号 / ISBN 978 - 7 - 5201 - 4839 - 9
定　　价 / 99.00 元

本书如有印装质量问题，请与读者服务中心（010 - 59367028）联系